Sprung

Alles Gute, was geschieht,
setzt das nächste in Bewegung.

Johann Wolfgang von Goethe,
(1749-1832),
deutscher Dichter

Andrea Reichart
(Hrsg.)

Sprung

Anthologie
im Rahmen des Kurzgeschichten-Wettbewerbs
des Literaturhotels Franzosenhohl in Iserlohn

Viel Spaß wünscht
Andrea Reichart
19.4.13

MÖNNIG-VERLAG ISERLOHN

Herausgeberin: Andrea Reichart

Gestaltung der Titelseite: Susanne Bohne
Der Schriftzug ‚Sprung‘ stammt von Frau Jellyka Nerevan (www.cuttyfruty.com), Font Beesantique handwriting.

Buchgestaltung, Textbearbeitung und Produktion: Mönnig-Verlag, Iserlohn

ISBN 978-3-933519-48-1

Inhaltsverzeichnis

Vorwort

Bei der Ausschreibung des Literaturhotels Franzosenhohl in Iserlohn zum Kurzgeschichten Wettbewerb mit dem Thema ‚Sprung' baten wir die Autorinnen und Autoren, uns in einem kurzen Statement mitzuteilen, warum sie schreiben.
Die Antworten haben uns nicht überrascht.
Etwa die Hälfte aller Einsender gab an, seit der Schulzeit zu schreiben. Sie schreiben „seit sie denken können" oder gar „lange bevor sie schreiben lernten", was bedeutet, dass sie von klein auf voller Geschichten und Phantasie waren und den Zugang zu dieser kreativen, schöpferischen Kraft mehr oder weniger ungebrochen ins Erwachsenenalter hinüber retten konnten. Manche machten ihre Leidenschaft zum Beruf, andere schrieben viele Jahre „für die Schublade", ehe sie sich mit ihren Texten an die Öffentlichkeit wagten.
Die andere Hälfte kam erst zum Schreiben, nachdem sie die Kinder groß gezogen oder die Karriereleiter erklommen hatten. Manche hatten aus beruflichen Gründen bereits langjährige Erfahrungen beim Verfassen von Fachtexten. Viele von ihnen fanden den späten Einstieg ins literarische Schreiben durch kreatives, assoziatives oder therapeutisches Schreiben, das bekanntermaßen die Wahrnehmung intensivieren und routinierte Blickwinkel verändern kann. Eine Grundvoraussetzung dafür, sich dem kreativen Schreiben zu widmen, ist das Bedürfnis, etwas in seinem Leben verändern zu wollen. Stressbedingte Erschöpfung, Lebensbrüche wie Scheidung, Krankheit oder Arbeitsplatzverlust sind nur einige Beispiele, die genannt wurden. Lässt man sich einmal auf das Abenteuer ein, sich verändern zu wollen, dann kann ein Prozess in Gang kommen, in dem Prioritäten neu gesetzt und verschüttete Talente ans Licht geholt werden. Eines davon kann die Lust am

Erfinden von Geschichten sein, die Lust am Dichten, die Lust am Schreiben.
Viele Einsender aus beiden Gruppen erarbeiteten sich in Schreib-Workshops oder Fernstudien dann das handwerkliche literarische Rüstzeug, mit dessen Hilfe Texte am Ende „funktionieren". Und so, wie sich Sportler ab einem bestimmten Leistungsniveau in Turnieren messen, so beteiligen sich Autorinnen und Autoren schließlich an Literaturwettbewerben.
Etliche, deren Geschichten in diesem Buch nun veröffentlicht werden, haben auf diese Art bereits namhafte literarische Preise und Stipendien gewonnen und ihre Geschichten in Magazinen und Anthologien veröffentlicht.
Aus welchen Gründen jemand auch zum Schreiben gefunden haben mag, der vorliegende Band beweist, dass es jenseits der Bestsellerlisten viel Lesenswertes zu entdecken gibt. Er soll Mut machen, Schreiben als Entdeckungsreise zu sich selbst zu erleben, seiner Phantasie freien Lauf zu lassen und mit Freude neue Lebenswelten zu erschaffen. Zur eigenen Bereicherung, aber auch zum Vergnügen der Leser, die diese Anthologie hoffentlich erreichen wird.

Andrea Reichart

Susanne Bohne

Insel

Sein Name ist nicht Wilson. Aber ich nenne ihn insgeheim so, weil er mich an den Volleyball von Tom Hanks erinnert, den er im Film als Schiffbrüchiger findet und zu seinem tonlosen Gesprächspartner kürt, sonst spricht bekanntlich niemand mit Tom Hanks, weil ja keiner auf der einsamen Insel zum Reden da ist. Mein Name ist Simone und mein Kollege heißt nicht Wilson. Er sitzt mir aber genau so gegenüber, wie ein taubstummer Ball, er sagt nichts, ich vermute, er kennt meinen Namen nicht, denn er hat ihn noch nie ausgesprochen, ich höre ihn noch nicht einmal die stickige Büroluft ein- und wieder ausatmen, dabei lausche ich sehr gewissenhaft in die Stille, vernehme aber gar nichts und gelegentlich denke ich, Wilson muss wohl schon vor längerer Zeit verstorben sein und hockt, ganz steif und kalt, für sich allein aus dem Leben geschieden, auf dem Stuhl ohne herunter zu kippen, weil er es nicht anders kennt. Tom Hanks malt seinem Wilson ein Gesicht und bohrt Stöcke in die Lederhaut, als wären es Haare. Das muss ich bei meinem Kollegen nicht, der hatte nämlich schon braune Locken und ein mimikloses Gesicht, als er herkam, sein Alter ist unschätzbar, und ich habe Angst danach zu fragen, obwohl es mich interessiert, ich tippe auf Anfang Dreißig, aber mit einer Antwort rechne ich nicht, weil sich Bälle nur ausnahmsweise und zu besonderen Anlässen äußern. ‚Guten Morgen' und ‚Auf Wiedersehen', das muss er sagen, weil es so üblich ist, in einem Büro, und sogar Wilson kommt nicht darum herum, auch wenn er jeden Morgen und Abend über sich und sein gedämpftes Timbre stutzt. Ein wenig erschöpft lässt er sich dann auf den Bürostuhl sinken und fällt in seine alltägliche Starre. Ich kenne das schon, und es erschüttert mich nicht, denn ich bin genauso wie

Tom Hanks geübt im Umgang mit Wilson, ich plappere den ganzen Bürotag vor mich hin und führe Selbstgespräche, hin und wieder halte ich lange Monologe, wenn es die Umstände hergeben, ab und zu schimpfe ich kurz oder stöhne. Alles, was ich sage, beeindruckt Wilson nicht. Er glotzt nur auf seinen Monitor und arbeitet seine Aufträge ab, indem er zwei Stapel von Papieren bis zum Feierabend fein säuberlich von der linken auf die rechte Seite umschichtet, lose Blätter mit einer schnellen Bewegung tackert, hin und wieder schleicht er aus dem Büro und schmiert sich verstohlen Stullen in der Küche, das habe ich kürzlich erst entdeckt, als ich Milch für meinen dünnen Kaffee brauchte, aber ich bin wieder umgekehrt, weil ich ihn nicht stören wollte. Ich hätte ihn vermutlich nur verschreckt. Irgendwann kommt er zurück, die Mundwinkel mit Krümeln aufgeschmückt, sortiert weiter sein Papier, und wenn es an der Zeit ist, knipst er die Bürolampe aus und geht nach Hause. Ich weiß, dass er mich hören kann; während ich oberflächliche Anekdoten präsentiere, die mir gefallen, mache ich vereinzelte Lebensfunken in seinen Augen aus, ansonsten habe ich das Gefühl, er sei ein sprachloser Roboter, womöglich ist er das, und ich habe es nur noch nicht herausgefunden. Anfangs hoffte ich auf eine Antwort, eine Reaktion, und sei es nur ein Räuspern, Rückmeldungen bleiben aber immer aus, nur wenn sein Telefon klingelt, sehe ich, wie sich wachsartige Schweißperlen auf seine Stirn quetschen, sein leises Gemurmel, das er nur dem Telefonhörer schenkt, rauscht an mir vorbei und ich kann seine Stimme nicht identifizieren. Überhaupt ist es so, als könne ich Wilson nicht richtig erkennen, als würde dunkler Nebel zwischen unseren Tischen langsame Bahnen ziehen und seine Welt von meiner trennen. Manchmal, wenn der Schleier zu dick wird und ich nicht mehr weiß, was ich mit Wilson plaudern soll, mir partout keine Geschichten einfallen, die ich zum Besten geben kann, verlasse ich unser Büro und blinzle in die nächste Tür, hinter der

Nina sitzt. Nina hat ein eigenes Büro, und sie wirkt immer sehr beschäftigt, konzentriert, meist ist sie schon vor acht Uhr da und winkt mir zu, wenn ich morgens ankomme, durch den kleinen Vorraum husche, in Gedanken Montage und jeden anderen Wochentag verwünsche, weil mir die Arbeit keinen Spaß macht. Mit irgendetwas muss man aber seine Brötchen verdienen, das teilte mir meine Oma vor einer Weile mit, man solle froh sein, zu dieser Zeit überhaupt einer Beschäftigung nachgehen zu dürfen, man müsse bescheiden bleiben. Genügsam bin ich, Nina aber nicht, denn die bastelt hartnäckig an ihrer Karriere. Wann immer ich einen Plausch mit ihr halten will, wimmelt sie mich bereits an der Tür ab, so dass ich bloß nicht der Versuchung erliege, mich zu ihr zu stellen oder ihr womöglich einen Kaffee zu bringen, damit wir fünf Minuten von der tristen Arbeit abgelenkt werden. Im Grunde muss ja nur ich mich ablenken, von der Stille, denn Nina hat so viel zu tun, dass sie sich nicht länger unterhalten kann, selbst wenn sie wollte, aber sie will nie. Trotzdem gebe ich nicht auf, doch wenn ich nach einigen Augenblicken zurück zu Wilson kehre, hat sich häufig der zähe Nebel ein wenig gelichtet, und ich bahne mir den Weg mit Worten zu meinem Gegenüber frei. Ab und zu höre ich andere Kollegen in der kleinen Küche, die lachen und sich ihr Essen in der verdreckten Mikrowelle zubereiten, zusammen ihre Pause verbringen, über Kollegen tratschen und über den Chef schimpfen, und ich werde neidisch, innerlich gelb, und dann kommt die Wut. Wie gerne würde ich Wilson einen Tritt verpassen, dass er unter die Zimmerdecke knallt, mit gehörigem Effekt, ihn anschreien, in der Hoffnung, er würde zwei Worte mit mir wechseln, aber er war noch nie anders, und ich bin doch bescheiden. Und ich werde immer bescheidener, mein Privatleben hockt in einem tristen Loch, der Mann, den ich liebe, will mich nicht, mein Vater ist krank, er hat es an den Nerven und, wenn ich nicht aufpasse, werden meine Nerven eines Tages vielleicht auch ein verödeter Klumpen sein, dass ich nicht mehr weiß, wer ich bin und was ich mit meinem Leben anstellen soll. Freilich gebe ich nicht auf, unter Umständen hat aber Wilson kapituliert und ist vor ohrenbetäubender Verzweiflung implodiert, hat vergessen, wie es mit dem Sprechen funktioniert, hat sich selbst zum Autisten gemacht, weil er Sorgen hat. Oder Ängste. Oder er hat einfach keine Lust mit mir zu sprechen. Aber er redet auch nicht mit den anderen, und Kollegen gibt es bei uns viele, nur gehören wir beide, mein Ball und ich, nicht so recht dazu, wir hocken zusammen, gefangen auf dieser blöden Insel der Schweigsamkeit, und ich fange manchmal auch an, aus der Übung zu kommen. Wenn unser Chef, Herr Keller, ungefragt die bleierne Lautlosigkeit zerstört, indem er die Tür aufreißt und sich neben mich stellt, mir über die Schulter gafft und fragt, wie es denn ‚so läuft', weiß ich gelegentlich nicht mehr, was ich ihm sagen soll. Dann hat sich der dunkle Nebel auch auf mich gelegt, und ein geplänkeltes Gespräch unter normalen Menschen wird unmöglich, bisweilen widerlich. Widerlich deswegen, weil unser Chef eine unangenehme Eigenschaft pflegt, wahrscheinlich verleugnet er in Geschäften die wahre Konfektionsgröße seiner Unterhosen, anders kann ich es mir nicht erklären, dass er regelmäßig und nur, wenn er neben mir steht, seinen Slip geschickt mit Daumen und Zeigefinger aus der Umklammerung seines Hinterteils befreien darf. Die Schlüpfer müssen mindestens drei Nummern zu klein sein, befürchte ich. Mit einem lauten Geräusch, das sich anhört wie ein ‚Schnack!', verschafft er sich minütlich Erleichterung. Könnte sein, er trägt Tangas, die für einen Mann vermutlich noch unbequemer sind als für uns Frauen. Mittlerweile hat mich unser Chef auf dieses ‚Schnack' konditioniert, als Pawlowscher Hund schießt mir bei dem Geräusch, das aus seiner Hose knallt, die Vorstellung vor die Augen, wie sich Herr Keller morgens am heimischen Spiegel stehend, eine Kollektion von miniaturhaften Leopardenslips an die

Lenden hält, und den Schlüpfer farblich passend zu den Motivsocken auswählt. Herr Keller trägt nicht nur Zwangsjackenunterhosen, Strümpfe mit lustigen Vögeln und Comicfiguren drauf, sondern auch gelbe Strähnchen, die in seinem dunklen Haupthaar aufleuchten, als wären es Glühwürmchen. Ich möchte mir nicht vorstellen, ob er auch andere Körperbehaarungen färbt oder sich Muster rein rasiert, vielleicht ist es auch Rasierbrand, der ihn zwickt oder eine Kombination aus beidem. Wie dem auch sei, ich finde das respektlos. Sobald Herr Keller die Tür unserer Insel von außen wieder hermetisch abriegelt, fühle ich, wie die Wortsuppe in mir hochkocht, ich möchte wie ein überfüllter Dampfkochtopf explodieren, mit Wilson spötteln und feixen, ihm dann, wenn wir noch erschöpft vom Lachen die Bäuche halten, von mir erzählen, denn meine Geheimnisse wären bei ihm gut aufgehoben, er würde sie niemandem verraten. Da bin ich mir ganz sicher. Ich verbringe mehr Zeit mit Wilson als mit irgendjemand sonst, abgesehen von mir selbst. Acht Stunden am Tag. Fünf Tage die Woche. Wie viele Tage im Jahr kann ich nicht ausrechnen, abzüglich aller Wochenenden und Feiertage und Urlaub, im Rechnen war ich nie gut, dafür im Unterhalten, aber das ist viel zu lange her, als dass es noch von Bedeutung wäre, es sind sehr viele Tage im Jahr, die ich mit Wilson verbringe. Wenn mir nichts Belangloses mehr einfällt und ich mürbe werde, von meinem einsamen Sprechen, das sich anhört, als würde ich eine Muschel an mein Ohr drücken und nur das unaufhörliche Rauschen zur Antwort bekommen, dann möchte ich einfach sagen, wer ich bin, dass man mich Simone nennt, dass ich einen Mann liebe und er mich nicht, dass mein Vater krank ist, dass mir die Arbeit keinen Spaß macht, dass ich oft einsam bin.
Reden würde ich.
Ohne Punkt.
Ohne Komma.

Und wenn meine Tiraden endlich versickerten, ohne in mich zurückzufließen, dann würde ich Wilson fragen, warum er nie und niemals, zu keiner Tageszeit, jemals etwas antwortet. Sätze formuliert, wie man es schon als Zweijähriger übt, oft im Leben an Gesagtem scheitert oder mit strömenden Buchstaben die schönsten Arien schöpfen kann. Es findet sich für Wilson keine Lösung.

An ausgewählten Tagen, so wie heute, im Sommer, wenn die Sonne unbarmherzig auf die Erde schlägt, das Atmen vor makelloser Hitze heikel wird, bleibe auch ich stumm, habe keine Lust mehr, Wilson zu besprechen, wie eine Warze, auf dass er nicht verschwinden möge, sondern endlich wachse, es ist zu anstrengend. Den stahlblauen Himmel kann ich nicht erkennen, die Rollläden verdunkeln unsere Insel, Gewitterwolken kondensieren an den Innenseiten unserer Fensterscheiben. Unerwartet legt sich eine andere Stille über unser Büro, die mit nichts zu vergleichen ist, die ich noch nie gehört habe. Wilson reckt sich, als würde er aufwachen. Deutlich sehe ich seine Sehnen in den Armen spannen. Seine rechte Augenbraue zuckt. Das erste Mal sieht er mich aus braunen Augen an, als würde er mich jetzt erst erkennen. Mit einem tiefen Atemzug saugt er die unbekannte Stille ein. Er holt Luft für den Sprung.

Maike Braun

Bis ans Ende meiner Fingerspitzen

Ich werde geboren. Ich werde gefüttert, gewickelt, in ein Bett gelegt. Ich werde herausgenommen, auf den Bauch gedreht, auf den Rücken, ausgezogen, gemessen, gewogen, fallen gelassen, an einen Ort gebracht, wo es stechend riecht. Dinge werden in mich hineingeschoben, wieder herausgezogen, meine Augenlider werden angehoben, fallen gelassen. Ich werde gespritzt. Ich werde nach Hause gebracht und ins Bett gelegt. Zeit vergeht. Die Person, die mich füttert, wird breiter, ich größer.

Wieder werde ich weggebracht. Es wird in meinen Mund geschaut, in meine Ohren, in meine Nase, mein Leib wird abgetastet. Meine Augen werden nicht mehr untersucht. Ich werde einer Frau gegeben, die nach Keksen duftet. Ich werde von ihr gebadet, meine Finger- und Fußnägel werden geschnitten, ich werde angezogen, in einen Kinderwagen gesetzt, ich werde spazieren gefahren, es riecht würzig. Ich zupfe die Haare aus dem Fell unter mir und strecke mein Gesicht dem wärmenden Fleck am Himmel entgegen.

Ich werde zu der Frau, die mich vorher gefüttert hat, zurückgebracht. Ich werde an den Händen gehalten, auf die Beine gestellt, fallen gelassen, aufgehoben, in einen Hochstuhl gesetzt. Man gibt mir einen Löffel. Ich lerne essen. Ich lerne den Unterschied zwischen Brot und Pizza, zwischen Pommes und Chips. Ich werde nicht spazieren gefahren. Ich werde krank.

Schläuche werden in mich hineingesteckt, ich werde hin und her gekarrt, der Boden bebt, ich habe Angst, jemand streckt mir den Finger hin, ich kralle mich daran fest, schlafe ein.

Ich werde zu einer anderen Person gebracht, einem Mann mit faltigen Händen. Er nimmt mich mit an einen Ort, wo die Luft in den Lungen prickelt und es nach Tannen duftet.

Ich werde zusammen mit einem Hund am Fuß eines Holzgestells abgesetzt und warte. Ich bohre Löcher in die Erde, kraule den Hund, bis er einschläft, werfe Steinchen.
Das Gestell wackelt, der Mann steigt wieder herunter, zerrt mich durchs Gestrüpp, bleibt plötzlich stehen. Es riecht nach Blut. Ich taste mich vor, spüre Fell, dann die Wunde. Ich lecke das Blut ab. Es schmeckt wie meins.
Der Mann liegt auf einer Bahre, seine Wangen sind kalt, es stinkt nach Lilien. Alles ist eng geworden, es gibt keine Tannen mehr, kein Reh, nur noch ich ich ich. Bis ans Ende meiner Fingerspitzen nur ich. Ich werde zurückgebracht zu der Person, die mir Essen gibt und in der Zwischenzeit mit dem Sessel verschmolzen ist. Ich werde in die Schule geschickt. Dort gibt man mir Klötzchen, ich soll sie sortieren. Ich bin fertig, ich will neue. Man gibt mir dieselben. Ich werfe mit ihnen. Jemand ergreift meine Hand, führt sie über die Stirn eines Kindes, es blutet. Ich lecke das Blut ab und vermisse den Geruch der Tannen.
Ich werde in eine andere Schule geschickt. Man reicht mir einen Ball. Dann schiebt jemand seine Hände unter meine und beschreibt damit zwei Bögen. Die Person zieht ihre Hände zurück, stupst mich an. Ich begreife und wiederhole die Bewegung. Ich klopfe auf den Tisch zwischen uns. Die Person schiebt erneut ihre Hände unter meine, fährt damit flach zur Seite. Ich klopfe auf den Stuhl, sie zeigt mir die entsprechende Gebärde. Ich stampfe auf den Boden, schlage auf mein Bein, gegen meine Brust, springe auf, die Person packt mich am Handgelenk, ich reiße mich los, sie hält mich am Pulli fest, drückt mich auf den Stuhl zurück, ich lege meine Fingerspitzen aneinander, falle auf die Knie, ein Wort nur, nur noch eins!
Die Person legt ihre Hände auf meine. Ich führe diese gegen meine Augen. Wofür sind die da, will ich wissen.
Ich lerne taktiles Gebärden, BLISS, auf meiner Hand buchstabie-

ren, sogar die Blindenschrift. Vieles verstehe ich nicht. Was sind Sterne? Wo befindet sich das Weltall? Was bedeutet Familie? Ich will mehr wissen, frage den Lehrer, er schickt mich weg, er habe noch andere Schüler. Ich stoße einen dieser anderen Schüler zur Seite, schlage ihm den Kasten mit den Symbol-Plättchen auf den Kopf. Hände greifen nach mir. Ich werde eingesperrt. Dann kommt jemand, will mit mir reden. Ich weigere mich.

Ich will nicht mehr essen. Ich werde zwangsernährt. Ich will nicht mehr aufstehen. Ich werde in einen Rollstuhl gesetzt und ins Klassenzimmer geschoben. Man gibt mir Bücher zu lesen. Ich kenne sie schon. Man gibt mir Plättchen mit Symbolen, um Sätze zu formulieren. Ich lege immer wieder denselben Satz: Ich will hier raus, ich will hier raus.

Dann kommt Alex.

Er hat Flaum über den Lippen, und seine Hände sind ständig in Bewegung, er schiebt sie unter meine und darüber. Ich erzähle ihm von dem Holzgestell, von dem Reh und von dem Blut, das jetzt auch aus mir tropft. Er sagt, das Gestell heißt Hochsitz. Ich schraube mich in seine Arme, er riecht nach Tabak. Er schiebt mich weg und sagt, ich sei zu alt dafür.

Er bringt mir eine weitere Sprache bei, eine die nicht von Dingen wie Stuhl und Lampe handelt, sondern von Zahlen. Er beschreibt mir zerstückelte Zahlen, Zahlen, die man nur bekommt, wenn man aus etwas eine Wurzel zieht. Zahlen, die man sich nur einbildet, die man weder sehen noch hören kann, die kein Gegenstück in der Welt draußen, in der Welt hinter meinen Fingerspitzen haben.

Jeden Nachmittag gibt er mir eine Ziffernfolge, jeden Morgen nach dem Frühstück sage ich ihm, wie sie weitergeht. Mit den Zahlen, sagt er, kannst du dir die ganze Welt in deinen Kopf holen. Ich nicke und bin glücklich. Jetzt hast du etwas, gebärdet er, womit du dich beschäftigen kannst, wenn ich weggehe.

Weggehen? Meine Hand flattert hin und her, als ich das Zeichen für „zusammen-du-ich" forme. Ich spüre das Zögern in seinen Händen. Schon, sagt er schließlich, wobei das „schon" auch „aber" oder ich weiß nicht" bedeuten könnte – er formt es nicht deutlich – aber ich will studieren, lernen. Du kannst das doch sicher begreifen.
Mein Zeigefinger fährt im Kreis, wir beide, zusammen-du-ich, meine Hand geht auf und ab, sag ja, sag ja!
Er sagt nein.
Er ist weg und in mir klafft eine Wunde. Niemand kann sie sehen, nur ich ich ich, bis ans Ende meiner Fingerspitzen nur ich und alles, was ich sehe, ist meine Wunde.
Ich frage eine Lehrerin, forme das Zeichen für Gewehr, beschreibe mit meinem Daumen einen Kreis, der sich in meine Brust schraubt – „Schmerzen". Sie begreift nicht. Ich buchstabiere Alex' Namen auf ihrer Hand, reiße die abgespreizten Finger nach oben, wo? Er kommt nicht mehr, gebärdet die Lehrerin. Er sei weit weg, in einer anderen Stadt. Ich hämmere mit der Faust gegen meine Brust. Warum tut es dann so weh hier?
Sie sagt es mir, ich kenne das Zeichen nicht. Sie öffnet meine Hand, buchstabiert darauf. Das ist Liebe?
Ich stehe auf. Die Lehrerin hält mich fest. Wo willst du hin, gebärdet sie.
Den suchen, der das Loch in mich gerissen hat.
Sie stellt sich mir in den Weg. Ich stoße sie zur Seite. Sie packt mich am Arm, nimmt meine Hände. Wie willst du ihn finden, fragt sie.
Und ich weiß, dass die Betonung auf du liegt.
Plötzlich werde ich ganz ruhig, wie eine Katze vor dem Sprung. Ich werde ihn finden und wenn ich dazu den gesamten Globus Zentimeter für Zentimeter absuchen muss.
Ich signalisiere Einsicht, damit sie mich in Ruhe lässt.

Sobald sie fort ist, hangle ich mich an der Wand entlang, taste mich vorwärts, durch die Flügeltüren hinaus, die Treppen hinab. Auf der letzten Stufe bleibe ich stehen.
Ich schöpfe Luft und springe hinunter, eine Handbreit nur, Bruchteil einer Sekunde, und als ich mit den Füßen aufkomme, federt der Boden zurück, als ob er mir bei jedem Schritt Energie verleihen, mich ein Stückchen weiter in die Welt hinaus katapultieren wolle.
Die Luft prickelt in meiner Lunge, die Jagdlust brennt in meinem Gesicht.
Ich verlasse das Schulgelände. Nur ich ich ich. Und unter meinen Fingerspitzen ein ganzes Leben zu erkunden.

Birgit Brüster

Max Ernsts Seelenfrieden oder Rosa Kakadufeder mit rotem Lederhandschuh

Als Max Ernst mit Peggy Guggenheim im Arm durch Lissabon spazierte, an einem hellen sonnigen Morgen im Mai, hatte Leonora Carrington ihn schon lange tot geglaubt. Sein Tod war ihr so gegenwärtig, so sicher, so unverrückbar gewesen, dass ihr die Vorstellung surreal erschien, er wäre noch am Leben.
Sie hatte in den letzten Monaten einen Traum gehabt, in dem er ertrunken war, und so konnte sie sich gar nichts anderes mehr vorstellen als das Bild seines Todes. Ein Unfall mit einem roten Lederhandschuh war schuld, sie sah ihn vor sich, immer wieder, ihr roter Lederhandschuh, sie sieht ihn noch jetzt jeden Tag vor sich, groß, unüberwindlich vor ihrem Gesicht.
Auf seiner Stirn sah sie zuletzt schwarze Striche wie mit Tusche gezeichnet, Tätowierungen. Die letzte Erinnerung an sein Gesicht glich einem Portrait, das er selbst 1938 angefertigt hatte, Autoportrait, Frottage, Kreide auf Foto, schwarz-weiß, eine zehn Jahre alte Fotografie, von der er einen Ausschnitt schräg vergrößern ließ. Die mit Kreide durchgeriebenen Strukturen umschlingen sein Gesicht wie Barthaar, legen sich wie ein Schleier davor und gleichen in ihrem Liniengespinst Schriftkürzeln. Es ist, als habe sich die Natur wie eine Tätowierung in die dünne Haut eingeschrieben, die Augen tauchen ab in eine Unterwelt jenseits der Fotografie. Fremde Zeichen, Hieroglyphen, nicht entschlüsselbar, ein Schmuck oder eine Verletzung, sie weiß es nicht. Wenn sie an ihn denkt, denkt sie an das Bild von ihm, es ist untrennbar mit ihm verknüpft, sein Gesicht existiert nicht mehr ohne dieses Bild.
Da sie fest davon überzeugt war, die Fantasie sei schlimmer als die Realität, hatte sie sich nie davor gefürchtet, später in den Zei-

tungen von Max' Tod zu erfahren oder über gemeinsame Freunde davon zu hören. Aber niemals wäre sie auf den Gedanken gekommen, er könne noch leben und erst recht nicht mit einer anderen Frau als ihr selbst.

Als Max Ernst im Jahre 1941 mit Peggy Guggenheim an der Hand den über die Ufer getretenen Tejo betrachtete, weniger mit Sorge als vielmehr aus rein künstlerischem Interesse, war Leonora Carrington gerade aus einem langen Schlaf mit Träumen erwacht, in denen sie und Max miteinander rangen, rote Lederhandschuhe den Besitzer wechselten und Wassermassen die Ufer von Flüssen überschwemmten. So glaubte sie zu träumen, als sie dem Paar begegnete, es schien ihr, als seien die Figuren aus ihrem Unterbewusstsein noch nicht wieder verschwunden.

Max hielt Peggy Guggenheim an der Hand oder vielmehr sie hielt ihn an der Hand, in der anderen baumelte ihre rosa Chaneltasche, seine Hände waren feucht und überhitzt, und als er Leonora sah, glaubte er sich ebenso wie seine frühere Geliebte in einem Alptraum, den ihm die Erinnerung als Trugbild vorsetzte.

Die Dame, die ihm entgegenkam, wirkte wie eine Wiedergängerin der Frau, die er geliebt hatte, sie war es, sie musste es sein, sie war kein Vexierbild. Sie trug einen rosa Hut mit einer Vogelfeder, die er nicht genau erkennen konnte, sich aber sogleich sicher war, sie stammte von seinem rosa Kakadu Homeborn, der in derselben Nacht gestorben war als seine kleine Schwester geboren wurde.

Vogelmenschen malte er seither immer wieder, und doch, der rosa Kakadu, der damals hart und steif in seinem Käfig gelegen hatte, ihn hatte er nie vergessen. Und nun diese Feder, ganz sicher die seines Kakadus, es musste seine Feder sein, rosarot, die Feder aus seiner Erinnerungsschublade, in der er alles aufbewahrt hatte, was an Vergangenheit noch Wert besaß für ihn. Und wenn es diese Feder war, dann war es auch diese Frau, seine Geliebte, Leonora,

die sie auf ihrem Hut trug, konnte es nur Leonora sein, seine Leonora, die Leonora, seine Windsbraut.
Hatte der Sturm der Zeiten, der durch ihre Leben hindurch geweht war, auch sie in diese Stadt getrieben? Die Trümmerstücke an Erinnerungen begannen anfangs ihn zu überschwemmen, später rückten sie weiter fort, die Flüsse der Erinnerungen trockneten aus und hinterließen ein Brachland, eine Wüste aus Staub, in der nichts mehr wuchs.
Seine Windsbraut Leonora, sie war eines Tages verschwunden, tauchte nicht mehr auf, weder in seinen Träumen noch in seinen Bildern, und er hatte geglaubt, sie niemals mehr wieder zu sehen. Ihre Angst vor den Verfolgern, ihre Angst, in ein Internierungslager zu kommen, ihre Ängste überall, sie waren verschwunden mit Peggy.
Peggy Guggenheim, die Lady mit der achteckigen schwarzweißen Brille und den rundherum pragmatischen Ansichten, sie rückte Max zurecht. Manchmal hatte er geradezu das Gefühl, sie nähme seinen Kopf in die Hand und drehe ihn auf die andere Seite, wenn sie wollte, dass er die Dinge von einer anderen Richtung betrachten sollte. Er fühlte sich wie ein Schuljunge in ihrer Gesellschaft, und doch war er glückselig über ihre ernstgemeinte Heiterkeit, die ihn weiterleben ließ.
Ihre Augen blitzten, sie schwenkte die Chaneltasche hin und her wie ein kleines Mädchen, übermütig, sorglos, als könnten ihr die Kriegswirren und das Vagabundieren durch die Kontinente nichts anhaben, als fürchte sie sich vor nichts, nicht vor den Deutschen, nicht vor jungen Liebhabern, nicht vor der Ehe und nicht vor dem Tod.
Mein kleiner Pinsel! Du bist wie diese Menschen, die überall Schmerzen haben, für die es keine organische Ursache gibt, du empfindest seelische Qualen, die nicht real sind, sie sind nur Erscheinungen, sie schmerzen nicht wirklich. Komm zu dir und

lebe, male, schreibe. Think pink! Ein ganzes Jahr sollte er mit ihr verheiratet bleiben, ein ganzes langes Jahr mit Peggy, dann würde sie fortgehen, um für den Rest ihres Lebens in Venedig zu lustwandeln. In seinem Gedächtnis blieb später nur ihr Lachen zurück, frei und offen, so laut, dass er manchmal glaubte, er würde taub davon, wenn sie ihm zu nahe war.

Wie viele Liebhaber mochte sie gehabt haben vor ihm, wie viele nach ihm? Das fragt man eine Dame nicht, darüber spricht man nicht mit einer Dame, und Peggy war eine Dame, das stand außer Frage. An fast alles hatte er sich gewöhnen können, nur nicht an die Anrede „mein kleiner Pinsel“, das ging gegen seine Ehre, er wurde jedes Mal rot, wenn sie es sagte, ließ ihre Hand los, lief davon in die andere Richtung, als könne er sie so abhalten weiter zu sprechen, doch alles, was er auslöste, war ein gewaltiger Lachanfall, der Peggy so sehr schüttelte, dass sich der Inhalt ihrer rosaroten Chaneltasche über die Straße ergoss und sie längere Zeit damit beschäftigt war, Lippenstifte, goldene Puderdöschen, Kämme und Geldscheine einzusammeln, die sie grundsätzlich nur lose bei sich trug.

Stillos diese Leute, pflegte sie zu sagen, quetschen ihre Geldscheine in viel zu enge winzige Lederbörsen, die sie Portemonnaie nennen, was für ein Unfug. Geld muss frei sein, frei zum Ausgeben, dazu ist es da, es muss atmen, sich entfalten, Zug um Zug durchatmen, flattern im Wind. Geldscheine sind wie Schmetterlinge, bunt müssten sie sein, zitronengelb, rosarot, lindgrün, azurblau und durch die Lüfte fliegen. „Sieh’ mal, mein kleiner Pinsel“. Und noch ehe er antworten konnte, hatte sie schon einige Scheine hochgeworfen, ein Frühlingswindstoß wirbelte sie auf und trug sie davon. Peggy, die Frau ohne Angst, die Frau, die sich in einem einzigen Lachen erschöpfte, ein großer Mund mit rotbemalten Lippen an seinem Ohr. Er wurde taub davon, taub für die Zwischentöne des Lebens.

Wie anders dagegen Leonora, die Windsbraut, die wahre Liebende und zugleich die Verräterin, die ewig Ängstliche, die ihn bedrängte mit etwas, was ohnehin unausweichlich war, für das er um Aufschub bat, nur Zeit, nur noch etwas Zeit für das Malen und Lieben, bitte. Ich habe Angst, es wird etwas geschehen, sie werden dich internieren, sie werden dich fangen und töten. Les Milles, weißt du, was das bedeutet? Die Flüsse werden über die Ufer treten, es wird Überschwemmungen geben, wir werden alle sterben, sie konnte nicht aufhören, davon zu sprechen. Es wird wahr, wenn du darüber redest, du redest es herbei.
Und endlich kam der Morgen, an dem sie ihn abholten, fast eine Erleichterung, die Frist war rum, als hätte ihre eindringlich flüsternde Stimme sie herbeigelockt, als hätte sie es nicht nur zuvor gesehen, gefürchtet, geredet, sondern als sei es durch ihre Ahnungen erst wahr geworden. An den Abschied erinnerte er sich nicht mehr, ein Kuss, ein schwarzes Loch, ein Nichts, in dem er versunken war.
Und jetzt war sie da, sie war in Lissabon. Die Dame mit dem rosa Hut kam näher, sie lief mit leichten fedrigen Schritten, fast wie eine Balletttänzerin, als schwebe sie über dem Asphalt. Wie klein ihre Füße waren, ihre Füße waren immer winzig gewesen, er konnte sie in den Mund nehmen und ablutschen, Zeh um Zeh, er spielte gern mit ihren Füßen. Mädchenfüße, Puppenfüße, so winzig, zu klein für diese Welt, sie lebte auf zu kleinem Fuß. Und doch würde sie sie alle überleben, sehr bald würde sie in Mexiko sein und dort leben, wer weiß wie lange noch.
Peggys Füße waren riesig, die Füße einer Millionärin. Peggy, die Frohnatur, sie lachte, sie lachte über alles, sie lachte immer, Peggy, der rotbemalte lachende Mund, das Gegenteil von Leonora. „Mach' dir keine Gedanken, Honey", sagte sie, Don't think, think pink. Smile now, cry later. Sie lebte in einer Gegenwart, die nichts anderes kannte, als den immerwährenden Versuch, das

Vergnügen, in dem sie sich gerade befand, zu steigern, es bis zum Äußersten zu treiben, es sich auf der Spitze eines immerwährenden Hochgenusses auf der Zunge zergehen zu lassen.
Er hasste es, wenn sie ihn „Honey“ nannte. Es war fast schlimmer als „mein kleiner Pinsel“. Hörte er das Wort „Honey“, sah er gleich goldgelben klebrigen Honig, wie er auf ein weißes Baguette tropfte, wie er an den Fingern hängenblieb, wie übersüß er den Mund zukleckste. Gelbgoldenes Gift, dachte er. Wie schön dagegen die Erinnerung an Leonora, wie sie sich honiggelben glänzenden Senf auf die nackten Füße geschmiert hatte, eine Paste, scharf und streng, der Geruch, ein schöner Kontrast zur Farbe. Wie sie die Schuhe ausgezogen hatte, damals, in dem kleinen Restaurant, sie war erst Anfang zwanzig, eine Wahnsinnige der Kunst und des Lebens, beides war für sie eins und beides war ihr gleichermaßen ernst.
Wir müssen die Ufer befestigen, sie überfluten, Wassermassen drängen nach, siehst du es nicht, hatte Leonora gesagt, und die Überschwemmungen ihrer Fantasien gemeint, die Bilderfluten, die sie tags und nachts quälten, wir müssen sie eindämmen, sonst läuft alles über, wir überschwemmen jeden Tag in der Kunst und jede Nacht an uns selbst.
Er hatte verstanden, aber er wollte nicht. Sein Pinsel war die Begrenzung, seine Malerei, seine Kunst, sollte sie sich eine andere suchen. Er liebte sie als Frau, als Künstlerin musste sie sich selbst lieben. Er schwieg tagelang und malte. In den Nächten waren sie einander näher, als ob die Ufer nicht befestigt werden müssten, die überschwemmenden Gedanken, Gefühle und Pläne sie nicht ängstigten, ihre Körper versanken ineinander, die Dunkelheit brachte Frieden. Sie schwammen in einem Meer von Farben und Formen, von Worten und Tönen, der Wind heulte um das kleine Haus herum, sie fürchtete sich nicht mehr.
Morgens übermalte er einen Werbeprospekt für einen Liegestuhl mit verschiebbarer Rückenlehne, er ließ ihn im Meer schwimmen,

setzte einen Leuchtturm in den Hintergrund, ließ Wasser hochspritzen. Später taufte er das Bild „Seelenfrieden“. Er wünschte sich Frieden, den Frieden, der den ruhenden älteren Herrn auf der Liege umgab, der in einem stürmischen Meer seelenruhig schwamm, nicht einmal die Augen öffnete, träumte und sich nicht erschrecken ließ, auch nicht von den nackten Armen der Frau unter ihm, deren Hand sich zu einer Vogelkralle auswuchs. Das Wasser schoss von allen Seiten übers Meer, es sprühten Fontänen in den Himmel, der drohend wolkenverhangen und düster war, der Wellengang hatte zugenommen, doch nichts konnte den Schlafenden wecken: Der Schlaf der Vernunft gebiert Ungeheuer, hatte er gelacht, als Leonora beim Anblick der Collage geschrien hatte. Du fürchtest dich wirklich vor allem. Es ist ein Bild! Es ist ein Alptraum. Warum musst du sowas malen, warum? Ich habe es nicht gemalt, es ist eine Collage. Und was willst du damit? Nichts, meine Liebe nichts.

Dann Frieden, wieder Frieden, immer wieder, endlich. Die Landschaft um sie herum so weit und ruhig, als wäre die Zeit stehengeblieben mit ihnen, als hielten sie sie an und wären glücklich. So friedlich, aber auch ein wenig bedrohlich, nichts lenkt ab, sie sind allein, sich selbst und ihren Träumen, ihren Bildern überlassen. Er steht vor ihr, sie muss ihn umarmen und küssen, wie langsam er sich ihr nähert, als dauere es Minuten, sie kann die winzigen Härchen auf der Haut seiner Wange spüren, seinen Atem, den weißen Hauch, den er erzeugt in der eisigen Morgenluft, seine Augen, stahlblau, was für ein Wort, Stahl ist nicht blau, Stahl ist silbrig oder grau, aber seine Augen sind stahlblau, sie leuchten kühl und blau wie Stahl leuchten müsste. Der Atem vor ihm an frühen Wintertagen, die weiße Fahne, die aufsteigt wie ein Rauchzeichen des Sieges über den Tod. Dann ist er da, spürt sie, er ist wirklich da. Seine Zunge, ein Flattern in ihr, als suche sie noch den Ort, an dem sie verweilen könnte, seine Hände

sanft und warm. Vor ihr die Tasse von Meret Oppenheim, pelzverbrämt wie Max Ernst in der Eislandschaft auf einem ihrer späteren Bilder, er nimmt sie und trinkt einen Schluck Tee. Zum Aufwärmen, sagt er.
Das Bauernhaus in Saint-Martin-d`Ardèche, Südfrankreich, 1938 gekauft, später würde Leonora es verkaufen und fliehen, fliehen vor ihm, vor dem Krieg, vor ihrem gemeinsamen Leben, er wird interniert, entlassen, interniert und entlassen, sie flüchtet mit Freunden nach Spanien, nach Portugal, verkauft das Haus mit der gesamten Einrichtung an den Besitzer des Hotel des Touristes von Saint Martin, nimmt seinen Pass mit, hält sich daran fest, an dem letzten Beweisstück seiner Existenz. Er weiß nicht, dass sie die Erinnerung aus ihrem Körper herausbrechen will, sich mit Orangenblütenwasser fast ertränkt, fastet, körperlich arbeitet bis weit über ihre Grenzen, weint, schreit, träumt, um die nächsten Tage und Wochen nach seinem Abschied zu überstehen.
Die rosa Feder auf ihrem Hut, es war Leonora und noch immer konnte er es nicht glauben, was er sah, als wäre sie ein Trugbild, entstanden aus dem Wahn, sie müsse wiederkehren. Seine Braut, er würde in Lissabon bleiben, ihre Wiederbegegnung, ein Zufall, er glaubte an Zufälle, an nichts anderes, ein Zeichen, sie gehörten zusammen.
Er hatte damals versucht, sie zu finden, zurück zu erobern, die einzige Frau, die er je geliebt hat, drei Monate hatte er an einem Pelzmantel gemalt und sich bei Bauern in der Nähe ihres ehemaligen Hauses versteckt, und sie träumte ihre Träume, weit fort von ihm an einem fremden Ort, Träume von der Pelztasse von Meret Oppenheim, die diese gerade in New York erfand. So war der Pelz zumindest etwas, das sie verband in den Kriegswirren, in denen alles überschwemmte, über die Ufer trat, unberechenbar wurde. Aber er wusste nichts von ihren gemeinsamen Träumen und ahnte nicht einmal, wo sie sich aufhielt. Nur das Malen des Pelzes

genoss er jeden Morgen aufs Neue, das Malen gab ihm Halt, es hielt ihn am Leben.
Und auch sie malte. Sie malte ihn, Max Ernst, den großen surrealistischen Künstler, im roten Pelz und Ringelsocken geht er durch eine Eiswüste, ein Fischschwanz bildet das Ende seines Pelzumhangs, in der Hand eine Laterne mit einem Schimmel, der darin aufleuchtet. Eine Landschaft aus Eisgestalten, ein Schimmel, Eisskulpturen neben ihm, Zapfen daran, im Hintergrund Gebirge aus Eis, die in einen düsteren Himmel aufragen. Eiswüsten, Schollen unter ihm, die jederzeit wegbrechen oder schmelzen könnten, ein Narr, der nach innen schaut, der den Weg nicht beachten will, auf dem seine Füße gehen, keine Schuhe, nur Ringelsocken, die Lampe, die zur Erleuchtung dienen soll mit dem Pferd, leichten Schrittes scheint er ohne Angst voranzuschreiten, sein Haar schlohweiß, die Weisheit des Alters in seinen Augen. Kein Land zu erahnen, nur Eisberge, Kraterlandschaften, kreideweiß, die weit entfernt liegen. Eisfelder, Abgründe, eine Winterlandschaft im düsteren Gewässer, kein Halt, keine Befestigungen, kein Ufer, nirgends. Voranschreiten mit traumwandlerischer Sicherheit von Scholle zu Scholle, der Fischschwanz aus Pelz, die Dekoration eines Narren im Traum.
Sie stehen am Tejo, der über die Ufer getreten ist, mühsam versuchen Einheimische und Flüchtlinge Befestigungen anzubringen, Sandsäcke zu schleppen, die Wassermassen zurückzudrängen. Das Sprachgewirr hüllt sie ein, das unentwegte Reden in so vielen unterschiedlichen Klängen, portugiesisch, spanisch, englisch, französisch, italienisch vereinen sich zu einem Gemisch aus Klängen wie eine Melodie, die über dem Wasser schwebt.
Max und Leonora stehen da und schauen zu, lachen, rangeln am Abhang, lange scheint es Spaß zu sein, aber dann wird es ernst, sehr ernst. Du willst mich umbringen! Nein, du mich!
Leonoras Bein schwebt über dem Abgrund, es sieht aus, als hätte sie keine Chance, als wolle er sie hinunterstoßen, sie sieht sich

selbst schon fallen. Ihr roter Lederhandschuh, an einigen Stellen außen fleckig, innen warm und weich, sie lässt ihn los, ganz einfach geschieht es, sie nimmt es sich nicht vor, es geschieht wie von selbst. Sie macht eine kurze Drehung auf einem Bein, wie eine Balletttänzerin, das Pas de deux ist beendet, er steht am Abgrund, sein Fuß über dem Wasser, da lässt sie ihren roten Handschuh los, und er fällt.

Kein Schrei, kein Laut, nichts, als würde er freiwillig stürzen, sie sieht ihm nach, als könne sie nicht glauben, was geschieht, als betrachte sie eine Szene in einem Film, wie in Zeitlupe scheint er zu fallen. Es ist ein Traum, denkt sie, es ist nur ein Traum. Aber sie weiß, sie besitzt rote Lederhandschuhe, sie stammelt etwas vor sich hin, ihre Lippen zittern vor Kälte und Aufregung, noch fällt er, immer noch, den roten Handschuh in seiner Hand, im allerletzten Moment scheint er sogar zu springen, beinahe elegant sieht es aus, wie die Turmspringer bei der Olympiade, eine Drehung, dann ein Aufplatschen, hoch spritzt das Wasser des Tejo von allen Seiten, Fontänen, die seinen Körper umringen. Er taucht unter in dem matten Grün, sein Kopf unter Wasser, die grauen Strähnen ganz deutlich unter der Oberfläche zu erkennen. Etwas zieht sich zusammen in Leonora, ein Zucken wie kurz vor dem Einschlafen, die Muskeln entspannen sich, sie lächelt. Peggy nimmt ihre Hand und zieht sie fort. Honey, let's go. Das ist nichts für feine Ladies.

Eingebettet in grünlich trübe Wassermassen treibt er davon, er scheint schon nicht mehr zu leben, sie sieht keine Schwimmbewegungen, nur ein ruhiges Treiben, weiter weg, fort von ihr, wohin weiß sie nicht. Nicht einen Augenblick lang der Impuls ihn zu retten, hinein zu springen, zu schreien, nichts. Ein einsamer roter Lederhandschuh in seiner Hand, vom Ufer aus kann man ihn kaum erkennen.

Mein Handschuh, er hat meinen Handschuh mitgenommen, Peggy! Leonora bewegt ihre Lippen, das Gesagte entgleitet ihr, es

fließt aus ihr heraus, ein Strom, der nicht mehr endet, einmündet in die erschrockenen Schreie und Rufe der Fremden.
Und dann steht er hinter ihnen, seine Augen stahlblau, ein Blau, das klarer nicht scheinen könnte. Die schwarzen dichten Wimpern nass wie von Tränen überströmt, noch nie hat sie ihn weinen sehen und auch jetzt, keine Regung, ein kleines Lächeln, ein leichtes Erstaunen, kaum sichtbar, ihr roter Lederhandschuh in seiner Faust, er hebt den Arm und lacht. Das Wasser tropft aus seiner Kleidung, aus den Haaren, es stört ihn nicht, er steht da, als sei dieser kleine Zwischenfall ein Zufall und könne einen Mann seiner Größe nicht beeindrucken.
Du hast etwas verloren, meine Liebe. Er zieht das triefende rote Leder behutsam über Leonoras Hand. Bitte sehr. Es ist, als verwachse der Handschuh mit ihrer Haut, als setze er ihre Hand fort, rot und kühl, dann wärmer. Sie wagt nicht, ihn wieder abzustreifen, sein Blick war ernst, feierlich, als würde er ihr einen Ehering überstreifen.
Wie wäre es mit einer Shoppingtour, Ladies? Zwei lachende Münder, rotbemalt, zwei dunkelbraune Augenpaare, zwei Damen in seinem Herzen. Die Ufer sind befestigt, die Wassermassen dürfen fließen und drei Hände, einander festhaltend, laufen durch Lissabon, flanieren und lachen, die Herzen hüpfen kreuz und quer durch sie hindurch, als könnten sie sich zwischen ihnen nicht entscheiden.

Ralph Bruse

Dame mit Hut

Jasmin rückt ihren Hut zurecht.
Ein Blick zur Uhr.
„Höchste Eisenbahn!"
Die Tür schwingt ins Schloss. Der Fahrstuhl. Wieder mal besetzt.
Ein paar Minuten vergehen.
Das üppige Arrangement auf Jasmins Hut wiegt schwer. Der Hut kippt etwas zur Seite. Ihre reichlich mit Klunker bestückten Hände bringen alles wieder in Ordnung.
Sie hört den Fahrstuhl kommen. Wie ein schnaufender Ochse, geht es ihr durch den Sinn. Sie kräuselt die Unterlippe.
„Ich mag den Klapperkasten nicht. Aber er ist mir nützlich."
Ihre schmalen Hüften schaukeln hin und her. Die Füße trippeln auf der Stelle. Jetzt öffnet sich der Klapperkasten – von wegen. Der rauscht an der alten Dame vorbei, als wolle er sie wieder mal zum Narren halten. Abwärts. Pause. Geklapper.
Dann endlich der achte Stock.
Jasmin lächelt säuerlich. „Na also!" Sie setzt einen Fuß vor, doch das Mistding zockelt weiter, rauf bis ins 13te Stockwerk. Kurze Pause, und weiter geht's, abwärts. 11,1o,9,8. Endlich stockt der verdammte Kasten. Das übliche Scharren, beim Aufziehen der Tür.
Das knutschende Punkerpärchen im Fahrstuhl nimmt den ‚Neuzugang' zunächst gar nicht wahr.
Jasmin räuspert sich. „ Dürfte ich mal, junger Mann?"
„Wat denn, du auch, Oma?", flappst der Flegel, räumt seine Genitaliengegend auf, grinst unverschämt, stellt seine Glubschaugen auf Geradeaus und latscht mürrisch einen Schritt zur Seite. Nur einen Schritt, damit Jasmin gerade so an die Null herankommt, den Knopf fürs Parterre.

Abwärts.
Die Punkerbraut zieht etwas Lebendes aus der schloddernden Hose. Eine weiße Ratte.
„Süß, ne?"
Sie hält ihr das wild rumschnuppernde Viech direkt vor die Nase.
Jasmin lächelt tapfer.
„ Ja, niedlich."
Sie bemerkt den Argwohn der Rattenbesitzerin, also fügt sie schnell hinzu: „Wie heißt der stramme Bursche denn?"
„Er ist eine Sie. Und sie heißt Lollobrigida. Gina Lollobrigida."
Jasmin muss sich anstrengen, nicht laut loszulachen.
„Ein merkwürdiger Name für eine ..."
Sie schüttelt sich und schwindelt: „Gina Lollobrigida! Entzückend! Wirklich ein hübsches Mädchen, das Fräulein Gina. Und so wohlerzogen!"
„Hast es erfasst, Oma", stimmt die Punkergöre zu. Ihr stechender Blick bleibt an Jasmins Hut hängen.
„Gehste auf'n Wochenmarkt, oder warum schleppste das ganze Grünzeug durch die Gegend?"
Ihr wieherndes Kichern wirkt nicht gerade respektvoll. Jasmin sehnt das schnelle Ende dieser Fahrt herbei.
Dann ist es soweit.
Sie strafft sich, wünscht einen guten Tag und stolziert raus, auf die Straße. Währenddessen kurven die zwei Punks noch ein bisschen durchs Haus, immer rauf und runter, weil's irre Spaß macht, im Fahrstuhl zu knutschen. Jasmin hingegen schwört, laut mit sich selbst redend, nie wieder mit dem Mistding von einem Fahrstuhl zu fahren.
„Lieber huste ich mir die Lunge aus dem Leib und krabbel' auf allen Vieren die Treppe rauf!"
„Hallo, Madame Noel!", grüßt ein Nachbar von Gegenüber.
Jasmin zuckt etwas zusammen.

„Jaja, Tag auch", stottert sie und hastet weiter.
An der nächsten Straßenecke knickt ihr der linke Fuß um. Sie stöhnt auf vor Schmerz und humpelt weiter. Ein junger Kerl, der seinen Hund Kacken führt, rempelt sie an. Ehe er eine kurze Entschuldigung stammeln kann, tritt Jasmin in den Haufen eines anderen Hundes. Jetzt tut ihr der verstauchte Fuß nicht nur weh, sondern er riecht auch noch hundert Meter gegen den Wind. So-viel Kacke am Fuß kann manchmal Glück, aber eher wohl einen schlechten Tag bedeuten. Sie hat Mühe, die Schuhe im nächsten Brunnenbecken, zwei Straßen weiter, zu säubern. Die Kacke ist offenbar von gestern und daher zäh. Jasmin gibt nicht auf. Sie opfert neun Papiertaschentücher. Das ist wenig im Vergleich zu dem, was sie heute noch opfern muss.
Ihr schöner Hut plumpst ins Wasser und geht, der Schwere wegen, sofort unter.
„Mein Hut! Liebe Güte, mein Hut!", jammert sie und blickt sich hilfesuchend um.
Ein süßer, schmächtiger Fratz von etwa zehn Jahren kräht vorlaut: „Dies ist ein heiliger Brunnen, Madame. Wer was reinwirft, darf es nicht mehr rausholen!"
Er deutet auf die Münzen in der Brunnenmitte.
„Für Hüte gilt das ja wohl nicht, oder?!", klagt sie wütend.
„Für Hüte auch. Leider, Madame!", kräht der Bengel mit engelsgleicher Unschuldsmiene.
Sie nickt traurig und stolpert weiter.
Kaum ist sie außer Sichtweite, fischt der blonde Fratz nach dem Hut, um ihn später auf dem Wochenmarkt an Touristen zu verkaufen.
Kurz bevor Jasmin die Pfandleihe betritt, in der sie arbeitet, rast ein Lastwagen mit Karacho durch eine große Ölpfütze am Rinnstein. Dies ist ein verdammt übler Tag, und die alte Frau auf dem Gehweg ist zu langsam, um nicht von der schwarzen Fontäne erwischt zu werden.

Zum Glück hat sie wenigstens zwei hilfsbereite Mitarbeiter, die den ganzen Schlamassel mit ansehen und sich rührend um die von oben bis unten beschmutzte Kollegin kümmern.
Eine halbe Stunde danach lächelt Jasmin wieder – noch etwas mühevoll, aber es macht sich. Sie öffnet ihren Schalter und erwartet, relativ gutgelaunt, ihren ersten Kunden. Der kommt in Gestalt eines Mannes in den mittleren Jahren.
Der Mann trägt schäbige, um nicht zu sagen zerlumpte Kleider, und ebenso zerlumpt sieht er aus. Sein speckiges Haar ist vorne lang und hinten kahl – eine Variante, die recht selten ist. Von seiner Nase tropft Schnotter. Auf der rechten Wange klebt der Rest getrockneter Farbe, eher Blut. Das Nuscheln seines Mundes verrät, dass er im Zuge der letzten Schlägerei die restlichen Zähne eingebüßt hat. Der Kerl kaut an einem Zigarrenstummel, der seinen krummen Fingern in vielem ähnelt. Rauch steigt nicht aus diesem Stummel. Rauchen ist im Pfandhaus auch streng untersagt. Er kaut und sabbert nur daran herum, schmatzt, rülpst, sabbert und brummt schließlich: „Wären Sie wohl so freundlich, mir die Einnahmen des heutigen Tages auszuhändigen, Madame?“
Er deutet auf seine zerbeulte Manteltasche, aus der der Lauf eines Revolvers hervor blinzelt. Jasmin wird bleich und bleicher. Sie will schreien, kann aber nichts sagen, außer: „Es ist acht Uhr morgens. Wir haben gerade erst geöffnet, und ... und es gibt noch keine Einnahmen!“
Sie starrt den Kerl an, dann das Sichtbare seines Revolvers, und sie hat Angst. Große Angst!
„Acht Uhr, morgens? Soso“, wiederholt der Fremde äußerst gelassen und ruhig. Er versucht zu begreifen, bekratzt eine Braue seiner glasigen Augen, denkt nach, oder versucht es wenigstens – und endlich fällt der Groschen.
„Na dann. Ich sehe vielleicht heute Abend nochmal bei Ihnen herein, wenn es recht ist. Besten Dank jetzt schon mal für Ihre

Freundlichkeit.“
Er verbeugt sich vor ihr, verbeugt sich auch vor Jasmins Kollegen, dann vergehen nicht mal drei Sekunden und der Kerl ist wie vom Erdboden verschwunden.
Die Angst fällt nur langsam von Jasmin ab. Dafür kommt nun ein Zittern zu ihr, das stundenlang andauert.
Sie ist mit den Nerven am Ende, schlottert, friert, und während sie gut umsorgt im Hinterzimmer der Pfandleihe hockt, um das Flirren der Glieder abklingen zu lassen, stürmt Yvette, ihre Jüngste herein, um ihr schonungslos und freudestrahlend beizubringen, dass sie nach zehnjähriger Abwesenheit wieder bei ihr einziehen wird.
„Pierre ist ein Schwein, Mamon. Er hat mich immer wieder mit anderen Weibern betrogen!“
Ehe Jasmin erklären kann, dass ihr das jetzige, ruhige Leben mit heutiger Ausnahme natürlich eigentlich ganz gut gefällt, klammert sich Yvette heulend an ihren Hals und klagt herzerweichend: „Ein Schwein, Mamon, ein Riesenschwein!“ Und keinen Atemzug später: „Ach, Mamon, wie lieb von dir, dass ich wieder bei dir wohnen darf!“
So geht dieser elende Tag endlich zur Neige. Mit einem Kopf, schwer wie Stein, stolpert Jasmin ihrem Zuhause entgegen.
Als sie an dem Monstrum von Haus hochsieht, in dem sie lebt, erkennt sie Licht in ihrem Wohnzimmer.
Yvette wollte doch erst morgen kommen?
Dann sieht sie flüchtig die Gestalt eines Mannes im Fenster, eines fremden Mannes, und schon ist sie zurück, die Angst, die ihren Hals packt. Sie denkt – nein, eigentlich denkt sie gar nichts. Und dann doch: ‚Polizei. Ich muss die Polizei holen, und zwar schnell!‘
Doch urplötzlich kommt ihr ein völlig anderer Gedanke, eine zunächst noch absurd scheinende Idee. Hatte sie nicht schon immer davon geträumt, diesem grässlichen Hochhaus und der ganzen wuselnden Großstadt adieu zu sagen? Und ob! Viel zu

oft hat sie nur geträumt, immer nur geträumt. Aus den Schatten der Träume herauszutreten aber wagte sie nicht. Immer war da dieses kleine Häuschen, irgendwo in der Provinz, bunte Hühner im Garten, eine Kuh, vier Ziegen (sie hat genau mitgezählt, im letzten Traum). Zwei riesige Doggen, die jeden ungebetenen Gast draußen lassen. Sieben Wuschelkatzen und präzise 23 Spatzen im Birnenbaum. Sommer ist praktisch immer, die Luft riecht nach Blumen und Pfannekuchen, weil die immer schmecken. Und Jasmin spaziert im dampfenden Gras, wenn die Sonne den Regen von der Erde leckt. Ameisen, richtig, sie hat Ameisen gezählt. Dabei ging die Nacht drauf. Waren einfach zu viele.
Sollen die Leute doch nach ihr fahnden, Yvette und die ganze, egoistische Sippschaft kann ihr gestohlen bleiben! Schluss, aus. Nägel mit Köpfen. Die Mama taucht ab, ist unauffindbar!
Und die Arbeit im Pfandhaus?
Kann ihr ebenfalls gestohlen bleiben! Lange genug hat sie sich dafür krumm gemacht. Alte Zöpfe soll man abschneiden, und jetzt ist die beste Gelegenheit.
Der Fahrstuhl spinnt mal wieder. Also schnappt Jasmin nach ihrer Handtasche, zirkelt Block und Kuli raus und kniet sich hin, um ihre Vorfreude in nette Worte zu fassen. Sie notiert:
Werter Herr Einbrecher,
wären Sie wohl so freundlich, oder unfreundlich – das kann man durchaus von zwei Seiten sehen – die Wohnung, in der Sie sich gerade bedienen, im Anschluss daran recht gründlich zu verwüsten? Sie werden ohnehin leider nicht viel Brauchbares finden, dessen Sie sich erfreuen. Meine Ersparnisse sind bei der Bank, gegenüber, nicht im Kopfkissen oder zwischen den Nachthemden, wie mitunter üblich. Wertvollere Schmuckstücke trage ich selbst, also wäre es weitaus klüger gewesen, wenn Sie auf mich gewartet hätten. Nun, Sie haben weiß Gott genug Gründe, furchtbar wütend zu sein. Ich möchte Sie ermutigen, dem angestauten Frust freien

Lauf zu lassen. Also, nur zu! Sie werden sehen, dass Ihnen danach sehr viel wohler ist. Ich gewähre Ihnen – sagen wir – drei Stunden Zeit. Bis dahin sollten Sie sich keinen Zwang antun und das Mobiliar zerlegt haben. Ich zähle auf Sie! In freudiger Erwartung und zu Dank verpflichtet, Ihre Jasmin Noel
P.S. Ich erlaube mir, ihre großen Kraftanstrengungen von der Straße aus zu beobachten.

Sie kichert und drückt den Zettel an ihre schlaffe Brust. Das wird ihn bestimmt rasend machen!
Der Fahrstuhl sitzt wieder mal irgendwo fest. Sie wendet sich schon zum Gehen, da ratscht es zu ihrer Rechten, und die Tür klappt auf. Aus dem Fahrstuhl kommen alte Bekannte. Das Punkerpärchen.
„Hei Oma, na, alles senkrecht?“ schnarrt der Typ und zieht betont langsam seinen Hosenstall zu.
„Willste mit?“
„Will ich“, entgegnet Jasmin knapp, aber gutgelaunt.
„Na denn, rein in die Kombüse!“
Eine Spur zu freundlich tritt er zurück. Sein Grinsen wirkt so wenig einladend, wie die Höhle eines Wilden. Verwundert stellt er fest, dass irgendetwas fehlt. Irgendetwas, das sonst immer da ist. Richtig, der Hut der Alten ist verschwunden.
„Na hoppla. Heut ma' ohne Gemüse?“
„Wie Sie sehen, Herr ...“
Sie streckt die freie Hand hin.
„Einfach Jojo.“
„Sehr angenehm, Herr Jojo.“
Ihr kommt die nächste plötzliche Idee.
„Kommen Sie mich doch bald mal besuchen. Sie und Ihre Freundin. Ich würde mich wirklich freuen!“
„Klaro. Is' geritzt, die Einlade.“

Seine Stirn kräuselt sich.
„Ziehste aus?"
Sie wirft ihr weißes Haar zurück und lacht übermütig.
„In die Provence!"
„Kann man da ein' losmachen?"
Interessiert bekratzt er seine Hosenmitte.
„So viel Sie wollen, Herr ..."
„Jojo."
„Sie werden es erleben, Herr Jojo!"
„Jojo", verbessert er. „Einfach nur Jojo. Den ‚Herr' schenk ich Dir."
Wieder das Kratzen, diesmal im Nacken.
„Schade, dass du abdüst, Oma. Scheinst nämlich in Ordnung zu sein."
„Bin ich das?"
„Wenn ich's doch sag. Los, schieb ein, drauf!"
Er packt ihre schmale Hand und drückt sie danach schon viel sanfter.
„Gib den Provinzeiern fett Saures!", schnauzt seine Freundin und küsst ihr überfallartig zum Abschied die Wange.
„Ich schreibe Ihnen demnächst mal", verspricht Jasmin, ehe sie die beiden aus den Augen verliert.
„Ja, mach das", hört sie noch. Dann ist sie allein.
Aufwärts, in den achten Stock.
Sie zittert noch ein bisschen, als sie den Zettel unter der Wohnungstür durchschiebt. Danach ist ihr wohler.
Etwa eine Viertelstunde später sieht sie von der Straße aus, dass einige Dinge kreuz und quer hinter den Fensterscheiben entlang fliegen. Da ist der Schatten eines wild umherspringenden Menschen. In der Hauptsache aber segeln Möbelstücke durch die Wohnung, kleine, große, ganz große. Der Mensch da oben hat wirklich viel Kraft – und Wut.

Das merkwürdige Spektakel dauert noch eine ganze Weile.
Zu guter Letzt kracht ihr guter, alter Fernsehsessel durchs Fenster und zerbirst mitten auf der Straße.
Aber da ist Jasmin schon fort.

* * *

Die störrische, alte Dame lehnt jeden Besuch ab.
Nur Jojo und seine Freundin mit der weißen Ratte dürfen zu ihr. Sie nennen Jasmin jetzt ‚Tantchen'. Sie albern viel. Jojo prahlt mit wüsten Sexgeschichten im Fahrstuhl. Seine Freundin, die Marleen heißt, spielt derweil ausgiebig mit Gina Lollobrigida, der weißhaarigen Ratte. Und die alte Dame hört und schaut ihnen amüsiert zu.
Hin und wieder spaziert ihr Blick verliebt über die sanften Hügel der Provence, draußen, vor dem Panoramafenster.
Sie ist am Ziel, ist im Traum angekommen – nicht ganz, aber immerhin. Die Singvögel im weitläufigen Garten der Nervenklinik sind zwar für alle und nicht nur für sie allein da, auch die paar Hühner, drüben im Freigatter und die drei streunenden Katzen im Vorratskeller. Regeln gibt es hier, und feste Zeiten, schlafen zu gehen. Doch das ist halb so schlimm. Jasmin ist angekommen.
Nur selten reden sie von früher. Jojo sagt dann immer: „Der Typ hatte echt 'nen Bums. Die Bude war jedenfalls Kleinholz. Aber das mit dem Zettel war nich' so clever, Tantchen. Arschklar, dass die Bullen den Wisch finden!"
Er zertritt eine Kippe auf dem schönen Teppich.
„Und jetzt biste zur Strafe inner Klappse."
„Zur Strafe?"
„Was denn sonst?"
Sie lächelt und nimmt Jojos Hand.
„Dummkopf."

Ulrich A. Büttner

Speeddating

Ist es nicht so, dass täglich aus einer Art Ursumpf Blasen aufsteigen, die einem vorgaukeln: Mach dies, mach das, dann wird alles schöner, du solltest regelmäßig arbeiten, deine Wohnung putzen, dich besser kleiden, einrichten, ausdrücken, nach einer passenden Partnerin umschauen? Bill hatte gerade seine Karriere als Drehbuchschreiber beendet. Zum Abschluss einer Periode hartnäckigen Scheiterns feuerte er eine Flasche Wodka über den Balkon und zerstörte die Frontscheibe eines Kleinlasters mit allen Begleiterscheinungen, aufgeregten Leuten, Bullen, Anzeigen wegen Sachbeschädigung und Beleidigung. Entsprechend sprudelte es in seinem Hirn wie in einem Jacuzzi. Aus diesen Blasen kamen tausenderlei Eingebungen, und eine seiner schlechtesten führte zu einem Speeddating. Er wünschte sich eine ganz und gar andere Existenz. Er wollte sie schnell, und eine geile Braut war zentraler Bestandteil seines Plans.

Unter dem Dach des Sony-Centers sichtete er bereits eine Ansammlung merkwürdiger Vögel – Leute, die sich nicht kannten und die Bill auf Anhieb auch nicht kennen lernen wollte. Männer mit Glatze, in steifen Oberhemden und Krawatte, andere mit Gel in den Haaren, typische Fußballer oder EDV-Kaufleute, gehörten für ihn zum Bodensatz, den er prinzipiell ignorierte. Frauen im Kostüm oder gepunkteten Kleidchen, solche mit rosa Schleifchen dran oder herbe Kaliber mit O-Beinen und Cowboystiefeln stimmten ihn schon bedenklicher, denn sie bildeten das sogenannte Gegengeschlecht. Verlebte Mauerblümchen, pastellfarben drapiert, oder Rubensweiber, die man ohne Sattel kaum besteigen konnte. Peinlich berührt durch ihresgleichen schwiegen sich die Teilnehmer an, rauchten oder bewarfen sich mit abgedroschenen

Floskeln. Da blieb nur die Flucht nach vorne, mitten hinein ins Cafe. Das Alex erinnerte an die erste Tanzstunde. Eine gelbe Rose und Sekt auf jedem Tisch sollten die nüchterne Stimmung auflockern. Bill fragte sich, was er eigentlich erwartet hatte, blätterte beiläufig, gleichsam im Vorübergehen, durch aufgemotzte Gesichter und Posen wie durch eine Hochglanzzeitschrift; hielt inne und erschrak über Frauen, die wie Fruchtfliegen über ihren Cocktails kreisten.

„Sie sind irgendwie androgyn geworden", dachte er, als erwache er gerade aus einem romantischen Traum. Moderne Malerei, schnörkelloses Mobiliar. Er befand sich inmitten der Betonwüste am Potsdamer Platz, wo zwanzig Männer auf zwanzig Frauen trafen, um sich so effizient wie möglich kennen zu lernen. Für jedes Flirtgespräch blieben fünf Minuten, dann wechselte man zur nächsten Person. Die meisten waren um die 30, Marketingassistentinnen, Studentinnen, Ärztinnen und so weiter. Alle würden behaupten, für die herkömmliche Partnersuche keine Zeit zu haben.

Sein erstes Date, eine beleibte Projektleiterin, hatte rote Wangen und schwitzte. Vielleicht war sie alkoholkrank so wie er selbst und musste sich erst warm trinken. Bill konnte sich flexibel und kontaktfreudig geben, in weitaus stärkerem Maße war er feinfühlig, phantasievoll und nervös.

„Eine perfide Angewohnheit, bei solchen Treffs Kekse auszulegen", kalauerte er und kaute krachend auf dem Gebäck herum, „Sie gehören zum Junggesellendasein wie ..." – „Sekt und Suff", ergänzte sie. Bevor sein Vorrat an fiesen Formeln aufgebraucht war, dröhnte die Glocke. Die nächste Frau war ansprechender gebaut und schien ökonomisch vorzugehen, sie nannte Name, Alter, Beruf, Hobby. Dann schwieg sie erwartungsvoll. Bill wollte sich verständlicherweise nicht als Drehbuchschreiber outen. Er sei Kriminologe, definierte er, 33 Jahre alt. Er habe sich von seiner Freundin getrennt, überhaupt fehle das weibliche Element in seiner patriarchalischen

Familiengeschichte, und da er beruflich viel um die Ohren habe … oh je, das klang nicht gerade erfrischend; als Filmstoff absolut ungeeignet. Gekleidet hatte er sich mit einem eleganten schwarzen Hemd. Die Hose zierte ein silberner Gürtel, und das war für einen Kerl wie ihn richtiger Aufwand. Er ließ seinen sanften Bariton schwingen und bot keine schlechte Figur – für exakt zweieinhalb Minuten. Dann knödelte er einen Geldbeutel aus der Jeans, er wusste selbst nicht, welcher Teufel ihn ritt, und legte das Foto seiner Tochter auf den Tisch. Verblüfft starrte die Blondine auf das Bild, dann auf ihn. Er sah, wie sie in Gedanken ein ‚Nein' auf ihrem rosa Zettel ankreuzte. Dann ertönte die Glocke. Bill war kein Idiot. Die sentimentale Tour rührte nicht, sie war schädlich, wenn polierte Oberflächen zählten. Er zerbiß eine Handvoll Kekse und bestellte sein zweites Bier.
Eine dunkelblonde Frau mit tiefem Ausschnitt setzte sich ihm gegenüber. Jetzt bloß nicht auf die Dutteln schauen. Sein Blick fiel auf die Stiefel, die ihr ein schnittiges Format gaben, und dann zog er gedanklich 15 Zentimeter Absatz ab. Sie stellte sich als Marketingfachfrau vor. Wieder sah er zwei pralle Brüste und hatte Mühe, sich zu konzentrieren. Sachlich und mit allergrößtem Ernst präsentierte sie ihren Werdegang, ließ eine Erfolgsmeldung nach der anderen vom Stapel. So richtig klar wurde nicht, was sie eigentlich trieb, also dachte er, dass sie fortwährend telefonierte. Sie hatte eine spitze Nase, an der entlang die eng beieinander liegenden Augen zielten. Die war sicher klasse, wenn sie heiß wurde und auf den Orgasmus zusteuerte. Bill bestellte Wodka, um dann mit wenigen einsilbigen Wörtern die Gemeinsamkeiten zu betonen. Er schaffte es sogar, an ihrem Anhänger herumzufummeln, der zwischen den Dutteln baumelte, voller Tierfiguren, Meerschweinknochen und Keramik. Die Kleine erinnerte ihn an seine Drehbuchfigur: Lola, die auf dem Mecklenburger Land lebt, und am Empfang eines Kosmetikkonzerns arbeitet. Bei einer Mit-

arbeiterbefragung behauptet sie, zum Judentum bekehrt zu sein. Kurz darauf wird ihre achtjährige Tochter von Tierversuchsgegnern entführt. Bei ihren privaten Nachforschungen findet Lola heraus, dass der Personalchef in der Nazi-Szene verkehrt. Naja, zugegeben trashig, aber es war damals sein erstes Drehbuch. Da ertönte das Zeichen. Ein gutaussehender, untersetzter Typ mit Gel in den Haaren verscheuchte Bill, der gerne weiter an dem Plot gebastelt hätte.

Eine Nachtigall mit Namen Sandra girrte, flötete, jubilierte, dass es eine Pracht war, freute sich über die Aufmerksamkeit ihrer männlichen Sparingspartner, denn eines war sie nicht: gutaussehend. Ihre Nase sah aus wie mehrfach gebrochen. Auch das Kinn hatte ihr jemand weggeboxt. Sie trug ein grünes Kindergarten-Kleidchen mit weit ausgestellten Ärmeln und darüber ein Gaze, das den schroffen Eindruck mildern sollte.

„Du bist mir gleich aufgefallen, als du reinmarschiert bist."

„Ach ja?"

„Ganz in schwarz. Total retro."

Bill fühlte sich nicht wohl in seiner Haut.

„Nach was suchst du?" hauchte sie.

„Inspiration, Anregung."

„Du meinst wohl Aufregung?"

„Stoff. Ideen für meine Drehbücher."

„Ist das 'ne Story?"

„Nein, ich fühle mich ausgebrannt." Spatestens nach diesem Satz war ihm klar, dass er ihr dieses Interesse austreiben, es kaputt machen wollte.

„Mit den Jahren kommt der Überdruß an der Fiktion, der Ekel vor dem Phantasieren, Fabulieren, Retardieren, dem Ausmalen und dem Weglassen. Es hat etwas Gefälliges, Hurenhaftes und Falsches, und nach ein paar Drehbüchern hast du das Gefühl, es ist vorbei, es geht nicht mehr."

Die Tanzpädagogin schwieg. Das veranlasste Bill, noch eins draufzusetzen: „Und dann machst du trotzdem weiter, du fängst an, mehr Alkohol zu trinken, als dir gut tut, es geht bergab mit deiner Gesundheit, die Schulden häufen sich, und jetzt ist all dein Schreiben nur noch Therapie, wobei sich die Katze in den Schwanz beißt und du immer tiefer absinkst."
Endlich blickte sie betroffen. Wahrscheinlich kramte sie in ihrem helferischem Handwerkskästlein.
„Was für ein kitschiges Plastikteil!", sagte sie plötzlich. „An deinem Gürtel!"
„Malaysischer Traumwächter – ein Glücksbringer. Ich war nach meinem Studium in Singapur."
„Ach so." Sandras Stimme klang weich und verständnisvoll. „Du warst viel im Ausland?"
„Nein. Aber wenn man als Autor lebt, dann ist es, als wäre man komplett anderswo."
„Wie meinst du das?"
„Weil man als einsamer Wolf lebt. Du bist den Abgründen der Seele ausgeliefert, über die der Normalbürger den Sargdeckel des Alltags geschoben hat."
„Und deshalb suchst du 'ne Frau?"
„Jetzt ist Bodenhaftung gefragt."
„Ich wollte auch mal abhauen", bekannte Sandra. „Aber mein Leben hat sich von Grund auf verändert."
Bill war überrascht. Zum ersten Mal poppte sie auf, die Ahnung von Übereinstimmung. Kosmos statt Kosmetik, sekundenlang Augenaufschlag, schmachtender Blick. Dann sagte sie schwärmerisch: „Ich hab jetzt einen Mischlingsterrier!"
Er verzog keine Miene und wartete sehnsüchtig auf das akustische Zeichen. Eine BWL-Studentin bestach durch hyperschlaue Sätze wie: „Bei dir ist der Zufallsgenerator auch dein personal trainer." Oder: „Ich liebe auch von Vivaldi über Grönemeyer und Element

of Crime so eine Menge." Toll fand er „Mallorca hat seine Reize abseits des Ballermanns." Ihr Monolog war ein Sprachkunstwerk, ein einziger, ewig langer Text, bunt montiert aus Klischees und Werbetexten, ein unaufhaltsamer, unerbittlicher Mahlstrom von Ansprüchen und Sehnsüchten, gebetsmühlenartig wiederholt, ein Textmühlengebet, das in seinen Endlosschleifen und Redundanzen alle Gewissheiten zermalmt, alles in Frage stellt. Bill konzentrierte sich auf die an den Rändern gleichmäßig gezackten Kekse. Wenn man die Exemplare wie ein Puzzle aneinander legte, entstand dort, wo sich die Zähne berührten, ein Mund. Man konnte sich vorstellen, wie diese Zähne auf und ab mahlten und die Kekse unaufhörlich laberten. Er kicherte haltlos und wollte seine Entdeckung mitteilen, da bemerkte er, dass die Partnerin schon wieder gewechselt hatte. Nathalie, die Sekretärin einer Federnfabrik, verurteilte ihn zum hoffnungslosesten und schwärzesten Schweigen, das er je an sich kennen gelernt hatte.
„Meine bisher abgelaufene Zeit", schwallte sie, „habe ich zwar hin und wieder in Kneipen verbracht – aber nicht vergeudet. Auf der Suche nach Männern war ich nie in Kneipen. Und die Männer, an denen mir etwas lag, waren auch nicht die falschen ... es gibt nur eben auch andere Umstände, die eine erneute Suche erforderlich machen, deshalb mein Motto: Ich suche nicht, ich finde. Stammt leider nicht von mir, sondern von Picasso. Und ehrlich gesagt, stimmt es auch nicht, strenggenommen bin ich an diesem Abend auf einer Kontaktbörse, aber ..."
Die sture und unnachgiebige Selbstpreisung mit all ihren Längen, Höhen und Tiefen, mit all den Blasen und Banalitäten ermüdete ihn, so dass er sich lieber auf die farbigen im Raum hängenden Luftballons konzentrierte, die das Licht reflektierten. 13 Gespräche später war Bill betrunken und bis auf die Knochen blamiert. Diesen Frauen mangelte es an einem Anliegen, an tragfähigen Ideen oder neuen Deutungsansätzen. Dabei hoffte er auf ein

Zeichen, das ihn von seiner Einsamkeit erlöste.
„Nein, ich schaue nicht ‚Sex and the City' im Fernsehen", fuhr er seine Flirtpartnerin an, übersättigt von Stereotypen, „Ich bin weder Projektleiter noch PR-Berater."
„Wie heißt du denn?"
„Bill Kempowski."
„Und was machst du beruflich?", näselte sie, als wäre sie aus der High Society und das Alex die Glamourwelt.
„Manager einer Keksfabrik!"
„Wohl eher ein Scherzkeks", sagte sie reserviert.
„Wir Menschen sind im großen und ganzen viel dümmer, als wir uns das eingestehen wollen."
„Sooo? Wie meinst du das?"
Die Frau trug Pumps, einen engen, knielangen Rock, ein Spitzentop unter tailliertem Jackett, auffällige Ringe; die Fingernägel waren grell lackiert, die Lippen rot geschminkt. Seine letzte Chance, den Abend zu einer Annäherung zu nutzen. Während Bill redete, blickte sie zur Seite oder nach hinten, als könne sie es gar nicht erwarten, den Tisch zu verlassen.
„Gott hat mir gezeigt, dass das, was ich 10 Jahre lang vorhatte, nicht das ist, wofür man mich belohnen wird", erklärte Bill resigniert.
„Dann frag ich mich, warum du überhaupt gekommen bist."
Es war ihr anzusehen, dass ihr das Gespräch keine Freude bereitete. Als die Glocke ertönte, kramte Bill den rosa Zettel hervor und setzte sein siebtes Kreuz bei ‚Ja'. Auf keinen Fall wollte er mit leeren Händen gehen. Die Auswertung erfolgte per Computer.
Bill saß allein am Tisch, angetrunken, abgespannt, desillusioniert. Erst jetzt bemerkte er, dass in die Kekse eine Nachricht eingestanzt war. Mit großer Mühe glaubte er, das Wort Fuck zu lesen. Ein Anti-Glückskeks also; typisch Berlin! Enttäuscht soff er weiter, das Cafe drehte sich wie ein Kreisel, bis aus dem durch Deckenleuchten besternten Spiralnebel ein Gesicht auftauchte.

„Es gibt leider keine Matches. Eine einzige Frau hat sich für dich interessiert."
„Wer?", fragte Bill mit verzweifeltem Unterton.
„Anna", sagte die im übrigen sexy gekleidete Organisatorin, Mitleid in der Stimme.
„Ich habe vergessen, sie anzukreuzen", flunkerte Bill. Er konnte sich partout nicht an eine Person dieses Namens erinnern.
„Macht nischt", meinte das Gesicht gönnerisch. „Du kriegst die Telefonnummer."
Bill stemmte sich hoch und stolperte durch die Ödnis des abgewrackten Sony-Platzes. Die Schritte hallten wider von zerklüfteten Riesenbauten. „Du bist es!" rief er trotzig und ballte die Faust gegen den DB-Konzern. Laut rief er ihren Namen in den sternhagelblauen Abendhimmel. Daheim pichte er die Nummer unter das Plakat von Basic Instinct. Es war die erste Liebesbotschaft seit Jahren. Er brauchte die Illusion, den Tempel der unbekannten Marmorgöttin. Mit dem Abstand eines Tages wurde ihm Anna zu einer leuchtenden Ikone eines allem Gewöhnlichen und Irdischen entrückten Daseins, eines selbstherrlichen Fernseins von dieser Welt, in der unaufhörlich Kekse verzehrt wurden.

Henrike Curdt

Gesprungen

Sie kann nicht laufen, nicht einmal krabbeln. Sie wird es nicht lernen. Damit habe ich mich abgefunden. Wenn ich sie festgehalten hätte, damals, dann würde sie heute mit den anderen Kindern auf dem Spielplatz herumtollen. Klettern, rutschen, Fangen spielen. Aber ich habe sie nicht festgehalten.

Sie sitzt im Wagen und lächelt mich an. „Ma-ma." Ihr Stimmchen ist ganz dünn. Ich weiß, es wird nicht mehr lange dauern. Ihr leises „Ma-ma" wird noch leiser werden. Am Ende wird sie ganz verstummen. Bis dahin wird sie nicht einmal Zeit haben, etwas anderes zu lernen als „Ma-ma".

Die Leute starren uns an, zuerst sie, dann mich und dann wieder sie. ‚Was ist mit ihrem Auge passiert', fragen sie stumm, ‚und mit ihren Haaren?' Ja, ihre Löckchen sind nicht mehr so dicht, wie sie einmal waren. Sie fallen aus. Jeden Morgen liegen sie wie goldene Fäden auf ihrem Kissen. An ihrem Kopf sind kahle Stellen. Aber für mich ist sie wunderschön. Mein Kind. Mein kleines Mädchen.

Ich kaufe ihr ein Erdbeereis. Sie liebt Erdbeereis, doch heute mag sie nicht. Sie macht den Mund zu. Rosarotes Eis klebt rundherum. Gut, dass ich Taschentücher dabei habe. Eine gute Mutter vergisst nie, Taschentücher mitzunehmen. Ich wische ihr das Eis aus dem Gesicht. Es ist sogar etwas in ihr Auge geraten. In das linke, das blinde. Eigentlich ist es gar kein Auge mehr. Nur ein leeres Loch. Aber das andere Auge ist voller Licht. Veilchenblau. Ich muss aufpassen, dass sie das nicht auch noch verliert.

Ihr Gesicht ist wieder sauber. Sie streckt ihre Ärmchen nach mir aus. Oder will sie jetzt doch Eis? Zu spät – ich habe es schon aufgegessen.

„Lass uns nach Hause fahren", sage ich. „Es ist schon spät."

Der Bus fährt an, und ich muss mich festhalten, um nicht aus dem Gleichgewicht zu geraten. Mit einer Hand klammere ich mich an die Haltestange, mit der anderen ziehe ich den Wagen zu mir hin. Sie ist eingeschlafen. Ich wünschte, ich könnte auch die Augen schließen und alles vergessen. Die Leute starren uns an. Unentwegt. Als wüssten sie, was geschehen ist. Ich versuche, nicht darauf zu achten, schaue in den Wagen. Mein kleines Mädchen. Sie sieht aus wie ein Engel. Ein Engel in einem alten, abgewetzten Kinderwagen. Das Verdeck lässt sich nicht mehr hochklappen, und den Griff habe ich mit Klebeband geflickt. Damals hatte ich noch einen neuen Wagen, viel größer und schöner als dieser hier. Sonntags bin ich mit ihr oft über die Felder spazieren gegangen. Sie mochte die Kornblumen so gern. Jetzt gehen wir nicht mehr dorthin.
Der Bus hält, und die Türen zischen auf. Eine Frau steigt ein, mit einem Kind auf dem Arm, ein Junge. Die Frau setzt sich und nimmt den Kleinen auf den Schoß. Er streckt seine rundliche Hand aus. Vielleicht hat er das Spielzeug gesehen, das an dem geflickten Kinderwagengriff baumelt. Die Mutter des Jungen hebt den Kopf. Schrecken blitzt über ihr Gesicht. Sie reißt ihr Kind an sich, verbirgt sein Gesicht an ihrem Hals. Der Kleine wehrt sich und fängt an zu quengeln, aber sie lässt ihn nicht los. Sie steht auf und geht nach hinten. Ich sehe aus dem Fenster.
Wir sind da. Endstation. Die Leute haben es eilig, nach draußen zu kommen. Ich möchte auch aussteigen, aber ein Rad des Kinderwagens hat sich an der Haltestange verhakt. Ich rüttle an dem geflickten Griff. Der Wagen versperrt den Durchgang. Hinter mir drängen sich die Leute. Ich hocke mich neben den Wagen. Blicke stechen mir in den Rücken, ungeduldige Stimmen richten sich hinter mir auf. Ich drehe mich nicht um, zerre nur wie verrückt an dem Rad. Mein Gesicht brennt vor Anstrengung und Scham. Ein Mann hustet. Oder lacht er?

Es knackt leise, als ich das Rad nach außen biege. Jetzt ist der Wagen frei. Ich manövriere ihn die steilen Stufen hinunter. Er kommt mir unendlich schwer vor. Da passiert es: Auf der letzten Stufe bricht das Rad ab, und der Wagen kippt. Die Decke schlägt wie ein weißer Flügel über den Rand des Wagens. Mein Mädchen! Ich höre das dumpfe Geräusch, als ihr Köpfchen auf die Bordsteinkante schlägt. Hinter mir schreit jemand auf. Ich lasse den Wagen los. Der Boden unter mir fühlt sich an, als ob er schmelzen würde. Sie liegt im Rinnstein, im Schmutz, rührt sich nicht, wimmert nur mit ihrem brüchigen Stimmchen. Ich nehme sie hoch. Vorsichtig betaste ich ihren Kopf. Von außen sieht er unverletzt aus. Aber etwas stimmt nicht. Das Lid ihres gesunden Auges hängt herunter. Ein dünner Riss kriecht aus ihrem Haaransatz, über ihre Stirn, zwischen den fein geschwungenen Augenbrauen bis zur Nasenwurzel. Es sieht aus wie ein Sprung in einem Porzellangefäß. Gesprungen. Ich drücke sie an mich. Jetzt ist sie ganz still. Genau wie damals.
Die Leute stehen da und glotzen. Gierig, schamlos. Es ist unerträglich. „Es ist nichts passiert“, sage ich. Sie glotzen weiter, wollen nicht weggehen. Es ist nichts passiert! Ich stelle den Wagen wieder auf und lege mein kleines Mädchen hinein. Ihre blonden Locken sind schmutzig. Ich werde sie waschen müssen, wenn wir zu Hause sind.
Der Wagen lässt sich kaum schieben mit nur drei Rädern. Ich stolpere vorwärts, die Straße hinunter bis zur Kreuzung. Efeuranken hängen von einer Mauer herab. Sie strecken ihre dünnen Finger nach ihr aus. Ich laufe weiter, an der Mauer entlang. Nach Hause. Dort sind wir sicher vor den Blicken, vor den stummen Fragen. Ich habe sie nicht festgehalten. Der Wagen holpert über das Pflaster, sackt mit einem Ruck in ein Loch zwischen den Steinen. Der Riss über ihrer Nasenwurzel springt auf, und ihr Kopf zerbricht in zwei Teile. Das blaue Auge blitzt auf und fällt auf das Kissen, aufgespießt auf Draht.

Ich stehe da und starre auf den zerbrochenen Puppenkopf. Etwas rinnt über mein Gesicht wie warmes Blut, tropft von meinem Kinn auf meine Hände. Eine zerbrochene Puppe in einem zerbrochenen Puppenwagen.
Meine Hände sind ganz ruhig, als ich den Wagen an die Mauer lehne. Behutsam ziehe ich die Decke über das gespaltene Gesicht. Die Decke ist weiß und leicht wie Schnee. Nicht dunkel und schwer wie die Erde auf ihrem kleinen Sarg. Ich lasse den Wagen auf dem Bürgersteig stehen und gehe weiter. Ich konnte sie nicht festhalten, damals. Vielleicht kann ich jetzt zu ihrem Grab gehen.

Susanne Feiner

Sommerwind

Wie jeden Mittwoch lungerten Mario, Silvan und ich in der Grünanlage gegenüber der Tanzschule herum. Um kurz nach vier kamen immer die Ballettmädchen heraus, wundervolle elfenhafte Wesen, die für uns unerreichbar waren. Jede Woche passten wir den Zeitpunkt ab und taten unser Bestes, es wie Zufall aussehen zu lassen. Wir drapierten uns auf einer der Parkbänke und bemühten uns nach Kräften, lässig zu wirken. Wenn die Mädchen kamen, steckten wir die Köpfe zusammen und taten, als ob wir ungemein Wichtiges zu besprechen hätten. Manchmal rissen wir auch lautstark coole Sprüche, patschten uns gegenseitig kumpelhaft auf die Schultern oder inszenierten kleinere Ringkämpfe.
Leider gab es nie auch nur das geringste Anzeichen dafür, dass unsere Anstrengungen von Erfolg gekrönt sein könnten. Niemals blieben die Mädchen stehen oder sprachen gar mit uns. Wenn sie unsere verstohlenen Blicke bemerkten, kicherten sie und tuschelten miteinander. Das war alles.
An diesem Mittwoch tauchte plötzlich Harry vor der Tanzschule auf. Harry war neu in unserer Klasse und ein Jahr älter als wir anderen, weil er die Sechste schon zum zweiten Mal machte. Er war bereits im Stimmbruch, was ihm von vornherein Ansehen und Autorität einbrachte.
Auch er schien zu warten. Er hatte uns noch nicht gesehen. Unsere erste Regung war, uns bemerkbar zu machen, aber irgendetwas hielt uns zurück. Stattdessen nahmen wir Aufstellung hinter einer Buchenhecke. Von dort aus konnten wir ihn unbemerkt beobachten.
Kurz darauf erschienen die Mädchen wie eine Schar Zauberwesen. Katrin war die Schönste von allen mit ihrem langen blonden

Haar. Außerdem war sie die Einzige, die schon einen nennenswerten Busen hatte. Ich war unsterblich in sie verliebt, wie fast alle Jungen in unserer Jahrgangsstufe, doch ich war fest davon überzeugt, dass ich allein der Richtige für sie war. Es konnte nur eine Frage der Zeit sein, bis sie das erkennen musste. Ihr ein Liebesgeständnis zu machen, hielt ich daher nicht für erforderlich und auch nicht für mannhaft.

Da geschah das Unglaubliche: Harry ging auf Katrin zu und legte ihr wie selbstverständlich seinen Arm um die Taille. Sie verabschiedete sich von ihren Freundinnen und stolzierte mit ihm davon.

Wir waren wie versteinert. Harry und die engelsgleiche Katrin? Wie konnte das sein? Hatten wir nicht die älteren Rechte? Waren wir nicht diejenigen, die ihr seit Monaten die Treue hielten? Meine Enttäuschung kannte keine Grenzen.

Am nächsten Tag im Schulhof standen wir um Harry herum. Er habe Katrin „rumgekriegt“, erzählte er uns. Dabei zwinkerte er vielsagend. Was „rumgekriegt“ genau bedeutete, wusste ich nicht. Ich malte mir die schrecklichsten erotischen Szenen aus, litt fürchterlich und beneidete Harry.

Ebenso wie Silvan und Mario hatte ich noch nie eine Freundin gehabt. Harry sagte, das läge nur daran, dass wir „es“ nicht „brächten“. Etwas in der Art hatten wir schon befürchtet, aber nun, da Harry es ausgesprochen hatte, war unsere Unzulänglichkeit zur bitteren Gewissheit geworden. Was wir eigentlich „bringen“ sollten, war uns zwar nicht ganz klar, gleichwohl spürten wir, dass es mit Mut und Männlichkeit zusammenhing – mit Dingen, die uns offensichtlich fehlten und nach denen wir mit jeder Faser unserer dürren Jungenkörper lechzten.

Harry unterstützte unser Streben nach Heldentum, indem er sich Mutproben ausdachte. Schließlich mussten wir uns der Mitgliedschaft in seiner „Clique“ als würdig erweisen. Das erwies sich als unerwartet schwierig. So sabotierte Silvan einmal das Fahrrad von Kröger, unserem Englisch-Lehrer. Kröger erwischte ihn, als er gerade die Luft aus den Reifen ließ. Silvans mündliche Note war damit für das Halbjahr verpatzt. Ein andermal sollte sich Mario heimlich ins Lehrerzimmer schleichen und irgendetwas als Trophäe mitbringen. Triumphierend präsentierte er uns ein zusammengeknülltes Butterbrotpapier mit anhaftenden Wurstresten. Mario beteuerte, dass er es aus dem Mülleimer im Lehrerzimmer geholt habe, Harry ließ es jedoch nicht als Beweis gelten.

Mir erteilte Harry den Auftrag, beim anstehenden Mathe-Test einen epileptischen Anfall vorzutäuschen und damit die Stunde zu sprengen. Ich war von vornherein skeptisch, weil ich meine schauspielerischen Fähigkeiten für sehr begrenzt hielt. Außerdem mochte ich Dr. Gabriel, unseren Mathe-Lehrer, gut leiden. Gleichwohl waren meine Bedenken, als Drückeberger da zu stehen, stärker.

Als Dr. Gabriel die Aufgabenblätter verteilte, begann ich zu japsen und ließ mich vom Stuhl gleiten. Dr. Gabriel kam sofort angerannt. Er schüttelte mich und rief: „Mein Gott, Junge, was ist mit dir?" Er sah so erschrocken, hilflos und geradezu verzweifelt aus, dass mich augenblicklich mein schlechtes Gewissen überwältigte und ich meine ohnehin stümperhafte Aktion abbrach.

„Geht schon wieder", murmelte ich. Der Glaubwürdigkeit halber hüstelte und keuchte ich noch ein wenig. Dann schrieben wir den Test wie geplant. Während der ganzen Stunde fühlte ich Harrys Blicke wie Nadelstiche in meinem Nacken.

Mit unseren Heldentaten war es bisher also nicht allzu weit her gewesen. Nähere Kontakte zu Mädchen hatten sie uns jedenfalls nicht beschert.

Es war seltsam. Seit Harry mit Katrin „ging", war es, als hätten wir all unseren Elan und unsere Antriebskraft verloren. In stillem Einverständnis hatten wir sogar unseren Mittwochstermin

aufgegeben. Alles kam uns sinnlos vor. In der Pause standen wir kleinlaut herum, beobachteten aus den Augenwinkeln Harry, wie er mit Katrin den Hof abschritt. Wir schubsten mit unseren Schuhen kleine Steinchen auf dem Asphalt hin und her, und ab und zu sagte einer von uns so etwas wie: „Habt ihr Mathe heut' kapiert?" Dann schüttelten die anderen beiden die Köpfe, und wir schwiegen wieder und warteten darauf, dass Harry sich zu uns stellte, um unsere Clique komplett zu machen. Wir bildeten uns ein, dass dann etwas von seinem Glanz auf uns abstrahlte und wir ein bisschen waren wie er, cool und männlich.
„Mit Kinderkram ist jetzt Schluss", verkündete Harry eines Tages. „Im Mai springen wir vom Zehner!"
Im Freibad wurde gerade ein Sprungturm gebaut, der bis zur Eröffnung fertig sein sollte. Harry ließ schon jetzt, im März, keinen Zweifel daran, dass es für ihn kein Problem sei, vom Zehner zu springen. Er erklärte, dass dies das Mindeste sei, was er von „seinen Leuten" erwarte. Mit Memmen würde er sich jedenfalls nicht umgeben.
Der Mai kam schneller, als uns lieb war. So sehr wir uns auf das Freibad und die Bikini-Mädchen freuten, so sehr fürchteten wir den Sprungturm. Jeder von uns hatte am Eröffnungswochenende unerhört wichtige Verpflichtungen, die es unmöglich machten, ins Freibad zu gehen – ewig schade, leider, leider – der 90. Geburtstag der Großtante, Besuch der Cousine aus Amerika, ärztliches Schwimm-Verbot wegen Impfung.
Doch mit der Zeit fielen uns keine überzeugenden Ausreden mehr ein. Ein paar Wochen später hatte Harry uns auf einen Samstag festgenagelt. Meine einzige Hoffnung war, dass Katrin und die anderen Mädchen davon erfahren und uns endlich bewundern würden – falls wir die Sache überlebten. Vor meinem geistigen Auge sah ich alle Mädchen meiner Klasse und auch der Parallelklasse an meinem Grab schluchzen und rufen: „Warum nur? Er

war der Beste!" Diese tröstliche Vorstellung lenkte mich kurzzeitig sogar etwas von meiner Angst ab.
Am Vorabend des Ereignisses gab es allerdings noch etwas zu feiern: Katrins Geburtstag, zu dem Harry uns alle eingeladen hatte. Ich wollte zuerst nicht hingehen, um mir den Anblick von Katrin in Harrys Armen zu ersparen, aber dann ging ich doch. Es konnte schließlich die letzte Party in meinem Leben sein.
Die Feier stieg auf dem Gartengrundstück von Katrins Eltern. Harry hatte Bier „organisiert". Um eine Feuerstelle herum saßen oder standen einige Gäste. Silvan, Mario und auch ein paar von Katrins Freundinnen waren da. Katrin unterhielt sich mit ihnen. Ich war fest entschlossen, sie heute – wenigstens dieses eine Mal! – zu umarmen. Als sie mich bemerkte, kam sie auf mich zu. Sie sah aus wie eine Prinzessin. Augenblicklich fühlte ich mich wie ein elender Landstreicher. Mein ganzer Mut war schlagartig dahin. Ich brachte es nicht fertig, meine zittrigen Arme auszubreiten. Schüchtern streckte ich ihr die Hand entgegen.
Ich hätte mich ohrfeigen können. Das war vielleicht meine letzte Chance gewesen, ein Mädchen im Arm zu halten, und ich hatte es vermasselt. Diese Erkenntnis traf mich mit voller Wucht. Wenn ich morgen sterben würde, hätte ich es nicht anders verdient. Die Welt brauchte keinen Verlierer wie mich.
Es ging fast über meine Kräfte, mir meine Qualen nicht anmerken zu lassen. Unendlich deprimiert nahm ich die Bierflasche in Empfang, die Harry mir hinstreckte.
Ich machte winzig kleine Schlucke. Im Grunde mochte ich kein Bier. Limo wäre mir lieber gewesen, das tranken die Mädchen. Mir war sowieso schon schlecht, wenn ich an den morgigen Tag dachte. Silvan und Mario erging es ähnlich. Das konnte ich ihren bleichen Gesichtern ansehen, auch wenn sie versuchten, mit krampfhaften Späßen darüber hinweg zu täuschen.
Harry reichte eine dunkelbraune Flasche mit einer geheimnisvol-

len Flüssigkeit herum, von der er sagte, das sei der absolute Hammer, das Beste, was der Spirituosenmarkt zu bieten habe. Als ich daran roch, verätzte mir das Zeug beinahe die Nasenschleimhaut. Ich lehnte ab, vielleicht später, ich wolle erst mein Bier austrinken. Harry selbst trank reichlich.

Mit der Zeit wurde Harry seltsam still. Nach einer Weile stand er auf und wankte zum Holzstapel, der sich etwas abseits befand. Dort stützte er sich auf den Hackstock. Katrin wollte ihm nachgehen, um zu sehen, was mit ihm los war. In diesem Moment begann Harry zu kotzen. Es war ein martialisches und zugleich faszinierendes Schauspiel: der heldenhafte Harry in schlichtweg erbärmlicher Pose. Es stank bis zu uns herüber. Katrin schlug sich die Hand vor den Mund und machte kehrt.

Ich beschloss, dass dies ein guter Zeitpunkt war, mich zu verabschieden.

In dieser Nacht schlief ich wenig. Dennoch erschien ich am nächsten Tag pünktlich zur vereinbarten Zeit vor dem Freibad. Silvan und Harry waren schon da. Wir warteten ein paar Minuten. Mario kam nicht.

„Der Feigling drückt sich", stellte Harry beinahe zufrieden fest. Er sah etwas blass aus. Seinen Befehlston hatte er indes nicht eingebüßt. „Der braucht sich nicht mehr bei mir blicken zu lassen. Los, wir gehen rein!"

Ich versuchte, nicht nach oben oder unten zu sehen, sondern blickte immer nur auf meine Hände, die eine Sprosse nach der anderen griffen, als Silvan und ich hintereinander den Sprungturm hinaufkletterten. Harry wartete unten am Beckenrand. Auf meine Frage, ob er selbst denn nicht springen wollte, hatte er nur abgewunken. Er habe einen Kater von gestern Abend. Das glaubte ich ihm sogar.

Silvan wollte zuerst. Er stellte sich ganz vorne an die Kante und warf mir über die Schulter einen letzten Blick zu. Mir wurde ganz komisch, denn er sah mich an, als würde er Abschied nehmen. Dann sprang er. Genaugenommen ließ er sich nur fallen. Ich hörte das Aufklatschen, als er unten ankam. Als ich hinsah, war er noch nicht wieder aufgetaucht. Er bewegte sich auch nicht, schien im Gegenteil weiter unterzugehen. Niemand unternahm etwas, alle glotzten nur blöd. Kalte Angst packte mich. Ich wollte nach dem Bademeister schreien, wo zum Teufel war der verdammte Bademeister, aber ich brachte keinen Ton heraus. Da endlich, nach ewigen Sekunden, begann Silvan mit Armen und Beinen zu zappeln, kämpfte sich mühsam an die Wasseroberfläche, schnappte nach Luft und erreichte schließlich den Beckenrand. Dort hielt er sich fest, lehnte den Kopf an und verharrte reglos. Offensichtlich fehlte ihm die Kraft, sich ganz aus dem Wasser zu stemmen. Immerhin, er lebte.

„Jetzt du!", brüllte Harry zu mir herauf.

Ich trat vor. Blickte senkrecht nach unten. Tief unter mir erahnte ich die Wasseroberfläche. Sehen konnte ich nur den gekachelten Grund des Schwimmbeckens. Meine Zehen krümmten sich über den Rand der Plattform. Schwindel erfasste mich. Der laue Sommerwind ließ mich frösteln. Mein Magen schien zu schweben, drängte in meinem Körper nach oben, wie bei einer rasanten Abwärtsfahrt mit dem Fahrstuhl. Da erschien Harry vor meinem geistigen Auge, wie er über dem Hackstock hing und kotzte. Ich roch wieder den Gestank. Sah Katrin vor mir, wie sie Harry eine scheuerte, obwohl ich wusste, dass das nur Fantasie war.

In diesem Moment wurde mir klar, dass ich es nicht tun würde. Ich trat einen Schritt zurück, blieb für einen Augenblick stehen. Es herrschte gespannte Stille, die Zuschauer warteten auf meinen Sprung. Ein Gedanke schoss mir durch den Kopf. Eigentlich war es mehr ein Aufflackern, und ich konnte mich gegen den Impuls nicht wehren: Ich drehte mich um, zog meine Badehose hinten runter und präsentierte für eine Sekunde meinen nackten Hintern.

Dann zog ich die Hose wieder rauf und begann mit dem Abstieg. Ein paar Augenblicke dauerte es, bis die Leute begriffen. Ich war schon auf der vierten Stufe, als das Johlen und Pfeifen einsetzte, manche applaudierten auch. Ich kletterte unbeirrt die Leiter hinunter. Kaum spürte ich festen Boden unter den Füßen, machte ich mich, ohne mich umzusehen, davon.

Als ich nach Hause radelte, forschte ich nach meinen Gefühlen. Hatte ich versagt? Hauptsächlich empfand ich eines: unsägliche Erleichterung. Ich war mit einem Mal nicht mehr scharf darauf, in Harrys Clique zu sein. Auch Katrin erschien mir nicht mehr ganz so begehrenswert. Es war, als hätte mir der Wind dort oben auf dem Sprungturm den Kopf frei geblasen.

Ich war keine halbe Stunde zu Hause, da tauchte Silvan auf.

„Hi", sagte er.

„Hi", antwortete ich. Was er wohl davon hielt, dass ich gekniffen hatte? Ein bisschen komisch fühlte ich mich jetzt doch.

Da sagte er: „Ich hätte auch nicht springen sollen." Er zog sein T-Shirt hoch und zeigte mir seinen vom Aufprall immer noch knallroten Oberkörper.

„Ich dachte schon, du kommst nicht mehr hoch", sagte ich.

„Ich auch", sagte er und fügte hinzu: „Harry ist ein Arschloch."

Ich nickte. „Wir könnten unsere eigene Clique gründen", schlug ich vor.

„Nein." Silvan blickte mich düster an.

„Nein?", fragte ich verwundert.

„Ich will keine verdammte Clique mehr. Ich will, dass wir wieder ganz normal befreundet sind. Du, ich und Mario. So wie früher. Ohne Harry."

Ich nickte noch einmal. Dann machten wir uns gemeinsam auf den Weg zu Mario.

Am darauffolgenden Montag standen wir drei im Schulhof zusammen, als Harry sich näherte. Katrin war nirgends zu sehen.

„Hast wohl gekniffen, was, alter Feigling!“, posaunte Harry Mario an. „Du hast Glück, du kriegst eine neue Chance nächstes Wochenende!“
„Hau ab“, antwortete Mario nur. Diese ungewohnt schroffe Erwiderung schien Harry zu irritieren. Daher änderte er seine Taktik und wandte sich zu mir: „Hey, coole Aktion, das mit dem Hintern!“ Er klopfte mir auf die Schulter. Ich antwortete nicht.
„Wisst ihr was? Am Samstag stellen wir uns alle vier auf die Plattform und zeigen unsere Hintern! Das wird superlustig!“ Dass Harry ein Wort wie „superlustig“ verwendete, bewies, dass er nicht in Bestform war.
„Hau ab, Harry“, sagte Silvan.
„Alter, was ist denn? Mann, du bist ein Held!“
„Hau ab, Harry“, wiederholte Mario.
Harry blieb der Mund offen stehen. Damit hatte er nicht gerechnet.
„Such dir eine neue Clique“, ergänzte ich. Damit ließen wir ihn stehen. Beinahe tat er mir leid. Aber nur beinahe.
Im Jahr darauf sprang ich doch vom Zehner. Nicht wegen Harry, sondern weil ich selbst Lust dazu hatte. Ich war allein ins Freibad gefahren, Mario und Silvan wollten später nachkommen. Es war noch nicht viel los. Niemand war da, den ich kannte. Ich kletterte auf den Turm. In meinem Bauch kribbelte ein Bataillon Ameisen. Als ich oben stand, atmete ich tief ein und aus und wieder ein. Und dann sprang ich. Es war ein glatter Sprung, mit den Füßen voran tauchte ich ein.
Ich kam problemlos an die Oberfläche, schwamm zum Beckenrand und kletterte aus dem Wasser. Das war's also. Ich wunderte mich, wie einfach es gewesen war.
Auf dem Weg zu meinem Handtuch bemerkte ich ein Mädchen. Sie hatte sich nur ein paar Meter weiter niedergelassen und lächelte mich an. Ich lächelte zurück.
„Astreiner Sprung“, sagte sie.

„Ist nichts dabei“, antwortete ich leichthin. Während ich nach meinem Handtuch griff, fügte ich hinzu: „Ganz schön heiß heute.“ Sie nickte und lächelte zum zweiten Mal.
Und dann wagte ich den nächsten Sprung: „Wollen wir uns ein Eis holen?“
„Gute Idee!“ Sie erhob sich.
Nebeneinander schlenderten wir zum Kiosk. Sie duftete ein bisschen nach Sonnencreme. Ein leichter Sommerwind strich sacht durch ihr langes dunkles Haar.
Und wieder staunte ich, wie einfach es gewesen war.

Falk Andreas Funke

Gabrieler

Nein, er heiße nicht Gabriel, sein Name sei Gabrieler. Er habe das eben bei der Vorstellungsrunde so deutlich und klar wie nötig gesagt. Er wiederhole es jetzt noch ein einziges Mal. Gabrieler. – Die anderen schweigen. Einige schauen vor sich hin auf den Tisch, die Notizhefte, die Stifte. Das Gesicht der blassen und blonden jungen Frau ist geflutet von Verlegenheitsröte. Sie hat die Augen niedergeschlagen und nestelt an ihrem Ärmel herum.
Der Kursleiter räuspert sich. Er ist ein alter Mensch voller Lebensfalten, eine irreführend androgyne Erscheinung, untrennbar von seinem sonnenfarbigen Frühlingsschal. Er blickt herausfordernd in die Runde.
„Nun, nachdem das klar ist, können wir anfangen. Ist jemand so mutig und wagt es, einen Text, den er mitgebracht hat, vorzustellen? Schließlich sind wir ja eine Literaturwerkstatt; da geht es um ureigene Dinge, und kann etwas ureigener sein als ein eigener Text? Ureigener mit Ausnahme des eigenen Namens vielleicht, aber den hat sich ja keiner selber gegeben, weshalb ich empfehle, solches nicht zu sehr auf die Goldwaage zu legen. Auf die Waage legen wir hier nur unsere Texte, um festzustellen, ob sie Gewicht und welches Gewicht sie haben; aber bitte nicht falsch verstehen: Hier wird niemand gefressen – wohl geküsst zuweilen, aber ja – keinesfalls aber gefressen. Das ist die Regel."
Gabrieler ziert sich. Er streicht sich eine in die Stirn gefallene Strähne zurück. Nein, er habe keinen Text mitgebracht. Ja sicher, vor ihm liege ein Blatt Papier, sogar mit Wörtern darauf – mit Geschreibsel – aber ein Text sei das sicher noch nicht, allenfalls ein Versuch, eine lyrische Skizze, denn er, Gabrieler, schreibe nicht Texte. Text, wie hart klinge das Wort. Er schreibe Gedichte. Und

Gedichte seien Seelengesänge – wenn sie Gedichte seien. Das hier, das Blatt mit den Wörtern vor ihm auf dem Tisch, enthalte Gedanken, noch nicht verdichtetes Material: wohl schon der eine oder der andere Reim darunter, aber ja; mit Reimen sei es wie mit Zwillingen: Sie könnten vorkommen, unvorhersehbar seien sie, kuriose Geburten eben. Also, wenn er das jetzt hier lese, seine vorverdichteten Gedanken, solle man ihm verzeihen. Jawohl, verzeihen, für das, was hier und heute noch nicht fertig sei – oder besser gesagt: noch nicht vollendet. Er wisse es selbst, dass er noch arbeiten müsse, und arbeiten, das tue er jeden Tag. Arbeit als Dienst an Wörtern; an Wörtern, die er zu Worten verdichten wolle und, wenn es passieren dürfe: zu Seelengesängen. Eigentlich habe er heute nicht lesen wollen. Aber bitte: wenn man ihn dränge – dermaßen dränge – dann fange er an.

Gabrieler atmet durch die Wörter, und das letzte Wort atmet er aufseufzend aus. Und schweigt. Erschöpft.

Auch die Runde schweigt und jeder darin auf seine eigene Art. Einige ziehen die Mundwinkel herunter, heben die Augenbraun, Gesten, die zwischen Beeindrucktsein und Befremden spielen. Andere schweigen in Ratlosigkeit, können nicht anders als dümmlich blicken; einer sogar belustigt und dümmlich zugleich – so wie man als Schüler manchmal auf eine Rechenaufgabe schaut, die man nicht versteht.

Die blasse und blonde junge Frau – rot ist sie nicht mehr – schweigt mit aufeinander gekniffenen Lippen. Auch ihre Augenbrauen sind zu fragenden Bögen gehoben, eher verächtlich fragend als ratlos allerdings.

Der Kursleiter sucht mit geübtem Blick die Gesichter der Runde ab. Auch er schweigt zunächst, räuspert sich dann und sagt in einem Tonfall, der vieles bedeuten kann und dessen Farbe zwischen männlicher und weiblicher Tönung schwankt: „Nun, das war immerhin mal ein Anfang.“ In seinen Augen lacht etwas

Schelmisches auf.
Nun ist es Gabrieler, der rot wird. Sein Adamsapfel hüpft in einer widerwilligen Schluckbewegung. Er nimmt das Blatt, das vor ihm liegt, faltet es vielfach zusammen, schweigend, nun weniger erschöpft wohl als enttäuscht. Er kann nicht verbergen, dass seine zusammengekniffenen Lippen nur ihr eigenes Zittern verhindern. Gabrieler schaut niemanden an.
„Wir haben viel gehört", sagt der Kursleiter, „viel gehört und vielleicht nicht alles verstanden. Wir haben Namen gehört aus antiken Mythen, Namen, mit denen wir möglicherweise Erinnerungen an die Schule verbinden, Namen wie aus Marmor, die Mulmigkeit erzeugen, Prüfungsgefühle möglicherweise, jedenfalls Namen, hinter denen Personen stehen, deren Existenz und Schicksal vielen heute gleichgültig scheint, Geschichten mit fast peinlichem Pathos. Aber Vorsicht: Die Klassiker wegzuschieben wäre ein Fehler, bilden sie doch das geistige Fundament, auf der spätere Literatur gewachsen ist – bis hin zu Gabrieler – wie wir vernommen haben. Er jedenfalls schiebt sie nicht weg – den Apoll, die Aphrodite, die Athene – er nimmt sie mitten hinein in seine Wörterwelt, in die wir soeben eintauchen durften."
Jetzt ist es die blasse und blonde junge Frau, die sich räuspert und eine Handfläche öffnet, was bedeuten könnte, dass sie etwas sagen will, das auf der Hand liegt.
Sie habe viel gehört soeben, sagt sie mit melodiöser Stimme, in deren weiblicher Farbe fast schon Gesang liegt, viel gehört also, vielleicht auch zu viel. Für sie stünden die Wörter oder die Worte zu dicht gedrängt beieinander, was zu viele Bilder erzeuge. Man werde beim Hören überfordert. Überladen. Diese Art von Verdichtung sei wohl nicht gemeint, wenn man von Dichtung rede. Gabrieler möge sie bitte nicht missverstehen, sie maße sich hier kein Urteil an, nach einem Text, den er selbst als Entwurf bezeichne. Sie spreche nur von ihrem Gefühl; davon wie es ihr mit dem Text ergehe.

Und es ergehe ihr – mit Verlaub – so wie es einem Gast ergehe, dem man aus Wohlwollen zu viel auf den Teller lade. Sie könne das beste Mahl nicht genießen, wenn man ihr zu viel auflade, auch nicht, wenn man erwarte, viel helfe viel.
Gabrieler fährt sich mit den Fingern durchs Haar, kämmt die Strähnen seines langen Schopfes zurück, die ihm sofort wieder in die Stirne fallen, worauf er den Kopf verneinend schüttelt. Verlorene Liebesmüh' – das ist es, was diese Geste sagt: die Vergeblichkeit sich verständlich zu machen, die Sinnlosigkeit der Arbeit an einem Gedicht, des Sitzens in diesem Raum, des sich Entäußerns, des Lesens. Er sagt in einem Tonfall, in dem viel Gekränktes und gleichzeitig auch etwas Lauerndes liegt, er glaube nicht, dass er hier verstanden werde. Vielleicht sei es ja auch nicht möglich, ihn zu verstehen. Wahrscheinlich seien seine Versuche, seine Gesänge umsonst. Sei übrigens nicht alles umsonst? Novalis umsonst? Hölderlin?
Gabrieler ergreift das zusammengefaltete Blatt, deutet mit einer fahrigen Geste an, er wolle es zerreißen. Doch er lässt diese Bewegung kraftlos sinken. So, als sei auch dieses Zerreißen vergeblich.
Die blasse und blonde junge Frau hebt ihren Blick zur Decke, als sehe sie dort etwas Erträglicheres als auf Augenhöhe, dann aber schaut sie Gabrieler herausfordernd an.
Dieser blickt mit verengten Augen zurück: zwei Kampfhähne kurz vor dem Krallengefecht. Der Kursleiter hält die altersfleckigen Hände wie ein Priester beim Segnen: beschwörend, hin zur Seite Gabrielers und hin zur Seite der blassen und blonden jungen Frau.
„Auch Kritik üben", sagt er, „bedarf der Übung; was eine kleine Merkwürdigkeit ist, nämlich, dass Übung der Übung bedarf. Das, was an Kritik soeben gesagt worden ist, war allerdings keine Kritik an der Person, sondern ein Einwand am Text, den man hier durchaus begründen kann. Soviel Kritik muss ein Autor – in die-

sem Fall betrifft es Gabriel – schon ertragen können; oder – was dann ironischerweise wieder zum Üben passt: ertragen lernen."
Gabrielers Hand fährt zu seiner Wange, ruckartig, in dem Moment als er seinen unvollständig ausgesprochenen Namen hört. Als spüre er einer soeben empfangenen Ohrfeige nach, streicht er mit der Hand über die vermeintlich getroffene Stelle; dabei schließt er die Augen und presst die Lippen aufeinander, macht Kaubewegungen, um Worte zu zerkauen, die so hart sein müssen, dass er sie nicht auszusprechen wagt. Alle schauen auf ihn oder knapp an ihm vorbei. Die blasse und blonde junge Frau weicht seinem Blick nicht aus.
Der Kursleiter will etwas sagen, öffnet den Mund, bevor er die Worte gefunden hat, nach denen er sucht.
Gabrieler steht auf – vielmehr: Er erhebt sich – langsam schiebt er dabei den Stuhl mit den Kniekehlen zurück. Das verursacht ein holprig schrappendes Geräusch, das, da es das einzige Geräusch ist im Raum, um so lauter und härter klingt. Gabrieler steht – noch immer mit geschlossenen Augen. Noch immer fühlt seine Hand über die Wange. Er öffnet die Lider. Groß ist sein Blick, und er geht in eine Weite, die nicht begrenzt ist durch die Wände des Tagungsraums. Uneinsehbar für alle anderen.
Gabrieler reckt sich, biegt seinen Rücken hin und her, die Hände an die Hüften gelegt wie ein Leichtathlet, der sich dehnt vor dem Lauf.
Erst jetzt ist zu erkennen, dass Gabrieler Flügel trägt. Gefiederte Flügel, geschwungen wie die Schwingen des Schwans. Sie ragen ihm aus dem eigens dafür am Rücken durchtrennten Hemd, das blütenweiß ist und von dem ein ebenso weißes Licht ausgeht.
Gabrieler geht – nein, er schreitet – zum Fenster.
Er öffnet es bis zum Anschlag, stützt seine Hände auf die Fensterbank, stemmt sich empor, steigt auf die Fensterbank, steht auf der Fensterbank, wobei er die Arme hebt und die Flügel entfaltet. Ein

Rauschen geht durch den Raum, wie von hundert im Tanz beweg- ten Ballkleidern. Aus federnder Hocke, mit einem fast nur ange- deuteten Sprung, hebt er ab, fliegt davon, über Dächer, Kamine und Fernsehantennen, fliegt er in die Ferne, einem angestrebten Punkt jenseits des Horizonts zu.
Alle Kursteilnehmer sind sitzen geblieben mit hochgereckten Oberkörpern und vorgereckten Köpfen. Alle schauen Gabrieler nach, atemlos schweigend. Einige mit offenen Mündern. Endlich sagt der alte Kursleiter mit fester und überwiegend männlicher Stimme: „Und dennoch – jetzt sage ich es laut: es war ein gestelz- ter Krampf, das Gedicht."
Die blasse und blonde junge Frau lächelt – erleichtert wie man lächelt, wenn man sich verstanden weiß.

Beja C. Garduhn

In die Freiheit

Er hatte es schon einmal getan. Vier Sekunden, länger hatte es nicht gedauert. Und bis heute versucht er daran zu glauben, dass es richtig gewesen ist. Die richtige Entscheidung – mit der er gut hätte leben können.

Vier Sekunden, länger wird es auch jetzt nicht dauern. Er wird es schaffen, wie beim ersten Mal, Luft holen und los. Einer von vielen. Ein Satz in den Nachrichten, eine Notiz in der Presse, ohne Namen, ohne Ruhm. So hätte es sein können, damals, hätte man ihn nicht dabei fotografiert. Dieses Mal sollte keine verdammte Kamera dabei sein. Er kann die Straße von hier aus gut überblicken.

Natürlich hatte er die Stative gesehen, die gespannten Gesichter hinter den Fotoapparaten. Einer trug seine Filmkamera auf der Schulter, stundenlang, bis er den Dreh im Kasten hatte. Auf den abgeblätterten Putz zielten die Objektive, auf das Stück Hauswand, an dem er lehnte, sich Schweiß aus den Augen wischte und eine Zigarette nach der anderen rauchte.

Kein Raum für Gedanken, wie der Medienrummel sein Leben ins Licht der Öffentlichkeit zerren würde. Nur Bildfetzen im Kopf, wie Filmausschnitte, die plötzlich reißen. Die Haare Marlenchens, sie wippen im Wind, wenn er, das Schwesterlein auf den Schultern, über den Rasen galoppiert. „Nicht in den Rittersporn!“, schreit Mutter. „Der bricht so schnell ab.“ Das Mal an Mutters Mund, dieser winzige rote Ball, an dem er als kleiner Junge herum zupfte und der seltsam zittert, bevor sie in Tränen ausbricht. Er ist doch ihr Großer, er kann ihr das nicht antun. Wenn er zu Hause übernachtet, bringt sie das Frühstück ans Bett. Obwohl Vater schimpft.

Vater, er wäre so bitter enttäuscht. Er würde aufhören, an seinen Sohn zu denken. Er würde nicht fragen, warum Mutter weinte. Er würde die Nase zwischen Zeitungsblätter stecken. Niemals mehr dürfte sein Name erwähnt werden, nicht bei den Mahlzeiten, nicht beim Nachtgebet mit der kleinen Schwester. Das Foto im Silberrahmen, das Bild des Helden, der sich freiwillig gemeldet hatte, würde vom Ehrenplatz überm Sofa verschwinden und vielleicht in der untersten Kommodenschublade ein Versteck zwischen den Tischtüchern finden. Mit einem, der die Flinte ins Korn wirft und sich aus dem Staub macht, will doch keiner zu tun haben. Dieser Gedanke hatte sich bei ihm eingefressen und nie aufgehört zu nagen.

„Abschaum! Verbrecher!" Die Stimmen von der anderen Seite schmetterten zwischen die Bilder, dröhnten im Kopf. „Verflucht sollt ihr sein, euer Leben lang!" Eine Frau mit blauem Kopftuch, wie auch Mutter es trug, schüttelte ihre Faust. Sie zeigte auf ihn, auf ihn und die beiden Kameraden, die nebeneinander gingen, um sich gegenseitig zu bewachen.

Er hatte geglaubt, im Recht zu sein. Seine Aufgabe war, das Volk zu stützen, den Staat zu verteidigen. Verzweifelt durchwühlte er seinen Kopf nach den eingehämmerten Slogans. Keiner davon half hier weiter, erklärte ihm das Entsetzen, die Wut, die ihn bissig ansprang. Er hätte die Hände hochreißen mögen, die Ohren verschließen vor den Schreien derer, die sich aus Fenstern im zweiten und dritten Stockwerk fallen ließen, um diesem Staat zu entkommen und auf die andere Seite zu gelangen.

Er hatte sich als vertrauenswürdig erwiesen. Er stand allein, gegen die Hauswand gelehnt, und bewachte das funkelnde Stück Stacheldrahtschlange. Die S-Rolle des nagelneuen Drahtes ringelte sich über das Pflaster. Durch den Staub, die Hitze, kniehoch, mehr nicht. In der Ausbildung, beim Training mit den Kameraden, hatte er deutlich höhere Hindernisse überwunden, auch mit der fünf Kilo schweren Kalaschnikow am Riemen. Ihm wurde schwindelig. Der Stacheldraht schwirrte vor seinen Augen. Allein stand er, vertrauenswürdig, verlassen, von den Vorgesetzten und ihren Parolen. Steckte sich eine Zigarette an der anderen an und starrte auf seine Stiefelspitzen. Ausgerüstet mit der Maschinenpistole, Stahlhelm, scharfer Munition und dem Auftrag, die Grenze zu bewachen.

Die Stiefel traten vor, zu den Seiten, zurück. Vater hatte die Uniform gelobt. „Steht dir gut, sitzt akkurat, wie angegossen." Die Stiefel zogen Linien durch den Staub, Kreise, Kreuze, Gitter. Glühten in der Sonne. Das Leder hatte sich zusammengezogen, kniff in die Zehen. Er würde Pflaster brauchen, je nachdem, wie lange er hier stehen sollte. Sie beeilten sich natürlich, Stein auf Stein, der Schutzwall wuchs. Er merkte, wie sein Atem flog. Als passe nicht genug Luft durch den Hals. Auch die Fensterhöhlen wurden vermauert, dann wäre das Jammern der Stürzenden vorbei.

Putz bröckelte von der Wand, rieselte in den Staub, auf die Stiefel. Könnte er sie je wieder sauber putzen, wienern, bis sie glänzten wie schwarz lackiert? Er zerrte das Zigarettenpäckchen hervor, prüfte den Inhalt. Würden sie reichen? Trotz der Übelkeit, die sich vom Magen her ausbreitete, zog er eine raus, seine Hand zitterte. Die Stiefel malten Striche mit spitzen Winkeln, Pfeile, sie zeigten nach vorn, zum Stacheldraht. Er hob den Kopf. Drüben hatten sie aufgehört zu schreien, ihn zu beschimpfen. Er sah die Gesichter, Neugier, sie starrten ihn an. Ein Mann mit offener Jacke hob seinen Arm. „Na pass uff, der hüpft gleich rüber." Er winkte, winkte ihm zu.

Ein schneller Blick, die Kameraden, würden sie seine Loyalität in Frage stellen? Er sah ihre Uniformjacken von hinten, sie schlenderten die Straße runter, einer blieb stehen, streifte den Ärmel zurück, um auf die Armbanduhr zu schauen.

Stöhnend schob er seinen Kopf in den Nacken, presste den Stahlhelm gegen die Wand. Die Augustsonne stach ihm in die Augen. Er ließ die Lider sinken, erblickte bunte Ringe, wie Seifenblasen, die kreuz und quer tanzten. Dahinter Waltrauts Blick, weich, innig, bevor sie sich küssten. Ihre atmenden Brüste unter der Bluse, die zarte Haut. Mehr wollte sie erst nach der Verlobung. Ihre Lippen, lächelnd beim Foxtrott, sie bewegten sich. Was sagte sie? „Ich kann das nicht. So nicht."
Er zertrat den Zigarettenstummel zu Brei. Die Übelkeit nahm zu. Am liebsten hätte er seinen Hosenbund geöffnet. Waltraut hatte den Kontakt mit ihm nicht mehr gewollt, nicht mit einem, der sich bei der Bereitschaftspolizei „zum Volksunterdrücker" ausbilden lässt. „Komm mit mir. Wir gehen zusammen rüber."
Wie durch ein Wunder war von Waltrauts Flucht nichts nach oben durchgesickert. Sonst hätte er die gute Bezahlung und Verpflegung verloren. Er konnte seine Familie nicht im Stich lassen, seinen Staat, die Republik.
Konnte er nicht? Wie ein Eisenring drückte der Stahlhelm auf seinen Kopf. Die gute Bezahlung und Verpflegung hatte er nicht verloren. Nur Waltraut, seitdem träumte er oft von Krankheiten, einmal sogar von seiner eigenen Beerdigung.
„Komm doch", rief der winkende Mann. „Komm doch rüber."
Er hob den Helm an, um sich Luft zu verschaffen. Waltrauts Adresse stand auf dem klein gefalteten Zettel in seinem Portemonnaie. Nur die Straße und Hausnummer, als ob er sie überhaupt aus dem Kopf verlieren könnte. Er legte eine Hand auf die Magengegend, massierte die Bauchmuskeln. Vielleicht war es noch nicht zu spät. Vielleicht könnten sie wieder zusammenkommen, vielleicht heiraten, vielleicht... Die Kalaschnikow zog an der Schulter. Seine treue Gefährtin, seit Waltraut ihn verlassen hatte.
„Komm rüber!" Ein Chor von Stimmen schallte unter dem Stahlhelm. Mehrere winkten jetzt, hinter den Kameras kontrollierten

die Zeitungsleute Positionen und Einstellungen. Noch immer kein Blickkontakt mit den patrouillierenden Kameraden. Sein Herz schlug wie verrückt. Er nickte.
Es raste durch seine Brust, hämmerte bis in die Fingerspitzen. Hatte er eben genickt? Seine Glieder flogen, kaum gelang es, eine neue Zigarette anzustecken. Mutters Augen, rot geädert, ihr ganzes Gesicht verquollen. Vater, der ihn anerkennend musterte, die Brust aus seiner Strickjacke drückte und die Hacken zusammenschlug. Wollte er denn Marlenchen nie wieder sehen? Wollte er das?
Ihm war so kotzübel. Er wusste überhaupt nichts mehr. Die Hitze hatte sein Gehirn betäubt, die Hitze und... seine Chance, die letzte vielleicht, bevor die Grenze dicht war, das ganze Land abgeriegelt.
Drüben tat sich was, ein Polizeifahrzeug fuhr vor, ein Kleinbus, er wendete und manövrierte, bis das Heck zum Draht zeigte, zur Hauswand hinter dem Draht, wo er sich um seinen Magen krümmte. Die Doppeltüren sprangen auf, ein offenes Tor, für ihn, der sich zur Grenzüberwachung in der Hauptstadt freiwillig gemeldet hatte, für ihn, in die Freiheit.
Plötzlich war ihm, als flüstere Marlenchen in sein Ohr. Er holte Luft. „Ja, ja, ja", hörte er sie wispern. Er stieß sich ab.
Vier Sekunden. Ungefähr, er hatte sie nicht gezählt. „Spring!", jubelte der Chor und er stieg auf. Schwebte über die Grenze, die Arme zu Flügeln gestreckt, die Kalaschnikow an ihrem Riemen glitt von ihm ab, er hörte das Metall klicken, als sie auf den Stacheldraht federte.
Ungefähr vier Sekunden, und er war frei. Er hatte es getan. Niemand befahl ihm mehr, was er zu sagen und zu denken hatte, verbaute mit Mauersteinen seinen Weg zu Waltraut. Seine Sachen in der Kaserne ... Unterwäsche, Briefe von Waltraut, ein Bild von Marlenchen mit viel rosa und blau ... Die Türen krachten ins

Schloss, der Polizeibus raste los. Sein Brustkorb schwankte an die Sitzlehne, aus seinem Magen schoss ein warmer Schwall. Er drehte sich um und sah die Kalaschnikow, wie ein großer Schmetterling lag sie mit ausgebreitetem Riemen auf dem Draht, der glitzerte wie zu einem grandiosen Fest.

Waltraut, unbekannt verzogen, hatte sich nicht finden lassen. Er lernte Iris kennen, sie heirateten und lebten zurückgezogen. Seine Geschichte, die Vergangenheit, sollte geheim bleiben. Weit reichten die Arme der Regierung von drüben, auch ins Land seiner Freiheit herein. Auf Fahnenflucht stand Todesstrafe, Angst vor Verfolgung war seine neue Begleiterin.

Sie nährte sich von diesem Foto. Fraß sich voll mit seinem Heldenruhm. Sein Flug über den Stacheldraht. Es war sein Foto, aber es gehörte ihm nicht. Es ging um die Welt, immer wieder, es ließ sich nicht aufhalten. Nicht einer von Vielen, die nach ihm gesprungen waren. Er. Sein Name. Vaters Name. Geduckt schlich er durch die Siedlung.

Fragen bedrängten ihn, warfen ihn nachts im Bett herum. Wie konnte Mutter es Marlenchen erklären, sie trösten? Ob die Kleine die Tischdecken zu entfalten vermochte und sein Bild im Silberrahmen betrachtete? Der Vater, stolz hinter Mauern und schussbereiten Kalaschnikows, würde er je vergeben – seinem Sohn, auf der anderen Seite der Barrieren zum Helden ernannt, ob er wollte oder nicht? Vielleicht würde er es nie erfahren, und, was er noch nicht einmal Iris gestand, ohne Gewissheit konnte er leichter leben, es fühlte sich an wie ein trüber Trost.

Als achtundzwanzig Jahre später die Bereitschaftspolizei vor der stürmenden Menschenmenge zur Seite trat, blieb ihm nichts übrig als das Zerbröckeln der Mauer zu ignorieren. Die Grenze, die er, der Fahnenflüchtling, überwunden hatte, musste bleiben, die Familie, Vorgesetzte und Kameraden von früher, dahinter. Für einen wie ihn gab es kein Zurück. Mit dem Sprung hatte er die

Mauer akzeptiert, ein für alle Mal. Er mied jegliche Gespräche, brach seine spärlichen Kontakte ab. Iris schaute ihn bedrückt von der Seite an. Im Bemühen, sich noch unauffälliger als früher zu verhalten, fiel er mehr und mehr in sich zusammen.
Aber das Foto. Es blähte sich in Aktualität, wieder und wieder wurde seine Geschichte im Scheinwerferlicht ausgebreitet, sein Name, der des Vaters. Einladungen zu Talkshows lehnte er am Telefon mit einem leisen „Nein“ ab und fügte hinzu, man möge ihn nicht wieder belästigen. Hätte er dieses Foto vernichten können, zerreißen, verbrennen. Es auslöschen in den Augen der Menschen, in ihren Gedanken und Herzen. Der Zyklop der Vergangenheit griff wütend zu und hielt ihn umklammert. Die Kraft, die es kostete, Iris' stummen Fragen auszuweichen, Mauern und Todesstreifen im Kopf zu erhalten. Je fleißiger die Mauerspechte klopften, desto rastloser wurden seine Tage. Er fühlte den Mörtel zwischen den Fingern, mit dem er Fugen und Ritzen zuschmierte. Er öffnete keine Post mehr, ließ das Telefon klingeln und erhob die Hand, wenn Iris nach dem Hörer griff. „Er sitzt im Haus wie ein Gefangener“, hörte er sie mit der Nachbarin tuscheln und versuchte zu weinen. Aber es ging nicht, die Grenze hatte seine Gefühle isoliert.
Er war die Stufen nach oben geschlurft, jeder Schritt eine Qual. Seine Beine, die ihn einst in die Höhe gefedert hatten, ihn durch die Luft segeln ließen, mochten ihn kaum die Treppe hoch tragen. Straße rauf, Straße runter. Er späht durch die Gardine. Eine Katze trabt durch die Vorgärten, verschwindet in der Hecke. Keine Autos mit fremden Nummernschildern. Aber ein Fahrrad am Zaun gegenüber, er kneift die Augen zusammen, tastet das Rad mit Blicken ab, bis er ganz sicher ist.
Vier Sekunden, länger wird es nicht dauern, wenn überhaupt. Er wird es schaffen, wie beim ersten Mal, Luft holen und los. Ohne verdammte Kameras. Er öffnet das Fenster, zögert. Still steht er und horcht.

Marlenchen, er lächelt. Sie wird jetzt Marlene heißen, eine erwachsene Frau. Keine Flüsterstimme, die ihm sagt, dass es richtig ist. Die richtige Entscheidung. Er kann nicht mehr denken. Er kann nicht mehr. Er holt Luft. „Und los“, flüstert er.

Sigrid Jo Gruner

Wolken, Stille.

„Warum braucht die nur so lange?„ Seit gut einer Viertelstunde liegt sie auf dem Flachdach gegenüber, bewegungslos lauernd, angespannt, und späht zum Giebel des Nachbarhauses hinüber. Während ich meinen Blick vom weißen Blatt vor mir abwende und in die wattigen Wolken blinzele, die der Wind über den blassblauen Himmel treibt, macht die Katze einen Buckel. Ihr magerer Körper strafft sich; wäre ich ihr näher, könnte ich wohl ihre Barthaare zittern sehen. Einfach eine graue Katze, von den Kämpfen und Beutezügen ihres freien Katzenlebens zerschunden, räudig und borstig, aber ihr Gesicht ist jung. Gestern hab ich sie noch durch die Einfahrt humpeln sehen – und jetzt will sie tatsächlich springen? Die Distanz zur gegenüberliegenden Mauer misst sie mit kleinen, misstrauischen Augen, die Tiefe unter sich scheint sie bedrohlich zu spüren, aber ihre Gier jagt sie über Mauerklippen, Wellblechgaragen und Autodächer, ist ihr Jagdtrieb einmal geweckt.

In einem Winkel der gegenüberliegenden Dachschräge hat sich eine Blaumeisenfamilie eingenistet. Von meinem Fenster aus kann ich sie beobachten, die Mutter, wie sie emsig Futter heranschafft für die zwitschernde Brut, die ihr die offenen Schnäbel entgegen reckt. Ich bin nicht auf der Seite der Katze, aber ihren Sportsgeist muss ich bewundern.

Ich lasse mich gerne von ihr ablenken, während ich an meinem Stift kaue, unschlüssig, wie ich den Brief, der mir so schwer auf der Seele liegt und der längst überfällig ist, hinter mich bringen kann. Briefe schreibe ich nur noch selten. „Sowas Altmodisches“, sagt Max. Doch für ein Anliegen von solcher Tragweite taugt keine Email, hier geht es ja um einiges. Eine Email ist etwas, um

„Hallo“ zu sagen, unverfänglich, nachlässig, leichten Herzens, aber das was ich schreiben will, schreiben muss, bedarf eines gewissen Ernstes, einer konservativen Würde, zu der sich eine Email nie aufschwingen kann.
Gerade macht sich die Katze ganz platt, ein Kind kreischt auf im Innenhof – da spannt sie sich erneut, ein Vogel flattert vorbei – sie schreckt auf und hebt ein Pfötchen, als ob sie den Vogel aus seiner Flugbahn holen wollte, obwohl dieser längst in Sicherheit ist, eine Schein-Geste, von deren Nutzlosigkeit die Katze weiß. Sie ist eine erfahrene Katze, vormachen kann man ihr nichts. Die Stille des Morgens lärmt in meinen Ohren. Nun kommt die Sonne heraus, augenblicklich beschließt die Katze, sich auf den Rücken zu rollen und den Bauch bescheinen zu lassen. Also vorerst nicht zu springen. Gut für die Blaumeisen.
„Max, mein Lieber, ich war feige, nein, ich bin es noch, sonst hätte ich es dir gestern gesagt, als du mich ein letztes Mal hierher nachhause gebracht hast, bevor wir … Aber, ich fange besser früher an. Nein, die ganze Zeit über war ich feige, ich habe mich im Glauben gewiegt, dass ich in dir ein Zuhause hätte, ein warmes Licht, eine rotglühende Sonne, es war schön, in dieses Gefühl hinein zu kriechen – ich sehnte mich so sehr danach, in dir nachhause zu kommen. Als Kind hatte ich die Fantasie, ich würde in ein Bergwerk einfahren, unter Tage, mit all den behelmten Bergleuten, die mit gekrümmten Rücken ihren Dienst tun, in ein Bergwerk, das voller Silber und Edelsteine wäre, und ich würde dort einen Schatz heben.“
Ich stocke, der Stift ist leer. Ich schüttle ihn heftig – dummes Ding –, dann suche ich in der Schublade nach einem anderen. Ich kann nur mit dieser Sorte schreiben oder gar nicht.
Nun macht die Katze einen erneuten Anlauf, jeder Muskel ihres dürren Körpers ist angespannt, auf dem Bauch kriecht sie ein paar Schritte vorwärts, dann stoppt sie wieder.

„Ich ließ dich alle Vorbereitungen treffen, stand lächelnd dabei, als du die Einladungskarten bestelltest, hinderte dich nicht, das Restaurant für den Empfang zu buchen und einen Urlaub im Allgäu. Du bist Bergsteiger. Ich nicht."
Es ist behaglich in der Morgensonne, so bequem, man könnte doch alles so lassen, wie es ist. Das spürt auch die Katze, denn springen könnte schief gehen. Warum das Risiko des Scheiterns auf sich nehmen? Aber wenn die innere Stimme nicht schweigen will, ein Felsblock der Seele die Luft abschnürt, dann muss man es einfach tun. In meiner Phantasie gebe ich der Katze einen kleinen Stoß zwischen die hervorstechenden Rippen. ‚Tu es endlich', flüstere ich ihr zu, ‚du willst es doch, es wird dir keine Ruhe lassen.' Dass das gegen das Interesse der Blaumeisen ist, spüre ich schmerzlich, aber diese unentschlossene Katze ist für mich eine einzige Tortur, und dennoch kann ich die Augen kaum von ihr lassen.
Eigentlich habe ich keinen bestimmten Grund für das, was ich jetzt vorhabe, einen, der mich legitimierte und entschuldigte, nur das unbestimmte Gefühl, dass ich nicht tun sollte, was meine Umwelt in einer halben Stunde von mir erwartet.
Eleonore nannten mich meine Eltern, – heißen nicht alle dramatischen Verdi-Heldinnen Leonore? Sie töten sich selbst oder ihren Liebsten oder sterben einfach nur unglücklich, ohne dass sich ihre Liebe erfüllte, ihr Leben ist Verzicht, Opfer, Duldung, allerdings in Schönheit. Ich ließ mich Nellie nennen, das klang nett, meine böse große Schwester rief mich Nessie, nach dem schottischen Seeungeheuer. Als ich klein war, flüsterte sie mir immer zu, ich hätte ja schließlich auch so pelzige Ohren, so große Nüstern, so zerfledderte Stumpfflügel, einen so plumpen Leib, der aussah, als habe Nessie gerade zwei Spanferkel verdrückt, denn so stellte Ilka sich Nessie vor. Ich brach dann regelmäßig in Tränen aus, danach stellte ich mich vor Mutters Schlafzimmerspiegel. Eigentlich war ich doch wohlgestaltet, ein pummeliges, feingliedriges kleines

Mädchen mit fedrigen Locken, die wie eine lichte Wolke um den Kopf standen, und mit roten Wangen und veilchenblauen Augen. Nun schleicht sich die Katze bis zur Dachrinne vor. Von dort aus sind es gut drei, vielleicht vier Meter bis zur gegenüberliegenden Dachschräge, an den Ziegeln kann man sich gut festkrallen, wenn man eine Katze ist, Menschen tun sich da schwerer.

„Ich hätte früher mit dir reden sollen, vielleicht damals, als wir den Hochzeitstisch begutachteten, auf dem so Allerlei auf unseren großen Tag wartete, Wok neben Porzellanhund, Kaffeemühle neben Ananasmesser, Espressotassen, Spargelheber, Pastazange, Cocktailshaker und ein 36-teiliges Porzellanservice, wie es unsere Großmütter als Aussteuer erhielten. Alles äußerst nützliche Dinge. ‚Wir ziehen in einen kompletten Haushalt', sagtest du, ‚ist das nicht Klasse?' Du riebst dir die Hände, als hättest du ein besonders gutes Geschäft gemacht. Wir sollten zum ersten Mal eine gemeinsame Wohnung beziehen, 2,5 Zimmer, 75 qm, Küche, Diele, Bad, Balkon, Abstellraum, Keller – ein Puppenheim – und alles wie aus dem Katalog eingerichtet. Du magst weiße Wände und braunes Holz, proper, hübsch, zweckdienlich. Du wolltest alles neu, es ginge ja schließlich um unsere gemeinsame Zukunft. Meine Einrichtung in meiner schrägen bunten Dachwohnung nanntest du provisorisch, vom Sperrmüll! Dabei ist alles liebevoll zusammengesucht und arrangiert und peu à peu gewachsen – du sagtest, ‚Man muss sich trennen können. Ballast belastet, weg mit der Vergangenheit.' "

Ich legte den Stift zur Seite. Mich von etwas zu trennen fällt mir schwer. Die Sechsjährige erinnere ich, die ein paar Tage nach Neujahr vor ihrer Puppenstube steht, die sie heiß und innig liebt, und mit den kleinen Püppchen spielt, die immer nur zur Weihnachtszeit vom Speicher geholt werden, wo sie das ganze Jahr über schlafen. Früh war mir klar, dass meine Wonne Grenzen hatte, nach dem Dreikönigstag verschwand die Puppenstube über

Nacht und mit ihr die große Puppe Annabelle, die Giraffe, der Kaufmannsladen, mit dem schon meine Oma spielte, der Kreisel, der hell tönte, wenn man ihn kurbelte. Das alles gab es nur an Weihnachten, 3 Wochen dauerte die Kindheit. Wir hätten doch so wenig Platz, meinte die Mutter. Ich traute mich kaum, die zierlichen Figürchen zu berühren, die in einer gemütlichen Wohnstube inmitten roter Plüschsessel, Samtvorhängen und filigranen Möbelchen saßen, mit einem winzigen ballspielenden Hund. Die Lampe flackerte ab und zu, die Figürchen tranken aus zierlichen Kaffeetassen, auf dem Mini-Herd dampfte eine Suppe, und Mutter brachte Vater die Hausschuhe. Mit scheuen Fingern fasste ich sie an und mit einer Zärtlichkeit, die mir das Herz beschwerte, denn gleichzeitig war ich mir immer des unweigerlich nahenden Abschieds bewusst. Trotz allen Bemühens gelang es mir nicht, mich ohne Tränen von meinen kleinen Schätzen zu verabschieden – es war einfach zu traurig.

Über die Jahre ging ich dazu über, mich an nichts mehr zu binden. Der Schmerz war dann ein anderer – aber die Art und Weise, wie Max von mir Besitz ergriff, erforderte von meiner Seite auch keine Bindung. Max merkte das bloß nicht – er hatte keine Ahnung – gar keine Ahnung. Max ist mit seinem Kopf immer in den Wolken. Ich balle jetzt die Fäuste, ganz unwillkürlich, aber so fest, dass die Fingernägel sich in die Handflächen graben. Dann schreibe ich weiter.

„Kürzlich fiel mir ein altes Paar auf, das Hand in Hand die Straße entlang ging. Er, der Mann, sah jeden Moment nach ihr, ob sie auch in seinem Tempo nachkam, er sorgte sich, wenn Autos allzu rasch vorbeifuhren und seine Frau erschreckten, und er reichte ihr den Arm, als sie sich daran machten, die Straße zu überqueren. Mit dem anderen Arm schob er seinen Stock vor sich her, um die Autofahrer von ihrer Absicht in Kenntnis zu setzen. Seine alte Ehefrau ging leise lächelnd neben ihm, er neigte sich zu ihr herab

und sprach zu ihr, sie antwortete nie, doch ihr Lächeln behielt sie immer bei, auf ihrem Gesicht, das einem feinen Spinngewebe gleichkam."
Aber Max sieht nicht die Schwelle, über die ich stolpern könnte, ihn kümmert es nicht, wenn ich keinen Schirm dabei habe und Regen einsetzt, er fragt mich nie, ob es mir gut gehe. Er ist eben ‚anders'. Aber ich will es nicht ‚anders'.
„Seitdem ich dieses in die Jahre gekommene Paar sah, weiß ich, dass ich mit dir nie so die Straße lang gehen würde, etwas in mir sagt mir, dass das mit dir gar nicht möglich wäre. Aber anders als mir diese beiden liebevollen Greise es vormachten, kann ich es mir nicht vorstellen. Versteh das doch. Ich kann es einfach nicht." Bei diesem Satz rinnt mir eine Träne über die Wange, ich gebe acht, dass sie die Tinte nicht verwischt, da kommt noch eine.
Es klopft energisch, Ilka tritt ein, sie ist eigens aus den Staaten angereist, ebenso wie der Großteil von Max' Verwandtschaft, aber die kam aus Zwickau.
„Du bist ja noch gar nicht angekleidet?" Ilka macht große Augen. „Es geht stracks auf 11 ...!"
Der weiße Tülltraum hängt am Kleiderschrank. Ilka liebkost das flaumige Gewebe mit der Hand und seufzt. „Wunderschön."
Ich nicke. „Ilka", sage ich, und dann seufze auch ich, dabei spüre ich, wie sich die eiserne Faust löst, die meinen Magen bis jetzt umkrampfte. Draußen verwehen die letzten Wolken, die Sonne gewinnt an Kraft. Ich sehe, wie die Katze sich strafft, dann aufbäumt und mit einem gewaltigen Satz –
Ich wende mich rasch ab. „Ilka, tust du mir einen Gefallen?"
„Klar, was denn?"
„Ruf mir ein Taxi, bitte."
„Was? Wozu?"
„Hilfst du mir?"
„Womit?"

„Flüchten."
Ilka starrt mich an. „Panik?"
„Nee, Erkenntnis."
Meine Schwester – fassungslos, dann verzieht sich ihr Gesicht in tausend Lachfalten, sie prustet los: „Du willst doch nicht etwa …?"
Ich nickte energisch, stehe auf. „Doch." Dann mache ich ein paar entschlossene Schritte zum Kleiderschrank, ziehe von oben einen Handkoffer herunter und stopfte wahllos, aber zielstrebig Unterwäsche, Pulli, Hose, Schlappen, Waschzeug hinein. Ilka steht da mit offenem Mund und wartet ab, während ich in meine verwaschenen Jeans schlüpfte und mein lila Lieblings-Top aus einer Schublade fingere. Den weißen Traum umgehe ich dabei großräumig, wenn man ihn umtauschen will, muss er unberührt aussehen. Jungfräulich. So ist das.
„Ach so, den Brief – könntest du …?" Ich sehe Ilka bittend an und weise zum Schreibtisch am Fenster.
„Klar, Nessie", sagt sie dann und zieht mich in eine Umarmung, die mir fast mütterlich vorkommt. Dieses Mal passt Nessie ja, ein wenig fühle ich mich auch wie ein Ungeheuer.
„Wo willst du denn hin?" Ihre großen Augen wirken besorgt. „Na egal, du wirst das schon wissen. Pass auf dich auf, hörst du? Und ruf mich an. Bald. Himmel, aber was sag ich den anderen?"
Vor dem Haus hupt es, ich husche über die Treppe und winke noch einmal zurück. Auf der Straße stoppe ich kurz. Soll ich jetzt ein schlechtes Gewissen haben, weil ich Ilka damit allein lasse? – Ach, sie wird das schon handeln. Clever wie sie ist. Vom gegenüberliegenden Dach kommt ein Maunzen. Die Katze. Sie hat es geschafft, aber die Vogelfamilie ist ausgeflogen. Ob sie es jetzt bereut?
Dem Taxifahrer sage ich: „Zum Flughafen." Nach Palma wollte ich immer schon mal oder nach Lissabon. Oder Rom? Wo eben

noch ein Platz frei ist. Ich taste nach meinem Personalausweis. Für ein paar Tage wird mein Bargeld reichen, danach sehe ich weiter. Ein Gefühl, als hätte ich in Windeseile zwei, drei Gläser Sekt gekippt, überfällt mich. Ich kichere, ein Lachkrampf erschüttert mein Zwerchfell, der Fahrer dreht sich um. „Was?" – „Nee, nix." Ich hole meinen Lippenstift aus der Tasche und male meine Lippen an. Er ist feuerrot. Max mag ihn nicht.
Während wir durch das enge Zentrum fahren, beginnen Kirchenglocken zu läuten. Ganz in der Nähe. „Fahren Sie den kleinen Umweg, bitte?" Ich lasse das Taxi in Sichtweite halten und sehe einen Mann im weit geöffneten Kirchenportal stehen. Er trägt einen schlecht sitzenden Smoking, starrt ständig auf die Uhr und hält einen Brautstrauß in der Hand. Rosa Rosen mit Schleierkraut hab' ich noch nie gemocht. Wie ein Tiger im Käfig läuft er nun auf und ab und mehrmals die Stufen hinauf und herunter, um die eintreffenden Gäste zu begrüßen. Jetzt tuschelt er mit seinem Trauzeugen, der ihm beschwichtigend auf die Schulter klopft. Er erkennt uns nicht, aber er sieht Max zum Verwechseln ähnlich. Es ist Max. Ich schaue ihn an, als müsste ich mir seine Konturen einprägen.
Der Taxifahrer räuspert sich.
„Fahren Sie jetzt bitte weiter, zum Flughafen", weise ich ihn an.
„Wird aber teuer ...", meint er mürrisch.
‚Das ist mir die Sache wert', denke ich noch, bevor ich in die große Stille in mir hineinfalle.

Peter Häring

Narrensprung

Die Feier war in vollem Gange. Auf dem Partydeck des Raumschiffs war kein Durchkommen mehr, man stand dicht an dicht, Tanzen war unmöglich. Einer der Partygäste saugte eben den letzten Rest aus seiner Trinkkugel, torkelte dann zu einem Bullauge, riss es unter dem Jubel der Anwesenden auf und schleuderte die Kugel hinaus in die eisige Schwärze.
Wie es der Zufall wollte, flog das Raumschiff just in diesem Augenblick an der Erde vorbei, ohne dass jemand der Passagiere davon Kenntnis genommen hätte. Da die Crew diese Route schon zum x-ten Mal flog, es war eine gern gebuchte Strecke für Betriebsausflüge, kümmerte auch sie sich nicht weiter um den unscheinbaren Planeten. Schließlich waren sich alle namhaften Wissenschaftler ihres Heimatplaneten darin einig, und diverse Expeditionen hatten das bestätigt, dass hier frühestens in 120.000 Jahren mit intelligentem Leben zu rechnen war.

Hank Short war gerade mit seinem Pickup aus der Garage gefahren, als deren Dach in einem ohrenbetäubenden Krachen und Knirschen in sich zusammenfiel und eine Fontäne aus Holzsplittern und allem möglichen Werkzeug in die Höhe schoss. Vor Schreck würgte Hank den Motor ab und starrte auf die sich langsam verziehende Staubwolke. Er stieg aus und näherte sich zögernd den Überresten seiner Garage. Inmitten des Schutts lag, silbrig glänzend, eine perfekte Kugel von etwa einem Meter Durchmesser. Das silbrige Glänzen ging über in ein helles Blau. Hank streckte vorsichtig seinen Arm aus und fuhr mit den Fingerkuppen behutsam über die Oberfläche, die soeben ein kräftiges Orange annahm. Sie war kühl und vollkommen glatt. Er versuchte die

Kugel zu bewegen, was ihm mühelos gelang. Hank umfing sie mit seinen Armen und hob sie an, sie war tatsächlich federleicht. Jetzt wurde sie sogar durchsichtig, anscheinend war sie leer, zumindest konnte er durch sie hindurch sehen. Obwohl die Kugel offensichtlich von weit oben herabgestürzt war, hatte sie nicht den kleinsten Kratzer, geschweige denn eine Delle. An einer Stelle befand sich eine kreisrunde, vielleicht zehn, zwölf Zentimeter große Öffnung, umrandet von einem etwa zwei Zentimeter breiten und halb so hohen Wulst. Hank spähte aus sicherem Abstand ins Innere, konnte aber nichts erkennen. Dann wurde er mutiger und schob vorsichtig seine Hand in das Loch. Im Inneren war es deutlich kühler. Hank zog seine Hand wieder heraus und roch an den Fingern. Kein Geruch, den er hätte einordnen können. Achselzuckend wandte er sich ab und ging zurück ins Haus, um seine Frau zu holen.
Belle kam ihm bereits entgegen.
„Was war denn das eben für ein Lärm?", fragte sie Hank.
Hank zeigte ihr die Garage, beziehungsweise das was von ihr übrig war.
„Da ist irgendwas eingeschlagen", sagte Hank und deutete auf die Kugel.
„Eine Kugel", sagte Belle.
Sie ging näher heran und legte ihre Hand vorsichtig auf die schneeweiße Oberfläche.
„Ist ganz kühl."
Die Shorts standen ratlos vor der Kugel, die nach wie vor ständig ihre Farbe wechselte und in unterschiedlichen Abständen transparent wurde.
„Hat wahrscheinlich ein Flugzeug verloren", sagte Hank.
„Wahrscheinlich", sagte Belle.

In der folgenden Nacht regnete es. An sich nichts Ungewöhnliches, wäre es nicht das erste Mal seit fünf Monaten. Der Mais

stand kümmerlich auf den Feldern, die Shorts, wie alle Bauern der Gegend, rechneten mit dem Schlimmsten. Der Regen kam sprichwörtlich in letzter Sekunde.
Am nächsten Tag telefonierte Hank mit seinen Nachbarn, um mit ihnen das freudige Ereignis zu kommentieren und ihnen natürlich von der seltsamen Kugel zu erzählen. Wie sich herausstellte, hatte es nirgendwo sonst geregnet, nur über dem Land der Shorts.
„Meinst du, das hat was mit dieser Kugel zu tun?“, fragte Belle ihren Mann.
Hank kratzte sich am Hinterkopf.
„Weiß nicht. Seltsam ist es schon. Wir könnten sie ja mal heut’ Nacht auf das Land von Gus bringen und dort einfach irgendwo ablegen. Wenn’s dann dort auch regnet …“
So geschah es. Und tatsächlich regnete es bis Sonnenaufgang über Gus’ Land und ein Stück in die angrenzenden Berge hinein.
Die darauf folgende Nacht versuchte es Hank zur Sicherheit noch bei den Carmichaels, mit demselben durchschlagenden Erfolg.
„Ich glaube, du solltest mal zu Pfarrer Boyle rüber fahren und mit ihm über die Sache reden“, meinte Belle.
„Ja, wird wohl das Beste sein“, antwortete Hank und steckte die linke Hand in das Loch der Kugel. Es war innen nach wie vor deutlich kühler als außerhalb.

Noch während des Gesprächs auf der Veranda des Herrn Pfarrers begann der Regen auf das Blechdach zu trommeln. Ungläubig starrte der Pfarrer auf den eben noch staubtrockenen Vorplatz, von dem der prasselnde Regen kleine Fontänen aufspritzen ließ, dann auf die Kugel hinten auf Hanks Pickup, bekreuzigte sich und betete schließlich zusammen mit Hank zwölf Vaterunser.
„Hank“, sagte Pfarrer Boyle, nachdem sie sich wieder gesetzt hatten, „ich glaube nicht, dass ein Flugzeug dieses Ding verloren hat. Ich glaube, das hat einen viel weiteren Weg hinter sich. Wir sollten

der Gemeinde dieses Wunder nicht vorenthalten. In meiner Predigt am Sonntag würde ich gerne ein paar Worte dazu sagen, wenn du damit einverstanden bist. Immerhin hast du die Kugel gefunden."

„Wie Sie meinen, Herr Pfarrer."

Am Sonntag war die Kirche besetzt bis auf den letzten Platz. Das war allerdings immer so. Trotzdem hatte man den Eindruck, die Menschen säßen diesmal besonders dicht gedrängt. Vielleicht lag das auch an der gespannten Erwartung der Gläubigen, denn das mit Hanks Kugel hatte sich natürlich längst herumgesprochen. Pfarrer Boyle erzählte noch einmal, wie Hank Short die Kugel gefunden und es seither an allen von ihr berührten Plätzen geregnet hatte, zog Parallelen zur Bibel und schlug schließlich vor, die Reliquie in der Kirche aufzubewahren, von wo man sie jederzeit, sollte wieder mal Bedarf sein, zum Regenmachen holen konnte. Dieser Vorschlag fand allgemeine Zustimmung, auch die der Shorts.

Natürlich berichtete die Prairie Sun in ihrer Montagsausgabe ausführlich und reich bebildert über die Vorfälle. Schließlich kam es nicht oft vor, dass es über anderes als Hochzeits-, Begräbnis- oder Erntefeiern zu schreiben gab. Die Tatsache, dass keine einzige Fluglinie Teile an einem ihrer Flugzeuge vermisste, gab der Angelegenheit den letzten Schliff. Es war jetzt klar, dass man es hier mit einem Objekt zu tun hatte, das von viel weiter oben gekommen sein musste, das weder durch die Reibungshitze, noch durch den Aufschlag erkennbaren Schaden genommen hatte. Mit einem Objekt, das nicht von dieser Welt war.

Im Laufe weniger Tage berichteten sämtliche großen und kleinen Tageszeitungen und Fernsehsender des Landes über die Kugel von Starfield, wie sie mittlerweile genannt wurde. Reporter waren über den verschlafenen Ort hergefallen wie Treiberameisen, schwemmten dabei allerdings auch ordentlich Geld in die Kassen von Kirche und Gemeinde, da Film- und Fotoaufnahmen natürlich nur gegen Gebühr gestattet wurden. Pfarrer Boyle und der

Bürgermeister von Starfield, Kyle Tucker, waren übereingekommen, sich die Einkünfte aus dem Rechtehandel zu teilen.

Freilich blieb all das an anderer Stelle nicht unbemerkt.
Im Hauptquartier des größten aller nationalen Geheimdienste, Spys Are Us (SAU), saßen die Chefs aller sechzehn nationalen Geheimdienste am Konferenztisch. Die Sitzung leitete J. Douglas Bond. Früher schrieb er sich James D. Bond, doch das hatte immer wieder zu Belustigung bei seinen Gesprächspartnern geführt. Als er sich einst für den Job beim Geheimdienst beworben hatte, hielt man das dort zunächst sogar für einen Scherz.
J. Douglas Bond zeigte mit dem Laserpointer auf die Leinwand. „Das ist das Kaff, in dem dieser Short lebt und in dem die Kirche steht, wo sie die Kugel aufbewahren, Starfield. Alles flach, weit und breit keine Stadt, in der man leben möchte, ich auf jeden Fall nicht. 225 Einwohner, allesamt Maisbauern, selbst die Kleinkinder. Wie ich höre, haben sich schon einige Wissenschaftler der unterschiedlichsten Fachbereiche darum bemüht, die Kugel untersuchen zu dürfen, aber die Dörfler weigern sich, sie herauszugeben. Sie stellen jetzt sogar Tag und Nacht einen Wachposten vor die Kirche. Wie auch immer, diese Kugel hat höchste Priorität für die nationale Sicherheit. Ich hatte diesbezüglich vor einer Stunde eine Unterredung mit der Präsidentin, die diese Auffassung teilt. Es handelt sich bei dem Objekt, soviel scheint gesichert, um einen künstlich angefertigten Körper. Dass er Regen machen kann, ist natürlich Humbug, sollen das diese inzüchtigen Maisbauern ruhig glauben. Uns geht es einzig und allein darum, herauszufinden, woraus die Kugel gemacht ist, ob sie tatsächlich unzerstörbar ist. Wir werden uns das Ding also so schnell wie möglich holen, denn es ist klar, dass auch andere Dienste sehr an ihm interessiert sein werden."
„Wann soll die Aktion starten?" fragte Judy Hopkins, Chefin der Female Spys of America (FSA).

„In fünf Stunden wird das Zugriffsteam vor Ort sein, ich habe vier Mann losgeschickt. Seit vorgestern hält sich bereits einer unserer Leute dort auf und sondiert das Umfeld."
„Sehr gut", sagte Steve Carpenter, der den Most Secret Service (MoSS) vertrat, die kleinste und jüngste Organisation im Lande. „So schnell sollten wir immer sein."
„Wieso hast du mich nicht gleich darüber informiert, Doug?", wollte Ben Lamar wissen, Chef der National Agency for Better Espionage (NABE). „Ich hätte schon ein paar Leute vor Ort gehabt."
„Ich weiß, Ben, aber ich hielt es für besser so."
Lamar wurde dunkelrot im Gesicht, sagte aber nichts mehr. Alle im Raum wussten, dass Bond Lamar für inkompetent hielt, wie die meisten der Anwesenden. Lamars Truppe hatte schon mehrfach Einsätze versemmelt, die jeder Provinzpolizist mit Bravour gelöst hätte.
„John", wandte sich Bond an John Brubaker, Central Bureau of Spying and Lying (CBSL), „für die Untersuchungen an der Kugel bräuchten wir deine Mithilfe. Du hast die fähigsten Wissenschaftler, was Materialforschung angeht."
„Kein Problem", sagte Brubaker. „Bring mir das Ding einfach vorbei. In einer Woche hast du die Ergebnisse."
„Hört hört", ätzte Judy, was ihr einen bösen Blick von John Brubaker einbrachte und zustimmendes Schmunzeln der übrigen Konferenzteilnehmer.
Bonds Handy klingelte.
„Ja."
...
„Was?!"
...
„Das darf doch nicht wahr sein! Wie konnte das passieren?"
...

„Ok. Wir werden sehen." Bond legte auf.
„Das war mein Mann in Starfield. Die Kugel ist weg."

Die nächsten paar Nächte regnete es in den Nachbargemeinden von Starfield, weshalb der Verdacht zwangsläufig auf einen von dort gedungenen Dieb fiel. Selbst J. Douglas Bond konnte sich dieser Hypothese nicht vollständig entziehen und beorderte sicherheitshalber zwei Agenten in die umliegenden Dörfer.
Aber sie alle hatten unrecht. Zu der Zeit, als es in der Umgebung von Starfield regnete, war die Kugel längst außer Landes. Sie lag jetzt auf Samt gebettet, von gütigen Augen betrachtet, vor dem Schreibtisch von Papst Innozenz XIV. Draußen goss es wie aus Kübeln.
Der Papst ging vor der Kugel auf und ab und musterte sie fasziniert.
„Wunderschön, finden Sie nicht auch, Francesco?", fragte er Francesco Trulli, seinen Sekretär. „Wunderschön und vollkommen."
Francesco nickte andächtig.
„Selbst wenn sie keinen Regen machen könnte, wäre sie ein Wunder", fuhr Innozenz fort. „Und dafür sind wir zuständig. Sie ist sozusagen heimgekehrt in den Schoß unserer heiligen apostolischen Kirche."
Liebevoll strich der Papst mit beiden Händen über die Kugel. Als die Hülle gerade wieder durchsichtig wurde, schob er seinen linken Arm bis zum Ellbogen durch die Öffnung hinein und betrachtete ihn dort interessiert.
„Es ist kühl drin", sagte er.
„Bitte seien Sie vorsichtig, Heiliger Vater, wir wissen nichts über dieses Ding. Weiß Gott was es damit auf sich hat."
„Gott weiß es ganz sicher, Francesco. Aber machen Sie sich keine Sorgen. Alle, die bisher mit diesem Ding, wie Sie es nennen, zu tun hatten, sind wohl auf."

Auf dem Rückweg von seinem Betriebsausflug in die äußeren Bezirke der Milchstraße kam das Raumschiff erneut an der Erde vorbei. Die Sensoren zeigten an, dass dort das beim Hinflug abhanden gekommene Trinkgefäß niedergegangen war. Es musste wieder eingesammelt werden, denn die Vorschriften des dritten galaktischen Abkommens besagten, dass keinerlei Gegenstände auf fremden, sich noch entwickelnden Welten zurückgelassen werden durften. Die dortige Fauna war unter allen Umständen sich selbst zu überlassen und hatte sich unabhängig von äußeren Einflüssen zu entwickeln. Selbst vermeintlich bedeutungslose Trinkgefäße waren von dieser Regel nicht ausgenommen.
Der Traktorstrahl des Raumschiffs erfasste also die Kugel von Starfield auf ihrer samtenen Unterlage und geleitete sie schnurstracks nach oben. Sie durchbrach mühelos die Decke des päpstlichen Arbeitszimmers, dann das ziegelgedeckte Dach des Vatikanpalasts, durcheilte den Himmel über Rom und entschwand aus der irdischen Atmosphäre.
Unglücklicherweise steckte zu diesem Zeitpunkt Papst Innozenz XIV. noch immer mit seinem Arm in der Kugel. War ihm schon das Durchschlagen der Zimmerdecke und des Dachs nicht gut bekommen, so gab ihm der Eintritt in die Schwerelosigkeit den Rest. Durch das Ausbleiben der Schwerkraft löste sich Innozenz' Körper von der Kugel und schwenkte in eine stabile Umlaufbahn um die Erde ein.
In klaren Nächten, wenn das Sonnenlicht sich auf dem päpstlichen Siegelring bricht, kann man Innozenz vorüber ziehen sehen.

Michael Hetzner

Der Kampf

„Ich bin“, setzte ich mit gebrochener Stimme an, „Kafka.“
Die Stuhlreihen im andächtigen Halbdunkel schwiegen mit angehaltenem Atmen.
„Ich weiß“, sagte der Professor, ein Hüne von einem Mann, milde. Er saß mir im rechten Winkel gegenüber. Hinter ihm wurde ein riesiges Flimmerbild mit seinem Gesicht an die Wand geworfen. Das Bild hatte seine Augen ins Riesenhafte vergrößert. Diese Augen, hinter einer schmalen Brille mit schmalem, schwarzem Rand, blitzten für einen Augenblick auf wie die Augen eines Wolfes. Dann verwandelten sie sich und schimmerten feucht, so, als wollten sie im nächsten Augenblick weinen. Der Professor nickte mir ungläubig zu. In seinem Blick lag unendliches Mitleid.
Hier in diesem rätselhaften Raum, mehr ein Saal als ein Zimmer, fühlte ich mich ein wenig geborgen. Draußen stach zwar eine kräftige Frühlingssonne vom Himmel herab, aber mich hatte sie nicht gewärmt. Im Gegenteil, einmal mehr hatte ich die erbarmungslose Kälte dieser dunklen Stadt gefühlt. Hier, in mir fremden Wänden eingeschlossen, schien es, obwohl es kühler war, behaglicher, und allmählich legte sich das ungestüme Pochen meines reizbaren Herzens. Durch diesen Raum ermutigt, wagte ich es, noch einmal mein Anliegen vorzutragen. Ein kleines Anliegen nur, aber für mich so unendlich entscheidend. „Ich bin wirklich Kafka“, sagte ich flehend. Ein knappes Nicken des Professors war alles, was ich erhoffen durfte. Doch er sah mich streng an und antworte dann mit einem einzigen Wort, aus dem sein völliger Unglaube sprach: „Selbstverständlich.“
Der Professor taxiert mich, als habe er einen Schüler vor sich, der schwer von Begriff war: „Fangen wir beim Einfachen an. Wie

kommen Sie hier her, wenn sie seit dreiundachtzig Jahren tot sind?"

„Ich weiß nicht. Ich weiß ja nicht einmal, wo ich mich hier befinde." Meine Stimme war kaum mehr als das Piepsen einer Maus.

„Hübsch ausgedacht, ihre Geschichte." Dann schob der Professor eine Frage nach, ganz leise und mit lauerndem Unterton: „Und wo wohnen Sie?"

„Keine Ahnung. Ich weiß nur, dass mein Anzug etwas seltsam riecht. Nach Moder und Verfall." Mein Kopf schwirrte. Heute Morgen war ich, ohne zu wissen, wie mir geschah, irgendwo in dieser feindlichen Stadt aufgewacht und von meiner Jahrzehnte langen Unruhe getrieben, einfach darauf los gestolpert, bis ich schließlich, wie von fremden Mächten gezogen, hierher gelangt war.

„Das beweist gar nichts", antwortete der Professor streng. „In Prag ist fast jede Wohnung sanierungsbedürftig."

„Ich trage Kafkas Namen", meine Stimme klang heiser und dünn.

„Kavka, das tschechische Wort für Dohle, was beweist das schon", antwortete der Professor ungerührt.

„Das hier ist mein Hut, Kafkas Hut." Ich nahm den Hut vom Kopf und las vor, was auf dem Lederband stand: „Carl Rahmer und Söhne, Hutfabrication Prag." Ich hielt ihn dem Professor hin. Er verschwendete keinen Blick daran.

„Bestenfalls ein Unikat aus den 20ern." Eine kleine Bewegung seiner feingliedrigen Hände, und mein Bewies war zerschmettert wie ein schlecht gezimmertes Floß an sturmgepeitschter Küste.

„Und hier", fuhr ich bittend fort, „Kafkas Stock. Mit dem Original-Firmenzeichen von den Gebrüdern Paul und Alois Fischer." Ich warf dem Professor den Stock hin.

„Ein Gläubiger", höhnte er, zu den Stuhlreihen im andächtigen Halbdunkel gewandt. „Er bekennt sich zur Einmaligkeit des Imitats." Der Professor lächelte in sich hinein. Sein Lächeln wurde immer breiter, weitete sich zum Lachen, dann zum brüllenden Gelächter. Er prustete los: „Dieser Mensch hier glaubt noch an das Einmalige in dieser Welt." Obwohl das gar nicht zu seiner sonst so distinguierten Art passte, schlug er sich heftig auf die Schenkel, dass es wie Peitschenhiebe knallte.

Ich entgegnete, fast schon besiegt von den elegant perlenden Worten des Professors: „Aber ich sehe doch aus wie Kafka. Ich kann doch nicht aus meiner Haut fahren und ein anderer werden. Ich weiß doch, dass ich ich bin."

Sanft wie ein Vater legte mir der Professor die Hand auf den Arm. Sein rechtes Auge war merklich größer als sein linkes. Es wurde feucht, und schließlich rann ihm eine dicke Träne über die Wange. Ich kannte den Professor seit vielen Jahren. Er war der ehrwürdige Rabbi der Alt-Neu-Synagoge, der Bischof von Prag, mein Klassenordinarius Geschwind im Staatsgymnasium mit deutscher Unterrichtssprache in Prag-Altstadt.

Der Professor zuckte mit den Schultern und streckte den Stuhlreihen im andächtigen Halbdunkel die Handflächen entgegen: Was kann man da machen?

Die Stuhlreihen lachten. Ein wenig spöttisch.

Ich zog meinen Ausweis aus der Tasche.

Der schwarze Kasten mit dem langen Rohr zielte auf mich. Er sah aus wie ein Panzer, nur dass vorne eine dicke Linse im Licht scharfer Scheinwerfer wie ein Regenbogen schimmerte.

Der Professor fasste meinen Ausweis mit abgespreizten Fingern an.

„Seit einundachtzig Jahren abgelaufen."

„Es steht alles drin."

Ich nahm das Papier, hielt es hoch, bis das Panzerrohr darauf zielte und las: „Dr. jur. Franz Kafka, geboren am 3. Juli 1883 in Prag."

„Das Sterbedatum fehlt."

„Das kenne ich nicht."
Zufrieden lehnte sich der Professor zurück. Erwischt. „Ein Mensch, der sein Sterbedatum nicht kennt." Er hielt das Gesicht in Richtung des Panzerrohrs. „Kafka ist am 3. Juni 1924 gestorben." Das Grinsen des Professors war so scharf wie ein Rasiermesser.
„Ich erinnere mich nicht", flüsterte ich.
„Seltsam." Der Professor wandte sich ans Publikum im andächtigen Halbdunkel.
Die Stuhlreihen ächzten auf wie ein Weiser, dem die Götter soeben ein unlösbares Rätsel aufgegeben hatten.
Das Panzerrohr schwenkte auf mein Gesicht, als wolle es mich unter Feuer nehmen. Es sog mein Bild ein und warf es hinter den Stuhlreihen überlebensgroß an die Wand.
„Ich erinnere mich nur noch, dass ich im Sanatorium Hoffman in Kierling lag."
Der Professor winkte ab. Müde.
„Dora Diamant saß an meinem Bett."
„Und wie war Ihre Beerdigung?" griente der Professor.
Ich musste husten. Im Taschentuch fand sich ein wenig Blut.
„Netter Versuch, wir alle wissen, dass Kafka an Kehlkopftuberkulose starb."
Die Stuhlreihen im andächtigen Halbdunkel verhöhnten mich mit leisem Gemurmel.
„Und woher", setzte der Professor das Verhör fort, „wissen Sie eigentlich, dass Sie berühmt geworden sind? Zu Lebzeiten war Kafka ziemlich unbekannt."
„Bei meinem Spaziergang durch die Stadt habe ich überall meine Bücher gesehen. Es gibt sogar Filme und Plakate über mich", sagte ich flehend. Ich konnte doch nichts dafür, dass ich berühmt geworden war. Ich hatte doch verfügt, mein Werk nach meinem Tod zu vernichten. Doch welcher Mensch kann seinem Schicksal entrinnen?

Der Professor lächelte wissend. „Wieder einer von denen, die berühmt werden wollen." Dann versetzte er mir mit milder Stimme den Todesstoß: „Kafka ist tot."
Er betonte jedes Wort, so als verkünde er die letzte Wahrheit.
„Aber ich sitze hier", entgegnete ich flehend.
„Eben. Deshalb …"
„Deshalb …?" fragte ich hoffnungsvoll.
„Deshalb können Sie nicht Kafka sein."
Jetzt hatte der Professor wieder die alte Sicherheit gewonnen. Seine Worte strömten wie ein Evangelium von seinen Lippen.
Ich spürte, wie sich die Zweifel des Professors mit meinen eigenen Zweifeln verbündeten, wie beide gegen mich zeugten und wie mir diese Zweifel an der Seele fraßen. Trotzdem durfte ich mich nicht geschlagen geben. „Ich bin es aber."
„Was für eine großes Wort – ich."
„Ein ganz kleines Wort. Ein unbedeutendes Wort. So wie die Sache, die es bezeichnet", versuchte ich abzuwiegeln. Wer war ich denn, dass ich große Ansprüche stellen konnte?
„Ich habe es oft genug in meinen Werken gebraucht", flüsterte ich.
Der Professor sah durch mich hindurch. Dann entgegnete er: „Immer, wenn ich Ich sage, setze ich eine Struktur voraus, die es nicht gibt. Denn dieses Ich ist nichts anderes als das Asphärische, das in der Artikulation der Sprache verborgen ist und sich als grammatikalisches Subjekts des sprechenden Subjekts bemächtigt."
Ich schüttelte heftig den Kopf, den Tränen nahe. Weshalb all die vielen fremden Worte, mir ins Gesicht geschleudert wie glühende Speere? Durfte ich nicht einfach sein, wer ich war?
Aber der Professor fuhr unerbittlich fort: „Selbst wenn Sie vor achtzig Jahren Kafka gewesen sein sollten, wären Sie es heute nicht mehr. Denn Kafka gibt es nicht mehr! Kafka, das sind Bücher und Aufsätze, die – ich will es offen und ehrlich bekennen

– von der Fachwelt und den Lesern ziemlich überschätzt werden. All dieser alte Kram taugt nur dazu, die Regale unserer Bibliotheken zu füllen. Und in den Köpfen der Menschen Verwirrung zu stiften.“

Das konnte ich nicht auf mir sitzen lassen. So, als habe mich ein heftiges Fieber angesprungen, zitierte ich: „Ich sitze in meinem Zimmer im Hauptquartier des Lärms …“

„Hübsch auswendig gelernt.“

Der Professor wirkte ein wenig erschöpft.

Ich versuchte es aufs Neue. Ich musste diesen grässlichen Menschen unbedingt überzeugen: „Ich muss Kohle haben; ich darf doch nicht erfrieren; hinter mir der erbarmungslose Ofen …“

„Genug“, wehrt der Professor ab. Diesmal heftig. „Hübsch auswendig gelernt. Kafkas Erzählung Der Kübelreiter.“

Aber ich gab mich noch nicht geschlagen: „Als Alfons Mucha eines Morgens aus unruhigen Träumen erwachte, fand er sich in seinem Bett zu einem ungeheureren Ozean verwandelt. Tropfen für Tropfen fügte sich sein riesiger Körper zu einem gewaltigen Meer, das Kontinente verbindend, einer unzählbaren Fülle von Lebewesen Raum bot …“

Müde wehrte der Professor ab: „So schreibt heute kein Mensch mehr.“

„Kafka schon.“

„Was wollen Sie eigentlich?“

Hinter der Frage lauerten Gefahren wie bei einem aufgeklappten Stilett.

Die Stuhlreihen im andächtigen Halbdunkel hielten den Atem an. Jetzt musste es kommen. Der Sinn. Weshalb sie hier waren. Weshalb überhaupt jemand da war. Was alles zu bedeuten hatte.

Meine Augen umfassten die Stuhlreihen im andächtigen Halbdunkel, das große Flimmerbild an der Wand und den Professor. „Ich möchte nur ich sein dürfen. Kafka, dazu gehören“, hauchte ich.

Ich spürte, wie ich unter den erbarmungslosen Augen des Professors schrumpfte. Hatte ich ihm anfangs bis ans Kinn gereicht, so reichte ich ihm jetzt bestenfalls noch bis an die Schultern. Dieser erbarmungslose Raum und seine Bewohner griffen nach mir, um mich zu vernichten. Wieder musste ich husten und wieder breitete sich ein Blutfleck auf meinem Taschentuch aus.
„Das heißt, Sie haben Angst."
Was für ein unheimlicher Mensch. Er konnte bis in die tiefste Tiefe meiner Seele blicken. Und er sprach, was ich sorgsam zu verbergen suchte, ganz gelassen aus. Hier vor all diesen Menschen.
„Ich kenne Ihre Gedanken."
Ich schüttelte heftig den Kopf. Aber der Professor blickte durch mich hindurch, als sei ich Luft. „Sie haben Ihren Vater …"
Ich hielt den Atem an. Jetzt saß der Kerl in der Falle.
„… geliebt."
Dieser Mann war mein Todfeind. Schlimmer als die Lehrer, schlimmer als der Vater. Es war doch meine Haut, die meine Gedanken und Erinnerungen umschloss. Und diese Haut raubte er mir. Wo war da noch eine Grenze? Wo fing ich an und wo die andern? Gab es heute vielleicht nur noch eine einzige große Haut, die alle und alles umschloss?
„Aber wer bin ich?"
„Jedenfalls nicht Kafka."
„Das heißt: Selbst wenn ich Kafka wäre, wäre ich nicht Kafka."
Mein Kopf schwirrte wie ein Bienenstock, in dem ein plötzliches Feuer ausgebrochen war.
Der Professor lächelte milde. Es schien, dass sein Schüler endlich begriffen hatte.
Aber ich war nicht bereit, aufzugeben. Es musste doch ein Mittel geben, um diesen Unerbittlichen zu überzeugen. Und wenn es das Letzte wäre, was ich auf dieser Welt tat, meinen Namen, mein Anrecht an meinem Werk, musste mir dieser Mensch zugestehen.

Jetzt blieb mir nur noch eines. Ich riss mir die Kleider vom Leib, was in diesem kalten Raum meinen sicheren Tod bedeuten würde, und schleuderte sie gegen die Stuhlreihen im andächtigen Halbdunkel. Nur meine Krawatte behielt ich an. Ich befand mich schließlich in Gesellschaft. Mein Leib, dieser dünne, von keinerlei Fettschicht geschützte Körper, das musste diesen unerbittlichen Menschen doch überzeugen. Sofort schwenkte das Panzerrohr auf mich zu und warf das Bild meines schlotternden Gerippes übergroß an die Wand.

„Bin ich wirklich verloren?“, fragte ich nackt und zitternd. Ich schlug mir mit meinen schwachen Fäusten auf den Brustkorb. Es klang wie ein fernes, dumpfes Pochen. Ich grub meine spitzen Nägel, mehr Vogelkrallen als menschlichen Händen ähnlich, in meinen moribunden Leib: Seht her, ich bin es doch, muss es sein, was sonst soll ich, kann ich sein, wenn nicht Kafka?

Ich bemerkte, wie der Saal im andächtigen Halbdunkeln den Atem anhielt. Die Menschen zögerten. Mein hüllenloser Körper sprach lauter als all meine Worte.

Der Professor wurde blass. Er atmete heftig und warf dabei einen raschen Blick zu den Stuhlreihen im andächtigen Halbdunkel. Spürte er, dass die Menschen ihm zu entgleiten drohten? Für einen Augenblick starrte er hilflos vor sich hin. Dann klopfte er mir mit kräftiger Hand aufmunternd auf die Rippen, die in meine dünne Haut stachen.

„Es gibt eine Lösung, eine einzige“, verkünde er, als enthülle er nun die Lehre von den letzten Dingen. Er hob ein schmales Büchlein in die Höhe. „In meinem letzten Werk ‚Karel Gott, Einstein und die Unendlichkeit‘“, (seine schlanken Gelehrtenhände streichelten über den purpurfarbenen Einband), „habe ich nachgewiesen, dass unser gesamtes traditionelles Weltbild auf einem Trugschluss beruht.“ Das Panzerrohr zielte auf das Buch, und mit sichtlichem Wohlgefallen liebkoste der Professor das dünne Bärt-

chen über seinem Mund.
Die Stuhlreihen im andächtigen Halbdunkel hielten den Atem an.
„Ich habe hier", wieder hielt der Professor das purpurfarbene Bändchen hoch und schwenkte es weihevoll hin und her wie eine Monstranz mit der hochheiligen Hostie, „einen absolut überzeugenden mathematischen Beweis geführt." Er hielt sich das Buch vor die Brust, als er weiter sprach: „Menschliche Identität definiert sich weder durch den Intellekt noch durch die erbrachten Leistungen, sondern einzig und allein durch das erektionsfähige Organ, das sich mathematisch als Quadratwurzel von -1 ausdrücken lässt."
Ich blickte auf meine dürre Quadratwurzel von -1 und empfand eine Einsamkeit, die selbst der Tod nicht aufheben konnte. Mein Körper wurde vollends zu Eis, und im nächsten Augenblick würde ich erstarren.
Da fuhr der Professor mit warmer Stimme fort: „Erfüllung findet der Mensch also erst im universellen Meer der kollektiven Lust."
Ich schwieg. Erschlagen von der gelehrten Rede des Professors. Eine Invarianzgruppe, die transitiv agiert, das erektionsfähige Organ als Quadratwurzel von -1 – welche Offenbarungen. Die geschmeidigen Worte, von denen ich kein einziges verstand, streichelten meine Seele, umwarben sie, endlich los zu lassen, mich ganz der erlösenden Lehre des Professors zu ergeben. Hätte ich auch nur eines dieser Worte begriffen, der Zauber wäre zerbrochen.
Die Stuhlreihen im andächtigen Halbdunkel murmelten erlösende Zustimmung.
Nun breitete der Professor die Hände aus, als verkünde er die letzte und tiefste Wahrheit dieser Welt: „Alle sind alles und jeder ist – nichts."
Die Stuhlreihen im andächtigen Halbdunkel ächzten gequält auf.

„Zumindest nichts einzelnes“, setzt der Professor begütigend hinzu.
Die Stuhlreihen im andächtigen Halbdunkeln stöhnten auf wie bei einem kollektiven Orgasmus. Zustimmend und verständnislos. Voller Lust. Da war sie wieder – die Quadratwurzel von -1. So andächtig und verständnislos mussten die Gläubigen bei der Heiligen Comunio sein. Die Gemeinde durfte nichts begreifen, sonst war der Zauber dahin.
Die Stuhlreihen im andächtigen Halbdunkel hingen wie verzaubert an den Lippen des Professors.
„Aber wer ist dann Kafka?“, fragte ich verzweifelt.
„Es gibt kein wahres Leben im falschen.“
Was für ein kühner Satz.
„Wer aber bin ich?“
„Ein unendlich kleiner Teil eines unendlich großen Ganzen.“
„Das heißt: Die Menschen unterscheiden sich nicht mehr voneinander wie eine Träne von der anderen?“, fragte ich schon fast besiegt.
„Ich bevorzuge ein anderes Bild: Wie ein Tropfen Wasser vom anderen.“
„Der Ozean des Alfons Mucha.“ Langsam begriff ich.
Welche Worte der Tröstung flossen mir zu. Ich spürte, wie ein unendliches Wohlgefühl in mir aufstieg. „Wenn aber alle alles sind, dann darf ich auch …“
„… Kafka sein. Denn wir alle sind Kafka.“ Der Professor lächelte wohlwollend wie ein gnädiger Gott.
Da durchströmte mich ein schmerzvoller Wonneschauer. Wir durften alles wegwerfen, woran wir geglaubt hatten, was uns heilig gewesen war und durften einfach – glauben. Ich band meine Krawatte ab und schleuderte sie unter heiserem Jubel in die Stuhlreihen im andächtigen Halbdunkel.
Der Professor nickte mir väterlich zu, so als habe ein Konvertit endlich die geheimsten Lehren einer heiligen Kirche begriffen.

Eine winzige Handbewegung, und die Stuhlreihern im andächtigen Halbdunkel reichten mit brüderlichen Gesten die Kleider von Hand zu Hand. Ich nahm sie dankbar aus der Hand des Professors entgegen. Mit raschen Fingern knöpfte ich das Hemd zu, die Hose, das Jackett. Dann band ich die Krawatte um, setzte meinen Hut auf und nahm den Stock in die glücklichen Hände.
Ich durfte Kafka sein, also war ich Kafka.
War erlöst.
Jetzt war alles gut. Auch wenn ich die Sache nicht ganz verstand.
„Ein Tröpfchen im Ozean. Ein Körnchen Sand an der Küste. Ein einzelnes Blatt im Wald“, fuhr der Professor versonnen fort.
„Ein Metronetz?“
„Auch das.“ Der Professor nickte gnädig. „Erst die Millionen von Tröpfchen ergeben den Ozean. Erst alle Körnchen zusammen bilden den Strand. Nur Tausende von Blättern machen den Wald aus.“
Der Ozean des Alfons Mucha – es gab ihn wirklich!
Ich eilte auf die Stuhlreihen im andächtigen Halbdunkeln zu. Arme streckten sich mir entgegen, Menschen umarmten, Hände streichelten mich. Ich wurde an warme volle Brüste gedrückt und an weiche Leiber gepresst.
Das Panzerrohr schwenkte auf uns zu. Kurz danach erlosch das Flimmerbild und das andächtige Halbdunkle wurde heller und heller.

Margit Heumann

Von Hasen-, Katzen- und anderen Sprüngen

Einsamer Rentner springt in den Tod, steht heute in der Zeitung, schrecklich, ein 72-Jähriger hat sich von einer Eisenbahnbrücke in die Tiefe gestürzt, wohl aus Verzweiflung, beginnender Alzheimer war diagnostiziert, Auskunft des Sohnes. Das braucht Mut, allein die Vorstellung, an die Kante treten, Blick in den Abgrund, Augen zu, oder auch nicht, und springen, freier Fall und Aus. Schon klar, nur eine Vermutung, nichts Genaues weiß man nicht. Selbsttötungsraten bei Alten steigen, jedoch selten so dramatisch, meistens Tabletten, oder Erschießen, falls in Waffenbesitz, bevorzugt im Bad aus Rücksicht auf Möbel und Teppiche, die Flecken gehen nie mehr raus, Fliesen dagegen leicht und rückstandsfrei zu reinigen. Dagegen junge Selbstmörder in dieser Beziehung wesentlich ungenierter.

Ein Sprung, hat der Max ursprünglich gedacht, beschreibt immer einen Bogen, mal steiler, mal flacher, auf jeden Fall immer nach oben und wieder zurück auf den Boden, bester Beweis aus dem Alltag Luftsprünge, Freudensprünge. Auch im Sport immer im Bogen, gesundheitsfördernd bis leistungsorientiert, als Hochsprung, Weitsprung. Sogar Semantik und Etymologie bestätigen, das Bogenförmige liegt auch den zahlreichen sprunghaften Redensarten zugrunde, immer auf dem Sprung, auf die Sprünge helfen, keine großen Sprünge machen, stammen hauptsächlich aus der Jägersprache, wer hätte das gedacht, aber wie kommt er jetzt auf dieses Thema, ach so, die Schlagzeile.

Sprung in den Tod, so eine Schlagzeile lässt niemand kalt, der Max besonders betroffen, erinnert ihn an eine folgenschwere Sache mit persönlichem Bezug, hat ihm zu der wichtigen Erkenntnis

verholfen, nicht alle Sprünge sind bogenförmig und entstammen dem Jagdwesen, gibt Ausnahmen von der Regel, nämlich Karrieresprung und Todessprung. Ersterer steil nach oben, falls erfolgreich, der andere unumkehrbar in die Tiefe, bogenlose Diretissima ohne Rückfahrkarte. In seinem persönlichen Fall allerdings mit Einschränkungen, denn beide auf eine Art unvollendet, dafür das Ergebnis umso nachhaltiger, der Vorgang generiert einen chronischen Karrieregegner und eine bekehrte Selbstmörderin.
Aller Anfang ist der Kunstwettbewerb gewesen, nichts Großartiges, rein regional, der Max, von Natur aus scheu und wenig erfolgsorientiert, wird von der Emma überredet, den Sprung ins kalte Wasser zu wagen, eigentlich mehr ein Hopser in ein Planschbecken, hat doch nichts zu verlieren. Siebenmeilenstiefel das Thema, eine Open-Air-Installation, und siehe da, es macht sogar Spaß, hat richtig ein wenig Blut geleckt und kaum ist der Beitrag abgeliefert, hält er schon Ausschau nach der nächsten Ausschreibung, die Emma sehr erfreut. Findet sein Objekt genial gut, macht ihm Hoffnungen, also sie in der Jury, dann hätte er schon gewonnen. Der Max skeptisch, ist doch alles Geschmackssache und für hundertprozentig kompetent hält er die Emma nicht, prinzipiell immer voller Bewunderung für seine Sachen, fehlt ihr eben an Objektivität, das macht die Liebe, als Richter würde er sie wegen Befangenheit glatt ablehnen. Und prompt, er hat es ja gleich gesagt, gewinnt er den Wettbewerb nicht, dennoch, die Emma jubelt, seine Stiefel-Installation zweiter Sieger. Der Max macht sich nichts vor, alles relativ in der Kunst, objektive Kriterien Mangelware, das Ergebnis nur Spiegelbild der mehr oder weniger zufällig engagierten Juroren, andere Zusammensetzung der Jury und er wäre letzter, und zur Preisverleihung geht er sowieso nicht.
Trotzdem meldet sich eine Galerie, will ihn exklusiv vertreten, die Emma Feuer und Flamme, wenn er seinen längst überfälligen Karrieresprung machen will, dann jetzt oder nie. Die Verwandtschaft

haut in dieselbe Kerbe, der Max wird überredet, überstimmt, glaubt schlussendlich sogar selbst an seinen kometenhaften Aufstieg und die Notwendigkeit eines Galeristen, also gut.
Die Frau Hämmerlein, eine ausgesprochen rührige Dame, plant eine Einzelausstellung, große Ehre für einen Künstler. Allerdings, wie groß der Aufwand, das hat der Max nicht geahnt, fängt schon mit der Auswahl an, welche Bilder nimmt er denn, sein Oeuvre reicht von Bleistiftskizzen bis zu großformatigen Ölgemälden, und leider prinzipiell nicht einer Meinung mit der Frau Hämmerlein, die hat ein Wörtchen mitzureden, und kein geringes, das gesteht er ihr nicht gern zu, ist aber so. Dagegen überlässt er ihr willig die Preisgestaltung, Marktwert seiner Bilder interessiert ihn nicht, Galeristen müssen den Kunsthandel kennen, auch wenn die Emma meckert, verkauft sich zu billig, seine Arbeiten viel mehr wert.
Der Aufwand damit noch nicht zu Ende, der nächste Schritt das Rahmen, macht viel Arbeit, schafft es geradeso bis zum Ausstellungstermin, und dann das Hängen, welches Bild neben welches, und ist der Abstand gut und das Licht richtig und die Höhe, von welcher Besuchergröße soll man ausgehen? Schon wieder massiv unter Zeitdruck, ist noch mit dem Arrangieren beschäftigt, draußen sammeln sich schon die geladenen Gäste für die Vernissage, die möchte er schwänzen, aber nichts da, die Galeristin besteht auf seiner Anwesenheit, sonst kein Event, und das ist sie ihrem Ruf schuldig. Also lässt der Max sich gottergeben beklatschen, muss Bilder erklären, auch das noch, steht ansonsten dumm herum, immer auf der Suche nach einer Fluchtmöglichkeit, will sich verdrücken, was die Emma und die Frau Hämmerlein in gegenseitigem Einverständnis zu verhindern wissen, leider.
Der Bohei und das Tamtam, angezettelt von seiner versierten Galeristin, zeigen Wirkung, der Sprung steil nach oben nicht aufzuhalten, Bilder verkaufen sich, Popularität steigt, weitere Ausstellungen folgen, er kann gar nicht so viel malen, wie die Frau Hämmerlein

anfordert. Aber. Aber der Max im Zwiespalt, trennt sich einerseits schwer von seinen Bildern, das Herz blutet bei jedem Verkauf, so viel Sentimentalität hätte er sich nicht zugetraut. Andererseits das Geld nicht zu verachten, kann sich die eine oder andere Reise in den Süden gönnen, das versöhnt mit dem Gefühl von Verrat an seinen Geschöpfen.

Gerade hat er sich an die Höhenluft beim Karrieresprung gewöhnt, da gibt es schlechte Nachrichten, die Galerie schließt, einfach so, von heute auf morgen. Unrentabel, erklärt die Frau Hämmerlein, ganz sachliche Unternehmerin, zu hohe Spesen, kein kostendeckendes Arbeiten möglich, geschweige denn Gewinn. In Wirklichkeit, hört der Max munkeln, hat sie ein ausschweifendes Doppelleben geführt, also das kann er nicht glauben, wohin soll sie denn geschweift sein? Der Ehemann hat den Geldhahn zugedreht und auf und davon, nun kann sie keine großen Sprünge mehr machen. Sie tut ihm leid, aber es hat auch sein Gutes, das Ende des Karrieresprungs ist für den Max kein Absturz, im Gegenteil, des Einen Leid, des Anderen Freud, das Pech der Frau Hämmerlein ermöglicht ihm den eleganten Ausstieg aus dem Kunstmarkt, keine Ausstellungen mehr, Ende der Mühsal. Das darf er nicht laut sagen, aber endlich wieder malen nach Lust und Laune, das ist nicht zu verachten.

Allerdings nicht so einfach mit der Emma an seiner Seite, die ist schwer enttäuscht, kann man doch nicht auf sich beruhen lassen, bekommt auch noch Unterstützung von der Verwandtschaft, sind unbedingt der Meinung, er darf sich nicht aufhalten lassen auf seinem Weg vom einsamen Genie zum Star, soll Sprünge wie ein Lachs machen, in der Laichzeit springen die senkrechte Wasserfälle hoch. Da macht er nicht mit, ist er ein Fisch?, und wozu, damit sich andere in seiner Prominenz und Popularität sonnen? Das weist die Emma weit von sich, meint es doch nur gut und will sich auf die Suche nach einem neuen Galeristen machen, soweit kommt

es noch, aber nicht mit dem Max, da beißt sie auf Granit, er ist eine treue Seele, er wechselt die Galeristen nicht wie das Hemd, das ist eine gute Ausrede, damit sind der Emma die Hände gebunden, ein für alle Mal.
Kaum ein paar Wochen erfreut er sich seines karrierefreien Malerdaseins ohne jeden Erfolgsdruck, da meldet sich eine Arbeitsgemeinschaft, Empfehlung seiner ehemaligen Galeristin. Die Frau ist nicht unterzukriegen, hat einen weiteren Sprung ins Ungewisse gewagt, plant eine Dokumentation, zeitgenössische Künstler der Region, Vorstellung mit Vita und einem charakteristischen Werk. Nicht schon wieder, stöhnt der Max, aber die Herren geduldig, sind den Umgang mit sensiblen Künstlern gewohnt, brauchen nur ein einziges Bild, und den Text hat die Frau Hämmerlein schon gemacht, damit wird er nicht belästigt, muss ihn nur absegnen. Das Werk in Farbe, wenn möglich, kommt besser im Bildband, um alles Weitere kümmern sie sich, soll sich einfach melden, ein professioneller Fotograf steht praktisch Tag und Nacht auf dem Sprung. Dieser Sprung übrigens bezieht sich auf die Lauftechnik von Hasen, ihre Hinterläufe heißen Sprünge in der Jägersprache, und bei so viel Zuvorkommenheit kann selbst der Max nicht nein sagen. Dass das Fotografieren eines einzigen Bildes fast einen ganzen Tag in Anspruch nimmt, Kamerainstallation, Beleuchtung, Brennweite, Linse, damit hat er nicht gerechnet, der hasensprungbereite Fotograf wenigstens ein netter Kerl und zahlreichen Kaffee- und Zigarettenpausen nie abgeneigt. Bis die Dokumentation ein Jahr später erscheint, ist der Stress vergessen, ein schönes Buch, und besonders die Emma stolz wie Oskar.
Viel später schlendert der Max arglos durch die Fußgängerzone, da stürzt eine Dame auf ihn zu und begrüßt ihn überschwänglich, da schau her, es ist seine ehemalige Galeristin. Unglaublich, sie hat mit einer Freundin, kunstbeflissen wie sie, eine Geschenkboutique eröffnet, exklusive Objekte, gehobenes Design. Lauter

Dinge, die der Mensch nicht braucht, aber durchaus dekorativ und geschmackvoll, lobt der Max höflich nach der Führung durch das aparte Ambiente. Wollen zukünftig auch in Kunst investieren und vor allem heimischen Künstlern auf die Sprünge helfen, diese Redewendung beschreibt die unterstützende Funktion des Jagdhundes, der dem Jäger bei der Hasenjagd hilft. Frau Hämmerlein möchte Max' Bilder ins Sortiment aufnehmen, will so bald wie möglich seine neuen Arbeiten sehen, zum Atelier ist es ja nur ein Katzensprung, ganz richtig, auch der Stubentiger ein Musterbeispiel an Springvermögen, und wann? Der Max will Zeit gewinnen, so auf die Schnelle kann er das nicht entscheiden, wird es sich überlegen, das versteht sie voll und ganz, erreicht trotzdem, dass er sich auf einen Termin festnageln lässt, das ist ein Fehler, aber unvermeidlich, sonst säße er heute noch in dieser Geschenkboutique. Dann bespricht er sich mit der Emma, das ist der nächste Fehler, die hält das für eine Chance, die ihm sozusagen in den Schoß fällt, redet ihm zu, warum nicht sie beim Schopf packen, ist ohnehin viel zu still um ihn geworden, das kann ihn einen großen Sprung vorwärts bringen, als ob er ein Hase wäre und an schnellem Vorwärtskommen interessiert, er hat gehofft das Thema Karriere ist für ihn gegessen und kommt nie mehr auf den Tisch.
Mit Grauen denkt er an den Termin, zwei Frauen, die sich durch Schubladen, Regale und Mappen in seinem Atelier wühlen mit unerträglichen Kommentaren, egal, ob ehrlich, lobhudelnd oder vernichtend, das geht gar nicht, die neuen Bilder sind doch wie seine Kinder, mit Schmerzen geboren, na ja, manche, andere im Wahn und im Rausch. Nein, er will sich gegen die Frauenmacht wappnen und selbst bestimmen, welche Arbeiten er ihnen vorlegt, keine Perlen vor die Säue, so ein Laden mit Krimskrams, da passen höchstens ein paar dekorative Bildchen dazu, nicht die wichtigen, keine schwere Kost, keine mit Herzblut gemalten, keine große Kunst, eher das Gegenteil. Gesagt, getan, um die zehn Stück he-

rausgesucht, so ist ihm wohler, fühlt sich gerüstet, als die Damen kommen.

Leider halten sie gar nichts von seiner Auswahl, zu wenig, zu gefällig, bekunden durchaus Interesse an melancholischen, hintergründigen, vieldeutigen Werken. Die hat er zuhauf, mischt sich die Emma ein mit dem befürchteten Effekt, unter ihrer Anleitung blättern sie sich dann doch durch seine Regale, gegen seinen Willen, kann das kaum mit ansehen, noch weniger mit anhören, die spitzen Schreie der Begeisterung, das Ach! und Oh! und Wie wunderbar! Wollen ihren Kunstverstand schließlich dadurch beweisen, dass sie sich ein graues Stillleben mit sterbenden Tulpen, einen sinnlichen Schwangeren-Akt und ein schwermütiges Porträt aussuchen, passen in das Sortiment einer Geschenkboutique wie Faust auf Auge, nämlich gar nicht. Raffiniert, wie er sonst überhaupt nicht ist, verlangt er viel Geld für diese Bilder in der Hoffnung, zu teuer. Sind sie auch, aber die Damen geben nicht klein bei, sie schachern um den Preis, wegen ihrer Prozente, der Max kein guter Kaufmann, noch nie gewesen, das weiß die Frau Hämmerlein, finden einen Kompromiss zu Max' Ungunsten, trotzdem unverschämt teuer, wer in eine Geschenkboutique geht, hat doch nicht Tausender im Geldbeutel. Und von wegen groß investieren in Kunst, wie die Frau Hämmerlein getönt hat, so weit her ist es nicht damit, die Damen gerade nicht flüssig, können die Bilder nur in Kommission nehmen, Geld gibt es erst nach Verkauf. Am Ende verabschiedet sich der Max mit gemischten Gefühlen von seinen drei Herzbinkerln, werden hoffentlich sicher eh nicht verkauft, und er kann sie nach drei Monaten wieder heimholen. So hat er sich das gedacht, aber.

Aber unerwartete Wendung, vier Wochen später ein Anruf von Frau Hämmerlein, die Bilder gestohlen, der Max regt sich auf, wie kann das passieren, wo sind sie, wer war das? Keine Sorge, beschwichtigt die Frau Hämmerlein, hat den Diebstahl schon

gemeldet, Versicherung informiert, kann aber dauern mit der Abwicklung, ist ihr sehr peinlich, aber nicht zu ändern, tut ihr leid. Nach dem ersten Zorn ist der Max eher verwundert, seine Bilder gestohlen, wer soll die wollen und wofür, seit wann lohnt ein no-name, und sei er regional noch so bekannt, das Risiko einer kriminellen Handlung? Ganz sicher kein professioneller Kunsträuber, ein Anfänger, ein Kleptomane vielleicht, die klauen aus Prinzip und egal was. Aber die Bilder sind weg, damit muss er sich abfinden, und jetzt ist er endgültig geheilt von Erfolgsleitern und Karrieresprüngen, das schwört er hoch und heilig.
Hört lange nichts, nach Wochen und Wochen klingelt es spät abends an der Tür, keine normale Zeit für die Frau Hämmerlein, ist auch ganz verändert, nichts mehr von der selbstsicheren Dame von Welt, schaut sich ängstlich um, drängt sich ins Haus, schließt die Tür, muss ja nicht jeder mitkriegen, dass ich da bin, flüstert sie. Ob sie nicht ins Atelier kommen will, fragt der Max, auf keinen Fall, wehrt sie ab, keine Zeit, sie ist auf dem Sprung, anschauliche Redensart, genau so stellt er sich einen Hasen auf der Flucht vor. Die Bilder weiterhin verschwunden, die Versicherung hat bezahlt, jetzt kann sie ihm den Kaufpreis erstatten, wie vereinbart. Erst jetzt fällt ihm auf, sie hat einen Metallkoffer dabei, haargenau wie ihn Geldboten und Mafia-Bosse in Krimis haben, tatsächlich voller Geld, der Max hat noch nie so viel auf einem Haufen gesehen, außer in Krimis. Und dann zählt sie ihm die Scheine auf die Treppenstufe, hektisch, Quittung braucht sie keine, nicht nötig, also dann Auf Wiedersehen und sie habe ihn immer besonders gern gemocht, ihre letzten Worte. Wie wortwörtlich das zutrifft, kann der Max nicht ahnen, nur dass etwas nicht stimmt, das sieht ein Blinder, aber geht ihn nichts an, er hat sein Geld, das war der Deal, auch wenn ihm die Bilder lieber wären, die Sorge bleibt, wo sind sie und was wird aus ihnen?
Was genau nicht stimmt, bleibt dem Max nicht erspart, ob er will

oder nicht. Drei Tage später hat er die Steuerfahndung und die Kriminalpolizei, Abteilung Wirtschaftskriminalität, im Haus. Es ist nämlich so, die gestohlenen Bilder waren überversichert, das ist Betrug, und die Versicherung hat gezahlt, bevor sie dem Hasen hinter die Sprünge gekommen ist, der Hund hat versagt, um mit dem Jäger zu sprechen. Der Max ganz auf der Seite des Hasen, kann ein schadenfrohes Feixen nicht unterdrücken, Versicherungen sind Halsabschneider, sowieso. Das Grinsen gefriert ihm mitten im Gesicht, als die Beamten fragen, wie viel Geld denn an ihn geflossen ist bei diesem Coup, die Frau Hämmerlein ist nämlich ebenso unauffindbar wie die Gemälde, bestimmt steckt er mit ihr unter einer Decke. Die Versicherung wird sich an ihm schadlos halten, wenn er nicht das Gegenteil beweisen kann, ist er dran.
Der Max total perplex, erzählt gleich ungefragt die ganze Wahrheit und nichts als die Wahrheit, von der Kommissionsware samt festgelegtem Preis und von dem Besuch der Frau Hämmerlein kürzlich und der korrekten Bezahlung, soweit es ihn betrifft, und nein, Quittungen hat er keine. Trotzdem, man kann ihn doch nicht einfach verdächtigen, er ist doch kein Krimineller, sagt er im Brustton der Überzeugung und glaubt es in diesem Moment selbst, auch wenn es nicht ganz stimmt, wie man weiß. Wahr ist, nichts liegt ihm ferner als Versicherungsbetrug, er vergeudet seine Zeit doch nicht freiwillig mit Formularen, Policen, Verträgen und Kleingedrucktem. Glauben tut ihm keiner, das sieht er den Herren an der Nasenspitze an, und morgen früh muss er auf die Wache und das Protokoll unterschreiben, was muss, das muss.
Ausgerechnet die Frau Hämmerlein, also das hätte er nicht gedacht, dass sie derart falsche und krumme Sprünge macht, schlimmer als jeder Hase auf der Flucht. Hat wohl doch ein Doppelleben geführt, die gute Frau, und er, blauäugig, nichts gemerkt, fühlt sich noch geehrt durch ihre letzten Worte, und sie? Sie missbraucht seine Bilder für ihre krummen Geschäfte, wofür in Gottesnamen

hat sie bloß so viel Geld benötigt? Fragen helfen nicht weiter, seine Chancen stehen schlecht, Aussage gegen Aussage, Max contra Versicherung, auch sein Anwalt ohne Idee, wie er ihn da rauspauken soll, scheint fast, er glaubt nicht so recht an seine Unschuld. Ein Gerichtstermin steht schon fest, schlimm genug, und auch noch früh um neun Uhr, das ist hardcore, aber dann, du glaubst es nicht, zwei Tage vorher die Rettung für den Max.
Man hat ein Paar Schuhe gefunden, auf einem Felsen an einer einsamen kroatischen Steilküste, das Paar Schuhe nachweislich von Frau Hämmerlein, und ein Abschiedsbrief darin. Der Brief enthält eindeutig Selbstmordabsichten aufgrund hoher Schulden und krimineller Machenschaften und unheilbarer Spielsucht (ach, das war also ihr Doppelleben!), sieht keinen Sinn mehr im Leben, sie macht ihm ein Ende, und ein Extra-Hinweis, ganz explizit, der Künstler hat nichts mit dem Versicherungsbetrug zu tun.
Jetzt, das ist für den Max ein Schock, die Frau Hämmerlein tot, ausgerechnet durch einen Sprung ins kalte Wasser, ist ja nicht ihr erster, aber bisher immer nur symbolisch, diesmal real und ohne Wiederkehr. Sprung aus dieser Höhe absolut tödlich, aber die Leiche unauffindbar, der Strandabschnitt bekannt für tückische Strömungen. Ein Schock, wie gesagt, aber nicht nur, auch zweifache Erleichterung für den Max. Erstens seine Menschenkenntnis doch nicht so schlecht, das muss man sich vorstellen, eine verzweifelte Frau Hämmerlein am Abgrund, unmittelbar vor dem Todessprung, und was macht sie – nimmt sich die Zeit und wäscht ihn frei von jedem Verdacht, er hat es ja immer gewusst, die Frau hat Charakter. Und zweitens alles in allem genug Beweis, dass der Max nicht an dem Betrug beteiligt, die Versicherung bleibt auf den Kosten sitzen, aber da trifft es keine Armen, die tun dem Max nicht leid, nur das öffentliche Grinsen verklemmt er sich diesmal wohlweislich. Der Fall kommt zu den Akten, offiziell abgeschlossen, auch für den Max, aber.

Aber da täuscht er sich, der Gute, mehr als ein Jahr später bekommt er eine Ansichtskarte, so eine Rarität findet man bald nur noch im Museum, sozusagen ein Relikt aus prä-digitalisierter Zeit. Die Karte zeigt vorn ein kroatisches Kloster, und hinten steht ein sinnloser Text, auf den ersten Blick sehr seltsam, auf den zweiten Blick, da ist von verwelkten Tulpen die Rede, eine davon geknickt, alle sterbend, das ist … das ist … der Max ganz aufgeregt, das ist die Beschreibung des vor Jahren gestohlenen Stilllebens, na so was. Er ist überzeugt, das hat mit dem Aufenthaltsort der Bilder zu tun, eventuell ein reumütiger Dieb? Vielleicht eine Falle, warnt die Emma, doch der Max nicht zu bremsen, das ist ein Hinweis, von wem immer, und dem geht er nach, macht sich auf die Reise nach Kroatien. In dem Kloster Dominikanerinnen in schwarz-weißem Habit, aufgrund fehlender Kroatisch-Kenntnisse zeigt er jeder Schwester die Karte, alle schütteln den Kopf, können mit dem Text nichts anfangen. Erst die Nonne im Garten, die begrüßt ihn auf Deutsch, die Stimme kennt er, das gibt es doch gar nicht, ist das seine ehemalige Galeristin, die Selbstmörderin, die nie gefundene Leiche nach dem Sprung in die Tiefe? Erst glaubt er an eine Halluzination, dann an eine Verwechslung, aber nein, sie ist es, springlebendig, nimmt ihn an der Hand und führt in ins Kloster, in einem Nebenraum der Sakristei stehen sie, seine Arbeiten, seine Bilder, seine Kinder. Der Max ganz gerührt, kniet vor sie hin und kann es nicht fassen, dass er die Verlorengeglaubten in die Arme schließen kann, symbolisch gesprochen.
Danach hört er mit offenem Mund, die Frau Hämmerlein hat mit der Versicherungsmillion alle Schulden bezahlt, dann den Selbstmord vorgetäuscht, sich zu den Nonnen gerettet, in den Orden eingetreten, eine neue Identität, und jetzt ein beschauliches Klosterdasein voller Ehrlichkeit, Gottesfurcht und geregeltem Alltag anstelle von Künstlerkontakten und Casinoatmosphäre. Der Max kann es nicht glauben, die Frau Hämmerlein, völlig verwandelt,

früher kunstsinnige Galeristin, umtriebige Unternehmerin, Hans-Dampf-in-allen-Gassen, Glücksspielerin, Versicherungsbetrügerin, Selbstmörderin, und nun bekehrt, eine Nonne, wenn das nicht verrückt ist. Jetzt, wo sie ihm die Bilder zurückgeben kann, ist sie mit allem im Reinen, und legt ihm nahe, das Geld für einen guten Zweck zu spenden. Der Max entsetzt, noch so eine absurde Idee, das Geld hat er längst nicht mehr, was glaubt sie denn? Da lacht sie verschmitzt und sagt, der gute Zweck ist die Kunst, und auf diesem Altar ist es eh schon geopfert, ob das gottgefällig ist, bezweifelt der Max. Und dann muss sie in die Kirche zur Vesper, schiebt ihn mitsamt den Bildern nach draußen, alles Gute und wir haben uns nie gesehen, entschwindet mit fliegendem Habit, der Max reibt sich die Augen, sieht der Frau nach, oder doch einem Gespenst, die hat doch einen Sprung in der Schüssel, hat sie den schon immer gehabt?

Und wie der Max, animiert von der Schlagzeile über den armen Rentner, diese Geschichte rekapituliert, gehen ihm ob der vielen Sprünge die Augen über und plötzlich ein Licht auf. Es gibt nicht nur bogenförmige und gerade Sprünge, wider Erwarten ist er bei einer dritten Art von Sprung gelandet, verläuft meist in unregelmäßigem Zickzack mit zahlreiche Verästelungen in harten und spröden Werkstoffen wie Beton, Fliesen, Glas, Porzellan, in der Schüssel das Synonym für Verrücktheit. Gibt solche Sprünge auch in Herzen, besonders fragile Materie, neigt zum Splittern und Bersten, und ein gebrochenes Herz mag in Wirklichkeit dem Todessprung des einsamen Rentners zugrunde liegen, nichts Genaues wird man nie wissen.

Hildegard Kappert-Meyer

Der letzte Sprung

Als sie plötzlich aufwachte und auf die Uhr blickte, erschrak sie. Es war nach Mitternacht.
Sie saß mit steifen Gliedern in der Sofaecke, blickte mit verschleierten Augen im Zimmer umher, und sah sich inmitten von Kartons und vollgepackten Körben. Dazwischen lag auf der Erde ihre alte Katze, eingerahmt von Handwerkszeug und Plastiktüten.
‚Hoffentlich findet sie den Weg zu ihrem Klo', schoss es ihr etwas benebelt durch den Kopf. Wie ein Berg türmte sich alles vor ihr, und sie wusste nicht, wie sie ihn bewältigen sollte.
Nur jetzt nicht daran denken. Nur schlafen. Nichts als schlafen.
‚Morgen werde ich weitersehen', dachte sie und erhob sich mühsam, um ins Bett zu gehen.
Was für ein Tag! Sie fühlte ihre Knochen kaum noch, wie Blei bewegte sie sich ins Schlafzimmer.
Na, wenigstens das Bett stand schon.
‚Heute ist mir alles egal, kein Waschen mehr, kein Zähneputzen. Einmal „ohne" wird schon nicht so schlimm sein', konnte sie gerade noch denken, als sie sich hineinfallen ließ.
Ihre Hand erreichte träge den Schalter der Nachttischlampe, und schon war sie eingeschlafen.
Es war noch dunkel, als sie am Morgen erwachte, sie konnte sich gar nicht zurechtfinden. Vorn kam Licht ins Zimmer, es sah aus wie Straßenlaternenlicht.
‚Wo bin ich überhaupt? Das ist doch nicht mein Zimmer? Wieso ist da vorn ein Fenster? Das war doch immer neben mir? Was ist passiert?'
Ach richtig, der Umzug! Der Sprung in die Innenstadt, in eine neue Wohnung, in ein neues Leben. Ja, das wird ein ganz neues

Leben sein, sie hat es so gewollt.
Jetzt aber wollte sie nicht darüber nachdenken, ob sie richtig entschieden hatte. Sie musste sich an die Kisten und Körbe machen, damit die Wohnung ein Gesicht bekam. Doch als sie aus dem Schlafzimmer trat und das Chaos sah, verließ sie der Mut.
Wie sollte sie das alleine schaffen?
Sie war alleine.
Ihr Sohn hatte zwar die Möbel aufgestellt, war dann aber wieder abgefahren.
Die Freundinnen waren im selben Alter wie sie selbst, in dem man keine Kräfte mehr für Umzüge hatte und lieber im eigenen Haus die Ruhe genoss.
Sie war sechsundachtzig Jahre alt.
Sie würden ihr warmes Essen bringen, das Nötigste einkaufen, vielleicht etwas auspacken und irgendwo im Gewirr hinlegen. Nicht gerade hilfreich, wenn man selbst noch nicht wusste, wohin mit den Sachen.
‚Warum hast du dir das angetan? Konntest du nicht gleich in ein Altenheim gehen wie andere auch? Warum hast du solche Angst davor? Das wäre doch ein ruhiges Leben gewesen!'
Sie wusste die Antwort.
Sie wollte noch selbst über ihr Leben bestimmen, aktiv sein und trotz ihrer körperlichen Einschränkungen ihre Hobbies pflegen.
Sie ging in die Küche, um nach etwas Essbarem zu suchen. Mit einem Butterbrötchen und einer Tasse Tee setzte sie sich in die Sofaecke und sah missmutig von einem Karton zum anderen.
‚Wo fange ich bloß an? Wo sind die wichtigsten Sachen nur drin?'
Sie ging zurück ins Schlafzimmer, stellte die Teetasse auf den Nachttisch und legte sich wieder ins Bett.
Sie hatte noch keine Lust.
Die Anstrengung vom Tag zuvor steckte ihr noch in den Knochen.

‚Ich kann doch auch morgen anfangen, mich treibt ja niemand', dachte sie erschöpft und ließ sich in die Kissen fallen.
Dabei hatte sie es wie einen „Sechser im Lotto" betrachtet, als sie vor Wochen diese Wohnung bekommen hatte, nach fast einem Jahr Suche.
Dieses hier war ihre Traumwohnung.
Hier wollte sie ihren letzten Lebensabschnitt verbringen, mit dem Himmel über sich und vor sich die zwei nahen Kirchtürme. Vielleicht bliebe ihr ja das Altenheim erspart.
„Letzter Lebensabschnitt", wie das klang!
Plötzlich bekam sie Angst.
Was, wenn er schon bald zu Ende wäre? Wenn alle Anstrengungen und Mühen und Freuden umsonst gewesen wären?
Hatte sie zu unüberlegt entschieden?
Wie graue Mäuse liefen die Gedanken über die Bettdecke und nisteten sich in ihrem Kopf ein. Darüber wurde sie noch müder und sank in einen kurzen Schlummer.
‚Nein, du hast ganz bewusst diese Entscheidung getroffen! Du wolltest weg von der Abgeschiedenheit einer Vorstadtsiedlung, du wolltest ans Leben! Nun lebe! Immer hast du in deinem Leben Angst vor Entscheidungen gehabt, den Sprung in eine Veränderung – neue Stellung, Ortswechsel, Ende einer Beziehung – gefürchtet, und dann war doch alles gut gegangen!', nagten ihre Gedanken an ihrem leichten Schlaf.
Diese alte Hemmschwelle vor einem Absprung sollte sie jetzt nicht mehr hindern, ganz gleich, wie viel Zeit ihr noch blieb!
Sie hatte allen Ballast abgeworfen, sich von allen Sachen getrennt, die sie nicht mehr brauchte: die großen Möbel, Hausrat, Bücher, Kleidung. Mit dem Rest – der immer noch zu viel war – würde sie aus dieser Wohnung ein gemütliches Nest bauen.
Sie hatte den Absprung von einer Fünfzimmerwohnung in eine Zweizimmerwohnung geschafft.

Sie erhob sich, ging ins Bad und stellte erleichtert fest, dass die Katze ihr Klo gefunden hatte. Sie streichelte sie und gab ihr einen mit leckerem Futter gefüllten Napf.
„Wir werden uns schon einleben, wir Zwei!“, versprach sie ihr.
Als sie angezogen war, machte sie sich an die Arbeit, und da sie die Kartons größtenteils selbst gepackt hatte, konnte sie alles doch recht schnell wiederfinden.
Gleich im ersten Karton fand sie die Lebensmittel, so konnte sie mit der Küche beginnen.
Als dann noch die Sonne herauskam und ins Fenster schien, schaute sie kurz hinaus und entdeckte gegenüber die Eisdiele.
„Und wenn alles an seinem Platz ist, werde ich mich bei denen da drüben mit einem Eisbecher belohnen“, beschloss sie, seufzte zufrieden und krempelte die Ärmel hoch.

Karen Köhler

Seh dich.

Ich versuche mich zu nullen. Das mache ich vor jedem Sprung. Ich lege alles in die Waagschale, jede Faser meines Seins und opfere sie auf dem Altar des Sprunges. Aber irgendetwas stimmt heute nicht. Ich stehe an der Kante der Klippe und blicke an den Horizont. Wobei der Horizont hier die französischen Alpen sind. Ich lasse meinen Blick ruhen. Links der Mont Blanc, rechts der Baum, unter mir das Tal, die Straße eine Schlange. Doch ich schaffe es nicht, leer zu werden. Alles ist gut, sage ich mir, das hast du schon viele Male getan, bleib ruhig. Doch ich bin nicht ruhig. Immer wieder schaue ich nach unten. Ein winziges rotes Auto auf dem Rücken der Schlange. Der Pfirsich, den ich gestern Abend in den Baum gelegt hatte, war heute Morgen verschwunden. Das ist doch ein gutes Zeichen: Alex hat ihn sich geholt. Ich lasse den Baum los und überwinde vorsichtig die letzten Meter auf dem Felsvorsprung. Vom Tal trennen mich 300 Meter Adrenalin. Im Rücken die Jungs und Baumrauschen. Sie wissen, was mir dieser Sprung bedeutet. Keiner redet, es weht nur der Wind. Ich spüre ihre Augen auf mir: Sie schauen mir zu, wie ich den Sitz meines Gurtzeuges überprüfe, ein Routinegriff zum Pilot Chute. Alles noch da, alles am rechten Ort. Ein Raubvogel kreist über uns. Ich glaube, es ist ein Bussard.

Über ein Jahr ist Alex nun schon tot, und ich vermisse ihn immer noch jeden Tag. Manchmal ist mir, als wäre er fast körperlich anwesend und umarmte mich. Dann höre ich seine Stimme: „Mein Mädchen." Die Lücke klafft aufdringlich in meinem Leben. Der Schmerz ein Meer mit Gezeiten. Jetzt ist gerade Ebbe.

Ich schaue wieder auf die Berge gegenüber, bereit zum Sprung, konzentriere mich darauf, ganz leer zu werden.

Der Tag, an dem der Anruf kam, war ein Montag. Ecki hatte mich auf der Arbeit erreicht. Und schon als er sagte: „Hier ist Ecki", wusste ich's. Ich hab nur ein Wort geantwortet. Immer wieder „Nein". Dann habe ich angefangen zu lachen. Alles in mir ein Rad, und die Psyche drehte willkürlich dran herum, heraus kamen seltsam unpassende Reaktionen. Man erwartet ja was ganz anderes von sich selbst. Alles um einen ist auf einmal still. Keine Welt mehr. Ich habe Ecki ganz ruhig erklärt, dass er lügt, aufgelegt, in den Papierkorb unterm Schreibtisch gekotzt und versucht weiterzuarbeiten als sei nichts. Das ging aber nicht, weil in meinem Kopf nur noch Watte war. Ich wollte aufs Klo gehen und bin ohnmächtig geworden. Mitten in der Redaktion auf'm Flur. Ich schlug mir den Kopf an einem Kopierer an und hatte eine blutende Platzwunde. Meine Kollegen riefen einen Arzt. Und ich stammelte: „Alex ist tot", als ich wieder bei Bewusstsein war. Der richtige Zusammenbruch kam dann zuhause in der Wohnung. Ich hatte mir erst einen Pullover von Alex angezogen und zitterte auf einmal am ganzen Leib, wie fremdgeschüttelt, und die Unfassbarkeit seines Todes landete für den Bruchteil einer Sekunde in meinem Herzen. Mein Mann: tot. Sein Lied auf Repeat. Ich zog mir eine seiner Unterhosen an, kramte seine Lieblingsjeans aus dem Dreckwäschebeutel, seine Strümpfe, seine Stiefel und stand so mitten im Wohnzimmer, zitterte und brüllte. Brüllte tierisch. Verwundet. Urgewaltig. Ein Laut, den ich nie wieder hervorgebracht habe seitdem. Dann erst kam die Flut aus den Augen, und ich rollte mich zusammen.

Ich atme die frische Alpenluft ein, sauge sie in meine Lungenflügel. Ich spüre das Adrenalin in mir, die Handflächen schwitzen.

Es gibt keinen Zeitpunkt, an dem wir uns lebendiger fühlen, als beim BASEspringen. Darüber haben Alex und ich uns oft unterhalten, wenn wir pulsierend hinterher im Wagen oder beim Packen auf einer Wiese saßen. Es gibt diesen Punkt, den point of

no return, wo die Füße das Objekt noch berühren und der Oberköper bereits gesprungen ist, der Punkt an dem es kein Zurück mehr gibt. Dieser Punkt birgt meditative Schönheit in sich, weil man ihn ganz genau wahrnimmt: ein Scheibchen Universum, ein einziger Augenblick. Raum und Zeit lösen sich auf, werden bedeutungslos im Angesicht der kristallinen Klarheit des Jetzt. Seitdem er tot ist, sind diese Augenblicke für mich intensiver geworden, weil ich mich ihm nahe fühle. Geborgen im Augenblick, alles ist dann genau richtig. Vielleicht ist es die Kompaktheit der Zeit, die mich berauscht. Wegen der geringen Höhe bleibt für alle Handlungen nur wenig Reaktionszeit. Bruchteile von Sekunden.
Aber jetzt, hier, auf dieser Klippe in Frankreich, da packt mich auf einmal die nackte Angst. Ich schaue zu den Jungs. „Are you okay?“, fragt mich einer. Ich nicke, aber mein Herz kreischt.
Keiner weiß, was genau hier vor 16 Monaten geschah, weil sie nachts gesprungen sind und niemand etwas vom Unfall gesehen hat. Alex sprang als erster. Das Öffnungsgeräusch seines Fallschirmes soll normal gewesen sein. Im Gegensatz zu allen anderen kam Alex aber nie unten an. Es war eine Vollmondnacht im Winter. Man nimmt an, dass sich sein Fallschirm verdreht geöffnet hat und er dann in den Fels geflogen ist. Er hatte einen Genickbruch und war sofort tot. Wenigstens das. Gefunden haben sie ihn erst Stunden später bei Tageslicht. Ein welkes Blatt im Felsen.
Ich kann nicht anders und stelle mir vor, wie er hier gestanden ist. Noch kurz bevor sein Leben so abrupt endete. ‚Selber schuld‘, brüllt der Chor in mir. Wir wussten immer, dass das beim BASEspringen passieren kann. Er hat sogar Witze darüber gemacht. „Lasst mich einfach liegen“.
Er lachte seine Angst weg. B steht für building. A steht für antenna. S steht für span. Und E für earth. BASE. Ich amte laut aus. Bei Alex Sicher Einschlafen. Als ich seine Asche verstreute, habe ich ihr hinterhergerufen: „Du Scheißkerl, ich zeig dir, dass man die

Klippe überleben kann!" Die Jungs haben gelacht, und Alex flog in tausend Teilchen fort. Luft zu Luft.
Für Alex. Komm, reiß dich zusammen. Ich weiß, dass ich gestern meinen Schirm mit größter Sorgfalt gepackt habe. Mein letzter Sprung ist erst zwei Wochen her. Ich bin in Form. Mein Körper ist gesund und kräftig.
Die Amis sagen vorm Abspringen oft "three, two, one, C ya!", und Alex sagte es immer auf Deutsch. Darüber habe ich gegrinst, weil er so uncool klang im Gegensatz zu den ganzen vermeintlich geilen Hechten. „Drei. Zwei. Eins. Seh dich." In Gedanken spiele ich die Möglichkeit durch, ob es wahrscheinlich ist, sich im Jenseits zu begegnen. Ich könnte mich absichtlich in den Fels steuern. Oder meinen Schirm gar nicht erst öffnen. Ein Schrei dicht über mir. Der Bussard ist ein Adler. Das erkenne ich jetzt an den gelben Zehen. Er gleitet im Aufwind der Felswand mühelos direkt über mir. Scheint fast still zu stehen. Ich blicke die Jungs an. Sie schauen aufmunternd zurück. „Take your time." Ich nicke wieder und nehme mir Zeit. Er ist bestimmt hier, sein Geist, oder was er jetzt ist. Für einen Augenblick wird es ruhig in mir. Leichter Wind im Gesicht. Über mir der Adler. Meine Freunde hinter mir. Atemberaubende Landschaft um mich. Frühling. Mein Bewusstsein spannt sich auf. Ich denke mich auf dieser Klippe, in den französischen Alpen, in Europa, auf dem Planeten, im Sonnensystem, im Universum. Und auf einmal sagt Alex in mir: „Nein." Ganz leise sagt er das und ruhig, so als sei es eine Antwort auf die Frage, ob er noch eine Tasse Tee möchte. Nein. Und ich weiß, dass ich nicht springen werde. Nicht nur jetzt nicht. Sondern nie mehr. Wem will ich denn hier etwas beweisen? Alex? Der ist tot. Den Jungs? Die respektieren mich auch, wenn ich nicht BASEjumpe. Mir? Ja, mir. Und was will ich mir beweisen? Dass ich hart genug bin, einen Extremsport auszuüben? Dass ich mit einem Fallschirm von der Klippe springen kann, an der mein

Ehemann verunglückte? Dass ich so verdammt cool und lebendig bin und allen Generationen vor mir mein Leben hinwerfe als sei es ein Überbleibsel, das ich gar nicht brauche? Muss ich mich so weit vorwagen, um mich lebendig zu fühlen? Kann ich mir das Scheibchen vom Universum nicht anders abschneiden? Doch ich kann. Der Adler gleitet auf meiner Höhe an der Felskante entlang. Erleichterung breitet sich in mir aus. Ich gehe in die Hocke, weil mir alles auf einmal sehr hoch und gefährlich erscheint. Und Rob fragt mich besorgt: „Are you okay?". Ich schaue die Jungs an. Ja, ich bin okay, so was von. „Yes. But I am not going. Back up, I'm coming back." Die Jungs werden unruhig über meine Entscheidung, nicht zu springen. Und ich überwinde die wenigen Meter vom Felsvorsprung zur Kante auf allen Vieren kriechend. Habe unglaubliche Angst davor, jetzt doch noch aus Versehen abzurutschen und zu fallen. Schweißgebadet erreiche ich das sichere Ufer. Den Wald. Die Jungs. Während ich meinen Fallschirm ausziehe, versichere ich: „Ich bin okay, macht euch keine Sorgen. Geht, habt Spaß, ich erkläre es euch unten im Tal. Gib mir den Autoschlüssel, Rob."

„You are so fucking cool", sagt er. Ich strahle die Jungs an, voll Liebe für den Augenblick und schneide mir ein Stück vom Universum ab.

Kristiane Kondrat

Als die Uhren sich erhoben

Es begann an einem Donnerstag Anfang September, einem jener Tage, an denen sich die Bäume über die Menschen beugen, die Luft über ahnungslosen Bahngleisen und Äckern stillhält.
Täuschende Stille, 16.30 Uhr sollte Celia am Bahnhof sein. Sie hatte ihrem Wecker ins Gesicht geschaut, bevor sie losging, hatte Blickkontakt aufgenommen mit dem arroganten Zifferblatt ihres lindgrünen Weckers auf dem Nachtkästchen: Er zeigte 16.00 Uhr.
Etwa fünfzehn Minuten braucht sie von zu Hause bis zum Bahnhof. Sie kommt nirgendwo zu spät und nie zu früh an, teilt sich die Zeit stets wirtschaftlich ein, damit alles ineinander gleite und kein Tropfen ungenutzt verlorengehe, womit ‚ungenutzt' genau das Gegenteil darstellen soll von jenem Etwas, das Nutzen bringt.
An der Bushaltestelle vor ihrem Haus schaute sie auf die Armbanduhr. Es war einer jener einfach nur so hingeworfenen Blicke, die im Laufe der Tage immer wieder auf die kleine Armbanduhr fallen. Sie erschrak: Da war es bereits 16.20 Uhr. Ungeduldig hielt sie Ausschau nach dem Bus, schließlich gelang es ihren Blicken – dank jahrelanger Übung – den Bus binnen einer Minute herbeizuholen. Er blieb vor ihr stehen und öffnete sich.
Als sie am Bahnhofsplatz ausstieg, stellte sich ihr breitfüßig die Bahnhofsuhr in den Weg. Sie pflanzte sich mit einem zur Abstraktion stilisierten Gesicht vor ihr auf, eine große, runde Herausforderung, die ihr Hinschauen erzwang: Der kleine Zeiger stand auf der Vier, der große auf der Zwölf. Was wiederum ein Vergleichen der großen runden mit ihrer kleinen, schüchtern tickenden Uhr erzwang – da war es 16.45 Uhr. Ihre Armbanduhr hatte einen gewaltigen Sprung gemacht. Celia lief, nahm die Stufen zu zweien,

die sie sowieso nach oben rollten, doppelte Vorwärtsbewegung, vielleicht eine davon überflüssig und unnütz.
Die Uhren der Bahnhofshalle zeigen aber 16.03 Uhr am Gleis eins, 16.05 Uhr, als sie Gleis zwölf erreicht. Auf ihrer Armbanduhr ist es mittlerweile 16.55 Uhr geworden, es ist geworden, Zeit ist geworden durch die Bewegung der Rolltreppe, durch die Anstrengung ihrer Beine, durch alle rollenden, schreitenden, stampfenden, springenden, fließenden Bewegungen ist Zeit geworden.
‚Meine Armbanduhr und mein lindgrüner Wecker auf dem Nachtkästchen im Schlafzimmer laufen vor', denkt sie. Sie stellt die Armbanduhr auf Vieruhrfünf zurück und hat plötzlich eine Menge Zeit, bis der Zug kommt. Es drängt sich ihr der Gedanke auf, dass man diese Zeit irgendwie sinnvoll ausfüllen müsste. Auf dem Bahnhof ist das schwer, man ist genötigt, sie totzuschlagen, in Notwehr zu töten.
‚Man wird es mir nicht glauben, dass ich in Notwehr gehandelt habe. Oder richtiger, nicht gehandelt', fährt es ihr durch den Kopf. Sie fragt sich, ob ‚in Notwehr nicht handeln' vor Gericht besteht. Und dann immer wieder die Selbstvorwürfe: ‚Ich hätte meine Uhren bei der Zeitansage im Rundfunk stellen sollen, ein Teil der Schuld fällt mir zu, er fällt auf mich, der Teil dieser Schuld'.
Die folgenden Tage und Wochen wird sie immer wieder überschüssige Zeit auszufüllen haben und einige Male in Notwehr, durch Nichthandeln, töten müssen. An jenem Nachmittag Ende September, einem der Endsommertage, hatte sie etwas damals sehr Wichtiges, heute aber, nach so viel zeitschaffender Bewegung aus dem Gedächtnis Gefallenes zu erledigen. Als sie abends wieder nach Hause fahren wollte, stellte sie auf dem Bahnsteig fest, dass ihre Armbanduhr trotz Zurechtweisung mittlerweile wieder einen großen Vorsprung hatte. Sie wird ihre springwütige kleine Uhr, und auch den lindgrünen Wecker, zu einem Uhrmacher bringen müssen.

Am nächsten Tag ging sie zu einem Uhrendoktor. Ein sachlicher, Vertrauen ausströmender Uhrenheiler in weißem Kittel, in der Kapuzinerstraße. Er verschwand mit den beiden tickenden, ängstlich winselnden Tierchen hinter einen Vorhang, kam aber bald wieder zum Vorschein, übergab ihr die Tickenden und sagte, in einem neutralen Ton: „Den Uhren fehlt nichts, ich habe die Geschwindigkeit etwas nach Minus gerückt, jetzt werden sie nicht mehr vorlaufen."

Am nächsten Tag aber liefen sie wieder vierzig Minuten vor, und Celia ging mit ihren eigenwilligen Zeitmessern zu einem anderen, weniger neutral aussehenden Uhrmacher, der die beiden Rebellen in Gewahrsam nahm. Um sich zurechtzufinden durch die vielschichtigen zeitauslösenden Bewegungen, lieh sie sich Dominiks alte Armbanduhr aus. Sie wollte die viel zu große Herrenarmbanduhr nicht tragen und legte sie in ihre Handtasche. Erst vor dem Gebäude mit der Hausnummer 27 in der Hagenstraße öffnete sie die Tasche und warf einen Blick auf die Uhr, bevor sie eintrat. Dominiks alte Uhr zeigte 10.35 Uhr.

In der großen Halle durchzuckte es sie zum ersten Mal auf diese seltsame Art mit Schrecken, als sie die große Uhr gegenüber der Pförtnerloge sah: Sie zeigte 9.55 Uhr. Dominiks alte Uhr war bisher immer genau gegangen. Sie fragte noch einmal den Pförtner nach der Uhrzeit. Der schaute sie verwundert an, schaute dann auf die große Uhr an der Wand und sagte: „Neunuhrfünfundfuffzig".

Nun war sie wieder zu früh an Ort und Stelle und hatte eine Menge Zeit, unrettbar verlorene Zeit. Sie fragte sich wieder, ob man ihr mildernde Umstände zubilligen würde. Es jagten sie ihre Uhren, jeweils die Uhr, die sie bei sich trug. Sie nahmen ihr die Zeit weg. Und die anderen Uhren, die Uhren der anderen, schenkten ihr Zeit, viel Zeit, mit der sie nichts anzufangen wusste. Zeit, die ihr nicht gehörte, die sie nicht für sich verwenden durfte, fremde

Zeit, an der sie vorbeigehen musste, die sie töten musste, um zu bestehen und weitergejagt zu werden.
An einem Samstag fuhr sie mit Dominik hinaus an den See. Sie tauschten ihre Uhren aus, stellten sie ein und verglichen die Zeit, genauso wie es die schlauen Detektive in den Fernsehfilmen tun: Dominik nahm ihre, bereits behandelte, sie nahm seine neue, gesunde. Nur jene Uhr, die Celia trug, ging vor, und nur solange sie die Uhr trug. Seit jenem Donnerstag, Anfang September, hatte sie bereits fünf Uhrendoktoren aufgesucht, und keiner konnte ihr helfen.
Dominik riet ihr, einen Menschenarzt aufzusuchen. Sie hatte jedoch Angst davor. Befürchtete, ein interessanter Fall sein zu müssen, herumgereicht an die Herren Kollegen, in Unikliniken von Koryphäen begutachtet und den Medizinstudenten vorgeführt. Sie hatte Angst davor, in die Fachpresse zu kommen als der sensationelle, hoffnungslose Fall, an dem man experimentieren wird. Sie würde nicht mehr sie selbst sein, sondern ein Beitrag zum Fortschritt der Wissenschaft, und sie würde es nicht einmal verhindern können, würde ihnen wehrlos ausgeliefert sein, wie sie den Uhren ausgeliefert ist.
Sie hatte sich aber geirrt. Was sie befürchtet hatte, trat nicht ein, es kam anders und schlimmer, als sie es je geahnt hätte. In der Universitätsklinik, in der sie tatsächlich von einer Kapazität untersucht wurde, erfuhr sie, dass sie nicht der einzige Fall war. Es seien bereits 32 Fälle in der Stadt gemeldet worden, auch in anderen Städten und Ortschaften gäbe es bereits ein paar Dutzend Fälle, die Dunkelziffer kenne keiner, man vermute, dass ein Virus die Krankheit hervorrufe, die Fälle häuften sich vor allem in den Großstädten, teilte ihr die Kapazität mit. Der Arzt sagte noch, eine Epidemie breite sich schnell aus, wenn man kein Gegengift zur Stelle habe, man solle sich vor Ansteckungen hüten.
Die Epidemie breitete sich dann im Winter rasch aus, die Men-

schen hatten dem Zeitdruck gegenüber keine Abwehrkräfte mehr, die Uhren der Städte machten sich selbständig, eine Uhr nach der anderen überwältigte ihren Besitzer, sie liefen und sprangen und rannten, und die Leute begannen sich zu fürchten, jede Uhr zeigte eine andere Zeit an, zuerst mit einem Vorsprung von fünf Minuten bis zu sechs Stunden, später gingen einige Uhren schon einen ganzen Tag vor und dann mehrere Tage. Manche Leute mussten drei bis vier Kalenderblätter am Tag abreißen, auch Leute, die immer schon über eigene, private Zeit verfügt hatten, wurden von der Seuche befallen, die Wirtschaft drohte zusammenzubrechen. Die Bahnhöfe wurden krank, immer seltener fuhren Züge ab. Es gab Zusammenstöße und Entgleisungen, kaum einer wagte sich mehr aus dem Haus.

Die Regierung rief den Notstand aus. Es gab nur noch wenige kleine Dörfer in den Bergen, in denen die Kirchturmuhren noch den alten Lauf gemächlich und störfrei, treu und pünktlich bewerkstelligten, und die Leute hier ängstigten sich nicht.

Im selben Winter noch, der schon sehr lange dauerte, obwohl die kranken Uhren und Menschen bereits mehrere Jahreszeiten durchlaufen hatten, wurde ein Anschlag auf die Atomuhr des Landes verübt, und man konnte auch die eingeführte Notstandzeit nicht mehr feststellen, auch nicht die Auswüchse dieser genauen Atomzeit, die galoppierende Krankheit der Uhren und ihrer Menschen nicht mehr messen. Ein bisher unbekannter Uhrmacher wurde wegen dringenden Tatverdachts festgenommen. Man konnte ihm jedoch nichts nachweisen und musste ihn bald wieder auf freien Fuß setzen. Aus der Haft entlassen, hatte er bald eine Schar von Anhängern um sich versammelt: Sie wollten die Menschen durch Zerstörung aller Uhrwerke, die nach 1839 erdacht und gebaut worden waren, heilen.

Die Anhänger des Uhrmachers wurden wegen staatsfeindlicher Tätigkeit und des Verdachts festgenommen, Anschläge geplant zu haben, sie warten immer noch auf ihren Prozess, die Staatsanwaltschaft ist im Begriff, das nötige Beweismaterial zu sichern, die Untersuchungshäftlinge haben viel Zeit, sie häuft sich vor ihren Zellentüren, die Zellen ihrer Zeit wachsen, wuchern, unheilbar kranke Zeit, aufgedunsene Zeit, Zeit, die den anderen entflohen ist, makromegalische Zeit, sie wissen nicht, was sie mit dieser verseuchten Zeit anfangen sollen.

Der Uhrmacher selbst entkam und ging in den Untergrund. Es brachen überall außerhalb der offiziell – immer noch – datierten Zeit Unruhen im Volk aus, das Volk forderte eine Änderung in der Verfassung, es soll aus dem Grundgesetz der Paragraph „Zeit ist Geld" gestrichen werden, es entspräche nicht mehr der Realität, im Grunde habe es nie der Realität entsprochen, man solle dies ersetzen durch den Satz „Zeit ist Leben".

Auch jene, die mehr Geld und Macht hatten als die anderen, besaßen keine Zeit mehr, sie konnten über die Zeit, die in ihrem Besitz war, nicht mehr verfügen, sie hatten dasselbe Schicksal wie jene, die in den Zellen saßen, eine Gerechtigkeit sonderbarer Art war plötzlich eingebrochen, dabei wurden Tage und Nächte, Wochen und Menschen getötet, es bildeten sich immer mehr heliumleichte, entleerte Stunden, gereinigt von menschlicher Substanz, die Zeitgenossen wurden immer zahlreicher ausgeklammert. Im Gegensatz zu den Uhrmachern behaupteten die Ärzte, es läge primär an den Menschen, nicht an deren erfundenen Mechanismen, im unbegreiflichen menschlichen Mechanismus habe sich etwas geändert, das sich dann auf die Uhren übertragen hätte, so dass letztere entartet seien, welche Erscheinung ihrerseits auf die Menschen rückwirke.

DIE ASTRONOMEN ARBEITEN NOCH IMMER AN EINEM PROJEKT FÜR EINE NEUE ZEITRECHNUNG, ES WILL IHNEN ABER NICHT GELINGEN, SIE BEGREIFEN SELBST DIE VIERTE DIMENSION NICHT SO RECHT.

Jener, der das ausgesprochen hat, der dies zu ihr gesagt hat, den kennt Celia, seine neutrale, monotone Stimme hat sie schon irgendwo gehört. Sie versucht sich zu erinnern, doch ein schrilles, beharrliches Schellen, die Trompeten von Jericho, schrecken sie aus dem Traum, es ist ihr lindgrüner Wecker auf dem Nachtkästchen, ihr unheilbar kranker Wecker.

Anja Krüger

Mutterkuchen

Seit ich im Alter von 14 Jahren erfahren habe, wie ich entstanden bin, war ich damit beschäftigt, alle daran beteiligten Personen aufzuspüren. Es hat eine Weile gedauert, aber heute, an meinem 18. Geburtstag, habe ich zum ersten Mal meinen Vater und alle drei Mütter beisammen.

Ich stehe schon seit dem frühen Morgen in der Küche und backe zur Feier des Tages einen ganz besonderen Kuchen. Meine Mutter, d. h. die Mutter, die mit meinem Vater verheiratet ist und mich seit meiner Geburt aufgezogen hat, ist später aufgestanden und hat beim Delikatessen-Laden Schnittchen und eine Geburtstagstorte bestellt. Ich nehme ihr den mangelnden Einsatz für das heutige Fest nicht übel, denn sie hat keine Ahnung, welche Bedeutung dieser Tag für mich und für unsere Familie hat. Sie weiß noch nicht, dass die Ehrengäste heute meine anderen beiden Mütter sein werden.

„Ich frage mich, was dieser ganze Aufwand soll", wundert sich Mutter über meine Geschäftigkeit und zieht ein Gesicht beim Anblick der gefüllten Eier, die ich bereits in den Kühlschrank gestellt habe. „Wir lassen doch seit Jahren das Essen für die Geburtstage liefern."

Sie setzt sich im Morgenmantel an den Esstisch und zündet sich eine Zigarette an. Wahrscheinlich fragt sie sich, wen ich überhaupt eingeladen habe, denn ich habe nicht viele Freunde. Das hängt mit meiner Entstehungsgeschichte zusammen. Denn anders als bei meinen Schulkameraden, waren an meinem Zustandekommen mehr als zwei Personen beteiligt.

Ich erfuhr davon, nachdem wir im Biologieunterricht über Genetik gesprochen hatten. Ich fragte mich, von welchem Elternteil ich

meine braunen Augen geerbt hatte und war verblüfft, dass weder mein Vater noch meine Mutter braune Augen hatten.
„Das überspringt manchmal eine Generation, Schätzchen", versuchte meine Mutter sich herauszureden. Doch ein kurzfristiger Kontrollbesuch bei den Großeltern brachte es ans Licht. Meine Augenfarbe stammte jedenfalls nicht aus dieser Familie.
Also rückten meine Eltern schließlich mit der Wahrheit heraus. Meine Mutter sei nicht meine biologische Mutter. Es habe bei ihr Schwierigkeiten gegeben und ob ich denn wisse, was ein Eisprung sei.
„Wir mussten damals der Natur ein wenig auf die Sprünge helfen, Nora", erklärte Mutter in einem äußerst besänftigenden Ton. Aber das war gar nicht nötig, denn ich nahm die Neuigkeit hervorragend auf! Ich war bisher ein völlig durchschnittliches Kind gewesen, hatte mich durch nichts von meinen Schulkameraden abheben können. Jetzt hatte ich etwas, das keiner hatte.
Die Neuigkeit kam bei meinen Klassenkameraden allerdings nicht so gut an. Sie nannten mich in der ersten Zeit oft Reagenzglas Kaltenbach, aber das konnte die Freude über meine spannende Vergangenheit nicht trüben. Meine Mutter hatte den Verdacht, etwas stimme nicht mit mir und schickte mich zu einer Kinderpsychologin. Nach der ersten Sitzung war diese jedoch überzeugt davon, dass ich ein völlig normales Kind war, von dem sich andere in Punkto Lebensfreude noch eine Scheibe abschneiden könnten.
„Willst du nicht duschen und dir etwas Vernünftiges anziehen", frage ich Mutter nun etwas genervt, während ich ein großes Stück Hefeteig knete. Sie hat sich inzwischen die Zeitung und eine Tasse Kaffee geholt und sich eine neue Zigarette angezündet. „Mein Kuchen wird nach Zigarette schmecken, und ich habe überhaupt keinen Platz für meine Vorbereitungen", beschwere ich mich.
Ich bin wegen der bevorstehenden Feier sehr aufgeregt. Ich will, dass unsere Familie bei meinen anderen Müttern einen guten

Eindruck macht. Eine qualmende Mutter im Morgenmantel am Kaffeetisch gehört nicht zu meiner Vision.
„Schon gut, ich geh ja gleich“, winkt Mutter ab und verkrümelt Zigarettenasche auf dem Esstisch. „Ich halte das Gepolter hier sowieso nicht aus. Ich hab' wahnsinnige Kopfschmerzen und leg' mich gleich nochmal hin. Ich wollte nur einen Kaffee trinken, bevor ich was gegen die Schmerzen nehme.“
Ich drehe durch, es ist bereits nach elf, und Mutter will sich noch einmal hinlegen.
Nachdem sich die erste Euphorie über die ungewöhnlichen Umstände meiner Empfängnis gelegt hatte, wollte ich natürlich Näheres wissen. Da meine Eltern sich nur sehr vage ausdrückten und schon gar keine Namen nannten, musste ich nach und nach das ganze Haus auf den Kopf stellen und nach Hinweisen suchen. Ganz hinten im Kleiderschrank meiner Eltern fand ich schließlich in einer alten Handtasche einen braunen Briefumschlag, auf dem mein Name stand. Er enthielt die Rechnung eines Reisebüros für vier Flugtickets nach Spanien. Passagiere waren meine Eltern und zwei weitere Frauen, deren Namen mir unbekannt waren. Rebekka Ahrens und Brigitte Brombach. Offensichtlich hatten meine Eltern ihnen einige Monate vor meiner Geburt je 15.000 DM überwiesen. Die Belege dafür befanden sich bei den Unterlagen. Ich war auf eine Spur gestoßen.
Rebekka Ahrens hatte ich im Telefonbuch schnell gefunden. Ich fuhr mit dem Fahrrad zu ihrer Adresse, klingelte und sagte ihr ohne Umschweife, wer ich war und dass ich wissen wolle, was sie damit zu tun hatte.
„So, so. Nora Kaltenbach. Sieh einer an“, sagte sie ein wenig von oben herab. Aber sie bat mich herein und beantwortete alle meine Fragen. Wie sich herausstellte, ist Rebekka meine biologische Mutter. Die Urmutter sozusagen. Sie hatte den entscheidenden Eisprung, ohne den es mich nicht gegeben hätte. Aber ausgetragen

habe sie mich nicht.
„Das hat meine Kollegin Brigitte übernommen“, erklärte sie mir bei einer Tasse Kakao und einem Stück Streuselkuchen. „Ich war nicht so scharf darauf, mir die Figur vom Kind anderer Leute verderben zu lassen.“
Jetzt wusste ich, wo ich meine direkte Art her hatte. „Wir haben damals beide für deinen Vater gearbeitet. Wir brauchten Geld, deine Eltern brauchten ein Kind.“
Aha, meine Eltern hatten die Eizellenspenderin und die Leihmutter aus den eigenen Reihen rekrutiert.
„In Deutschland war Eizellenspende und Leihmutterschaft allerdings damals schon verboten. Deshalb sind deine Mutter und ich nach Spanien geflogen. Dort habe ich mich einer Hormonbehandlung unterzogen, die den Eisprung fördern sollte. Sie förderte allerdings auch die Stimmungsschwankungen“, grinste Rebekka. „In dieser Zeit sind zwischen deiner Mutter und mir die Fetzen geflogen.“
Das glaubte ich ihr sofort. Mutter ist sehr temperamentvoll und lässt sich so leicht nichts gefallen.
„Bevor man mir die Eizellen entnahm, kamen dein Vater und Brigitte nach Spanien, um ihren Teil der Abmachung zu erfüllen“, fuhr Rebekka fort und zwinkerte mir zu. „Nach der gemeinsam bewerkstelligten Empfängnis haben wir dann alle auf Kosten deines Vaters noch zwei Wochen Urlaub in Spanien gemacht.“
Ich kam also als Gemeinschaftsprojekt der Kaltenbachs und ihrer Angestellten zur Welt. Gemeinsame Unternehmungen sollen ja angeblich das Betriebsklima fördern. Das sei hier allerdings nicht der Fall gewesen, erklärte Rebekka weiter. Sie habe kurze Zeit später gekündigt, und auch Brigitte sei nach der Entbindung nicht zurückgekehrt. Mit der Zeit habe man sich aus den Augen verloren. Brigitte sei inzwischen verheiratet, aber ihren neuen Nachnamen kannte Rebekka nicht.

Mit der Hilfe eines Privatdetektivs gelang es mir einige Zeit später dennoch, meine Leihmutter ausfindig zu machen. Ich suchte sie zu Hause auf, aber sie war alles andere als hilfsbereit. Ihr Mann und ihre Söhne seien da, sie könne mich jetzt nicht hereinbitten. Nun ja, wenigstens hatte ich sie einmal gesehen und ich wusste, wo ich sie gegebenenfalls finden konnte.

Nachdem ich den Kaffeetisch gedeckt und mich umgezogen habe, stelle ich fest, dass meine Gäste in einer halben Stunde da sein werden und Mutter noch immer nicht weiß, was sie heute erwartet. Jetzt ist es auch zu spät, finde ich und mixe ihr einen Cocktail. Der wird sie notfalls beruhigen. Ich bin nicht sehr geübt im Umgang mit Alkohol und fülle das Glas zur Hälfte mit Rum und zur Hälfte mit Cola. Dazu noch einen glitzernden Strohhalm, ein Scheibchen Zitrone und ein paar Eiswürfel. Mutter ist begeistert. Sie hat bereits das zweite Glas geleert, als es an der Tür klingelt.

„Brigitte, Rebekka!" Meiner Mutter fehlen für einen Moment die Worte. Doch dank der Cocktails fängt sie sich schnell wieder.

„Was für eine Überraschung! Kommt doch herein. Setzt euch." Sie schiebt die beiden Frauen in Richtung Kaffeetafel und wirft mir über die Schulter einen empörten Blick zu. „Was wollt ihr trinken? Nora mixt ganz ausgezeichnete Cocktails", ruft sie und füllt ihr eigenes Glas noch einmal auf.

Ich freue mich, dass Brigitte da ist. Obwohl sie einen regelmäßigen Kontakt zu mir ablehnt, hat Rebekka sie überreden können, heute mit uns meinen Geburtstag zu feiern. Ich bin wahnsinnig aufgedreht.

„Wisst ihr, ich wollte die Cocktails zur Feier des Tages eigentlich in Reagenzgläsern servieren, aber Mutter war dagegen", erzähle ich den Gästen.

„Nora, bitte!" Mutter scheint von meiner Überraschung nicht begeistert zu sein. Brigitte und Rebekka schauen betreten auf ihre leeren Kuchenteller.

Da fällt mir auf, dass ich meinen selbstgebackenen Kuchen in der Aufregung ganz vergessen habe. Ich habe ihn in der Mitte des Esstisches aufgebaut und mit einer großen Papiertischdecke abgedeckt. Feierlich nehme ich die Riesenserviette herunter und enthüllte meine Eigenkreation: Aus Hefeteig habe ich die Buchstaben MUTTER geformt und – angesichts ihrer Größe – in Etappen gebacken.
„Voilá, ein Mutterkuchen!" Ich bin begeistert von meiner Kreativität. Die Anderen starren die riesigen Teigbuchstaben an. Mutter sieht ein wenig angeekelt aus.
„Heute ist doch so etwas wie Muttertag, versteht ihr", versuche ich ihnen auf die Sprünge zu helfen. „Und zum Abendbrot habe ich gefüllte Eier gemacht." Sie schauen mich ungläubig an und ich ärgere mich, dass die Anspielung scheinbar keiner versteht.
„Ganz großartig!" Mutter hat sich wieder im Griff. Beherzt schneidet sie ein großes Stück vom R ab und knallt es Rebekka auf den Teller. Rebekka zuckt zusammen. Dazu einen Schlag Marmelade und schon säbelt sie das nächste Stück ab, um es Brigitte ebenso zu servieren.
Mittlerweile ist mein Vater eingetroffen. Er ist Bauunternehmer und hat den Tag auf einer Baustelle verbracht. Nachdem er sich frisch gemacht hat, begrüßt er unsere Gäste herzlich. Ich hatte ihn eingeweiht.
„Ihr beiden habt doch schon immer unter einer Decke gesteckt", sagt Mutter verächtlich und schenkt sich noch einmal Rum ein. Mit Cola und Eiswürfeln hält sie sich dieses Mal nicht auf.
„Sie scheint die Situation nicht so sportlich zu nehmen, wie du dachtest", flüstert Rebekka mir zu.
„Ach, jetzt mach aber mal 'nen Punkt!", ruft Mutter, die es gehört hat. „Du brauchst gar nicht so vertraulich mit Nora zu sein! Du kennst meine Tochter doch gar nicht!" Das Sprechen fällt Mutter inzwischen ein bisschen schwer.

„Aber Liebling, ich bitte dich", versucht Vater sie zu beruhigen, doch Mutter ist schon wieder mit etwas anderem beschäftigt. Sie starrt auf den Kuchen. Nachdem das R aufgegessen war, hatte jemand ein Stück vom M abgeschnitten, das jetzt wie ein N aussieht. NUTTE liegt nun in Teigbuchstaben mitten auf unserem Esstisch. Mutter zeigt mit dem Finger darauf und fängt hysterisch an zu lachen.
„Genau das ist das Stichwort!", schreit sie. „So wie du dich immer an Clemens rangemacht hast, als du noch für ihn gearbeitet hast, Rebekka."
Rebekka richtet sich auf, bereit zum Kampf.
„Und das Theater, das sie gemacht hat, als es endlich soweit war mit dem Eisprung!" Mutter wendet sich jetzt an alle. „Ihr hättet dabei sein müssen! Rebekka, der Kronprinzessin, ist ein Ei entsprungen! Es war nicht auszuhalten!"
„Eine hat's eben, die andere nicht", entgegnet Rebekka und legt vielsagend die Hand auf ihren Bauch. Offenbar hat sie von Mutters Vorstellung die Nase voll. Sie setzt noch einen drauf: „Ach Clemens, ich finde unser Kind hat sich ganz hervorragend entwickelt."
Damit hat sie den Bogen überspannt. Mutter knallt ihr noch halb volles Glas auf den Tisch. Die Hälfte des Rums landet auf Rebekkas Dekolleté.
„Oh, das tut mir aber leid! Wie ungeschickt von mir!", schreit sie. „Aber warte, vielleicht will Clemens es ablecken!" Mein Vater bekommt einen roten Kopf und verlässt das Esszimmer.
„Mutter!", rufe ich nun verärgert, weil sie meine Familienzusammenführung sprengt. Aber sie unterbricht mich gleich.
„Ja, ganz recht!" Sie stützt sich an der Tischkante ab und erhebt sich so würdevoll, wie es ihr in ihrem Zustand möglich ist. „Mutter. Das bin ich!" Sie wirft theatralisch ihre Arme in die Luft und kommt dabei aus dem Gleichgewicht. „Ich allein!", ruft sie noch,

während sie zur Seite kippt. Dann ist es still.
„Wie viele Cocktails hatte sie denn?", fragt Brigitte ungerührt und bricht sich noch ein Stück vom Nuttenkuchen ab.
Der Krankenwagen brauchte zum Glück nicht lange, um Mutter abzuholen. Rebekka und Brigitte haben sich kurz darauf verabschiedet. Wie es aussieht, haben sie von dieser Art Familientreffen vorerst die Nase voll.
Vater hat gerade aus dem Krankenhaus angerufen. Mutter dürfe morgen früh wieder nach Hause, solle sich allerdings vorerst von Alkohol fern halten. Vor allem in Verbindung mit Schmerzmitteln.
Damit sie nicht in Versuchung gerät, beschließe ich, mir den restlichen Rum zu genehmigen. Alles in Allem ist die erste gemeinsame Familienfeier ganz gut gelaufen, finde ich. Ich fülle meinen Rum gerade mit Orangensaft auf, als es abermals an der Tür klingelt.
Es ist meine beste Freundin Doro, die ich im Wartezimmer des Privatdetektivs kennen gelernt habe. Auch sie war damals auf der Suche nach ihrer Herkunft. Wie sich herausstellte, sind ihre Eltern zwar ihre Eltern, ausgetragen wurde sie aber von einer Inderin. Nach ihrer Geburt hing sie mehrere Monate als staatenloser Säugling in Indien fest, bevor ihre Eltern sie offiziell mit nach Deutschland nehmen durften. In Doro's Gegenwart fühle ich mich fast normal.
„Ich dachte, ich komme noch auf einen Sprung vorbei und sehe, wie es gelaufen ist." Sie wirft ihre Tasche in eine Ecke und zieht die Jacke aus.
Ich reiche ihr einen Cocktail und stelle die gefüllten Eier auf den Tisch. Dann erzähle ich ihr von den heutigen Ereignissen.
„Klingt ganz gut für's erste Treffen", bestätigt sie nickend und prostest mir zu.

Jürgen Luga

iSprung 3.0

Mirja war eine moderne, junge Frau. Ohne ihr iPhone bewegte sie sich keinen Meter mehr. Innerhalb ihres ersten gemeinsamen Jahres hatte sie es lieber gewonnen, als die meisten ihrer flüchtigen Männerbekanntschaften. Männer bescherten ihr nur kurzfristig Glück und Zufriedenheit, jedenfalls die, mit denen sie Zeit und Bett geteilt hatte. Beziehungen waren eine variable Größe in ihrem noch jungen Leben. Das iPhone war zu einer Konstante geworden. Es weckte sie liebevoll mit ihrem aktuellen Lieblingssong. Es joggte mit ihr, um danach die zurückgelegte Wegstrecke in verbrauchte Kalorien umzurechnen. Es erinnerte sie an Termine mit der Marketingzicke in der Firma und an im Kühlschrank fehlende Butter. Es war ihr Briefkasten, Kummerkasten und Sandkasten. So nannte sie den Bildschirm mit ihren Spiele-Apps, mit denen sie sich die Zeit in der S-Bahn oder beim Warten im Friseursalon vertrieb. Apps: kleine Programme, maßgeschneidert für ihren kleinen stylischen Liebling. Sie war süchtig nach ihnen. Ihr Leben hatte sie diesen kleinen Kobolden anvertraut. So, wie viele ihrer Freunde dem Navigationssystem ihres Autos einen Namen gaben, zumeist Susi oder Uschi, hatte Mirja ihren schwarzen Liebling Charly getauft. Charly war mehr als ein Organizer-Telefon-Foto-Apparat. Er war Nachrichtenmagazin, Kinoleinwand, Radio, eBook-Reader, Reiseführer, Fernbedienung für ihren Fernseher, Modeberater und seit neuestem auch ihr Ersatzlover. In einem Sexshop hatte sie einen Minivibrator erworben, der, angeschlossen an ihrem iPhone, rhythmisch zum Sound ihrer Lieblingslieder vibrierte.

Doch weil sie auf reale Männer in ihrem Leben nicht ganz verzichten wollte, sie aber weder die Pille gut vertrug noch Kondome besonders lustfördernd empfand, erklang frühmorgens nach dem Wecklied alsbald die Erinnerungsmelodie von iSprung 1.0. Dann verband sie ein digitales Fieberthermometer mit Charly. Der maß ihre Temperatur und sagte ihr fortan, ob der Tag ein grüner, unbedenklicher, ein orangener, mit Vorsicht zu genießender, oder roter, fruchtbarer Tag war. iSprung 1.0 war eine unauffällige, aber äußerst aufmerksame App.

Nicht nur der weibliche Körper kennt Zyklen, auch die Softwareindustrie weiß um die Zyklen ihrer Produkte. Und so folgte von Zeit zu Zeit der Sprung von einer Versionsnummer auf die nächst höhere. Mirja versorgte Charly regelmäßig mit den Updates ihrer Apps, so waren beide immer auf dem neuesten Stand und iSprung nach der Probezeit zur Version 2.0 mutiert.

Besonders lustig fand Mirja die neue Horoskop-Funktion, die hervorragend mit Terminkalender und Mails harmonierte. So empfahl ihr iSprung 2.0 am Geburtstag ihres Chefs: Im Job stehen die Sterne günstig, wenn du deinem Vorgesetzten mit Blumen gratulierst. Rosen sollten es allerdings nicht gerade sein, denn als Mann deines Lebens kommt er nicht infrage.

Mirja lachte lauthals und versicherte ihrem Charly: Wohl wahr, mein Lieber, eher bekomme ich von dir ein Kind, als dass ich diesen notgeilen Fettsack an mich ranlasse.

Ein geeigneteres Modell Mann tauchte wenig später in Gestalt von Mike auf: Süßer Single, humorvoll und intelligent. Nur gut, dass sie sich trotz Kopfschmerzen zum Besuch der Geburtstagsparty einer Freundin entschieden hatte.

Beim Tanzen knisterte es ziemlich. Mirja war hin und weg, und vielleicht war es ganz gut, dass sie beim Abschied nicht gleich Küsse, sondern nur ihre Handynummern getauscht hatten. Gleich am nächsten Tag traute sich Mirja. Sie wollte keine Schonfrist abwarten, in der Hoffnung, er würde sich bald melden. Sie ergriff die Initiative und wählte seine Nummer – und wurde enttäuscht: Die

Rufnummer ist uns nicht bekannt.
OK, hieß es also doch auf seinen Anruf zu warten, der wider Erwarten auch nach drei Tagen nicht anklopfte.
Beim nächsten Treffen mit ihrer Freundin Biggi, der Partygastgeberin, glich sie die Rufnummer ab. Sie hatte nichts falsch notiert. Noch gestern, versicherte Biggi, habe sie mit Mike telefoniert. Er habe sich nach Mirja erkundigt und war verwundert, dass sie nicht an ihr Handy geht, wenn er anklingelt. Einmal habe sie seinen Anruf sogar weggedrückt.
Mirja dachte einen Moment nach, um dann auszusprechen, was sie bewegte: Ob wohl etwas mit meinem iPhone nicht stimmt? Ich glaube es spinnt in letzter Zeit etwas. Gestern schaltete der Fernseher ständig auf ein anderes Programm. Konnte den Film mit Brad Pitt gar nicht genießen. Bis ich gemerkt habe, das meine App TV-Control die Ursache war. Als ich meine alte TV-Fernbedienung endlich gefunden hatte, war der Film vorbei. Habe vielleicht doch zu viel Software installiert.
Mirja bat ihre Freundin, Mike schöne Grüße zu bestellen und ließ ihm ausrichten, sie sei in 14 Tagen auf der Dancefloor-Party im Club Zero, vielleicht träfe man sich ja dort zufällig. Augenzwinkern.
Daraus sollte nichts werden. Als Mirja mit ihrem schwarzen A1 in die Clubnacht starten wollte, gab dieser keinen Mucks von sich. Der herbeigerufene Service-Techniker gab sich alle Mühe, konnte allerdings keinen Fehler finden. Batterie, Anlasser, Benzinpumpe… Fehler? Fehlanzeige! Als sich der Typ im gelben Overall zum x-ten Male über den Motor beugte, hatte Mirja das Gefühl, dass seine Seitenblicke ihr Fahrgestell ebenfalls checkten. Unangenehm war ihr das nicht. Als er die letzte Fehlerquelle ausschloss – „Vielleicht ist ja das Benzin verdunstet?“ – errötete sie, in der Hoffnung, dem möge nicht so sein. Die Anspannung löste sich, als er diagnostizierte: Für einen Besuch in der Disco hätte

der Sprit allemal noch gelangt. Ausgerechnet als sich ein lockeres Gespräch zwischen ihnen entwickelte, erhielt er eine SMS, die ihn umgehend in die Zentrale beorderte. Merkwürdig, philosophierte er noch, normalerweise rufen die doch an. Mirja riet er, den Wagen von ihrer Werkstatt abschleppen zu lassen: „Hört sich vielleicht blöd an, aber ich vermute irgendetwas hat die Elektronik durcheinander gebracht. Die Diagnosegeräte dafür habe ich nicht an Board. Vielleicht sieht man sich ja mal im Biergarten."
Mirja war genervt. Zwei attraktive Jungs in Reichweite und kein Date, das Wochenende startete ausgesprochen mies. Ausgesprochen gut startete Mirjas A1 in die neue Woche. Es sollte der letzte Versuch vor dem Anruf in der Werkstatt sein – die Kiste sprang auf wundersame Weise auf Anhieb an.
Im Laufe der Woche telefonierte Mirja mehrfach mit der iPhone-Hotline. Auf mysteriöse Art waren einige Kontaktdaten und Mails verschwunden, selbst das eingespielte Backup gab sie nicht wieder preis. Mirja war verwirrt, die Seltsamkeiten häuften sich in ihrem Leben. Fast wäre sie vor ein herannahendes Auto gelaufen, weil die Ampel mitten in der Grünphase auf Rot umschlug, gerade in dem Moment, als sie einem gut durchtrainierten, vorbeilaufenden Jogger auf den knackigen Po starrte. Beim vierten Anruf der Service-Hotline empfahl ihr die Telefonstimme, ein neues Betriebssystem-Update aufzuspielen und danach auch ihre Apps zu aktualisieren. Die verloren vergangenen Daten fand sie danach nicht auf ihrem bis dato geliebten Charly, dafür aber neue Versionen vom Biowetterbarometer, ListenmanagerXL, Digitales-Freundschaftsband und von iSprung.
Letzteres – Version 3.0 – bescherte ihr am nächsten Morgen ein böses Erwachen. Anstelle der üblichen Erinnerungsmelodie fürs Fiebermessen, erklang Babygeschrei in einer unglaublichen Lautstärke, das sie innerhalb einer Zehntelsekunde von der Horizontalen in die Vertikale katapultierte. Auf dem Bildschirm

blinkte in fetten roten Lettern: „Du bist schwanger. Herzlichen Glückwunsch!!“ Dazu schwebten kleine rosa Herzen über das gesamte Display.
Mirja erstickte das Babygeschrei unter ihrem Kopfkissen, bis sie endlich wieder die Orientierung und den Off-Button fand. Sie hatte Schweißperlen auf der Stirn, vom ruckartigen Hochfahren war ihr schlecht und die Prognose für heftige Kopfschmerzen lag bei 80%. Widerwillig sickerten die ersten Gedanken zurück in ihr Gehirn: Gedanke 1: Ich kann gar nicht schwanger sein. Gedanke 2: Was heißt hier ‚Herzlichen Glückwunsch zur Schwangerschaft‘? Die App soll beim Verhüten helfen. Gedanke 3: Es muss sich um einen Scherz handeln.
Mirja schob das Kopfkissen zur Seite, starrte auf das nun friedlich dreinschauende Display… Oh fake, so ein Shit, voll reingelegt, heute ist der 1. April!! Die Erleichterung war nur von kurzer Dauer, zu tief saß der Schock. Aus der Kopfschmerz-Prognose wurde gerade eine Diagnose und Mirjas Urteil war sonnenklar: Dieser Scherz war ein übelst schlechter.
Aus den Kopfschmerzen wurde eine ausgewachsene Migräne, und der 1. April schien in diesem Jahr in die Verlängerung zu gehen. Fast täglich erhielt sie Anrufe von wildfremden Menschen, die sich angeblich verwählt hatten. Zuerst erkundigte sich eine Hebamme nach der Frequenz ihrer Wehen, am nächsten Tag ein Baby-Modehaus, wohin sie die Bestellung senden sollen. Ein Versicherungsvertreter warb für eine Ausbildungsversicherung, schließlich könne man ja nicht früh genug Vorsorge für den Nachwuchs betreiben.
Mirja hörte irgendwann einfach auf, Anrufe entgegenzunehmen, was wiederum ihren Chef gegen sie aufbrachte. Der hatte vergeblich versucht, sie zu erreichen, um sie in einer dringenden Reklamationsangelegenheit zu befragen. Schließlich suchte Mirja ihren Arzt auf und ließ sich für ein paar Tage krankschreiben.

Angesichts der nicht aufhören wollenden Kopfschmerzen hatte sie dabei kein schlechtes Gewissen.
Es war Montag. Es war der Montag, an dem sie ohne Kopfweh aufwachte und an dem sie wieder zum Arbeiten bereit war. Sie hatte die letzten Tage wie in Trance, überwiegend in ihrem Bett verbracht. Nun fühlte sie sich zwar noch matt, aber ein zartes Pflänzchen Lebendigkeit schien in ihrem Körper wieder Raum zu greifen.
Erst beim Zähneputzen fiel ihr auf, dass sie heute gar kein Signal von iSprung 3.0 vernommen hatte. Nicht schlimm, Verhütung war auf ihrer Prioritätenliste um einige Ränge nach hinten gerutscht. Charly lag auf dem Küchentisch, als sie sich ihr Müsli zubereitete. Abwesend betrachtete sie das Display, als sie plötzlich zwei riesig wirkende Babykulleraugen anstarrten und wie aus dem Nichts kehliges Gurren eines Frischgeborenen dazu ertönte.
Mirja erstarrte für drei Sekunden. Drei, zwei, eins – mit einer ausholenden Armbewegung fegte sie ihr iPhone vom Küchentisch gegen die Kacheln oberhalb des Spülbeckens. Derart abrupt im Flug gebremst, rutschte es über den Rand der Arbeitsplatte und wurde erst vom Kühlschrank endgültig zum Stillstand gebracht. ‚Bye, bye Charlie', dachte Mirja. Das erste Mal seit Wochen löste sich der Klos in ihrem Hals, und sie hatte das Gefühl, frische kühle Luft zu atmen.
Sie nahm das Kehrblech aus dem Putzschrank und beugte sich hinunter zum kleinen schwarzen Kasten, der äußerlich keinerlei Macken oder Kratzer aufwies. Ganz im Gegenteil, er glänzte und strahlte, als sei er gerade erst der styroporgefütterten Verpackung entschlüpft. Mirja war es egal, sie war sicher, dass sie sein Innenleben geschrottet hatte. Bis, … ja, bis das Augenpaar erneut zum Leben erwachte. Geplatzte Äderchen im Weiß der Augäpfel waren die Vorboten für ein ungeheures Geschrei, das mit einer Energie losbrach, die Mirja in die Knie zwang. Es hatte nicht aufgehört,

als sie Sekunden oder Minuten später, sie wusste nicht wie lang sie schon mit dem Rücken am Kühlschrank angelehnt auf dem Küchenboden kauerte, Charly in ihren Händen hielt. In der rechten unteren Hälfte des Bildschirms pochte ein kleines Herz in Hochfrequenz. Ohne Nachzudenken, legte sie ihren Daumen darauf und massierte es behutsam. Nach einer kurzen Weile verstummte das Geplärr und die Augen schienen zu lächeln.

Mirja schlug die Augen auf. Das Öffnen der Tür und herannahende Schritte hatten sie geweckt. Schlaftrunken erkannte sie Dr.Schrödinger im weißen Kittel an ihrem Bett. Er wurde von einem zweiten, jüngeren Arzt, laut Namensschild einem Dr. Bohm, und einer Krankenschwester begleitet. „Ich möchte Ihnen meinen Kollegen Dr. Bohm vorstellen. Er ist unser bester Neurologe und wird uns bei der Suche nach dem Grund Ihrer Kopfschmerzen behilflich sein. Lassen Sie uns mal schauen, wann wir einen CT-Termin frei haben."

Als sei dies das Stichwort gewesen, griff Dr. Bohm in seine Brusttasche, um im Online-Labor-Kalender nachzuschauen.

Dr. Bohm war ein moderner Mediziner. Ohne sein iPhone bewegte sich Dr. Bohm keinen Meter mehr fort.

Mirja schnellte aus dem Bett. Dr. Schrödinger und die Krankenschwester mussten all ihre Kraft aufbringen, um Dr. Bohms Arm von Mirjas Kiefer zu befreien. Sie hatte ihm eine klaffende Bisswunde zugefügt und auch nicht von ihm abgelassen, als das iPhone bereits auf dem Boden aufgeprallt war.

Mirja schlug die Augen auf. Die Welt um sie herum war dunkel. Ihre Arme konnte sie kaum bewegen, sie war ans Bett festgeschnallt. Die Welt um sie herum war still. Ein Segen, dachte sie.

Mascha Matysiak

Der Sprung in der Suppenschüssel

Das war absolut unfassbar, eine bodenlose Frechheit, ein nicht akzeptabler Tatbestand, etwas mit dem Herr Irmelein niemals in seinem ganzen Leben gerechnet hatte. Da lag sie vor ihm auf dem Terrassenboden und – sie war kaputt! Es klaffte ein unübersehbarer Sprung in seiner Suppenschüssel.

Herr Irmelein konnte es nicht glauben. Sein Gesicht färbte sich kreidebleich, und die Welt um ihn herum begann sich zu drehen. Wie hatte so etwas nur geschehen können? Das war ein Skandal, regelrecht tragisch, nie wieder gut zu machen.

In der Schüssel mit ihrem geschwungenen Hals, dem voluminösen Bauch und den zierlichen Henkeln klaffte ein deutlicher Riss, der sich vom breit ausgestellten Rand bis hin zum tellerförmigen Boden zog. Als Herr Irmelein die Schüssel mit zitternden Fingern aufhob, entdeckte er, dass auch zwei kleine blaue Blümchen abgebrochen waren, die den oberen Rand geziert hatten. Sie lagen an der Stelle, wo die Schüssel auf dem harten Boden aufgeschlagen war. Behutsam und mit klopfendem Herzen sammelte er sie auf und ließ sich auf seinem Plastikstuhl nieder. Er atmete tief ein und aus, hielt dabei zärtlich seine Schüssel im Arm und konnte nicht verhindern, dass ihm zwei dicke Tränchen über die runden Backen kullerten.

Die Schüssel befand sich seit vielen Generationen im Besitz seiner Familie und war nun ausgerechnet in seiner Obhut zerstört worden. Herrn Irmeleins Ururgroßmutter hatte einst die zarten geschwungenen bläulichen Blumen aufgemalt, die sich wie ein schmeichelnder Kranz um den Schüsselbauch wanden. Und ein viel älterer Vorfahr hatte auf den Boden den Familiennamen Irmelein eingravieren lassen. Natürlich handelte es sich um ein

altes Gebrauchsstück, dem man die Jahre ansehen konnte. Das einstmals strahlend weiße Porzellan hatte sich mittlerweile in ein gelbliches Grau verwandelt, kleine dunkle, oberflächliche Risse durchzogen den gesamten glänzenden Guss. Seinem Ururonkel war ein kleines Eckchen im oberen Bereich direkt neben einem der beiden Henkel abgebrochen, doch das war nicht der Rede wert im Vergleich zum jetzigen Zerstörungsgrad.
An diesem dunkelsten aller Unglückstage also sollte es so weit sein, dass das kostbare Familienerbstück das Zeitliche segnete und für immer und ewig unbrauchbar wurde.
Nachdem Herr Irmelein seine Tränen getrocknet hatte, breitete sich eine unbeschreibliche Wut in ihm aus. In seinem Magen brodelte es, und dieses Brodeln stieg bis hinauf in seinen Kopf, der nun gänzlich die graue Farbe verlor und stattdessen in leuchtendem Rot erstrahlte. Es gab einen Schuldigen, der dieses Desaster zu verantworten hatte, und das war nicht er selbst. Vor einigen Minuten war ein großer bunter Lastwagen durch die kleine Straße geknattert. Verbotenerweise! Es hatte dermaßen gedonnert und gerattert, dass die Erde unter Herrn Irmelein regelrecht gebebt hatte und seine Schüssel dabei wie ein junges Küken über die Tischplatte gehüpft war, sich schließlich über den Rand gebeugt hatte und in einem eleganten Satz hinuntergesprungen war.
Herr Irmelein hatte noch versucht, sie mit einem beherzten Hechtsprung aufzufangen, aber er war zu spät gekommen.
Der Lkw hätte diese Straße nie im Leben durchqueren dürfen, denn es handelte sich um eine verkehrsberuhigte Dreißigerzone. Erst vor Kurzem hatte der Bürgermeister sie eröffnet. Bis zu diesem Zeitpunkt hatte Herr Irmelein sein kleines Häuschen lediglich über einen schotterigen Ackerweg erreichen können. Natürlich hatte er sich über die Straße gefreut, doch wenn er geahnt hätte, was heute geschehen würde, so hätte er sich mit Händen und Füßen gegen den Bau gewehrt.

Jetzt war es zu spät, aber das konnte und wollte Herr Irmelein nicht auf sich beruhen lassen.
Angestrengt überlegte er, was zu tun sei und beschloss, erst einmal seine Tochter um Rat fragen. Mit immer noch weichen Knien und leicht zitternden Händen ging er zu seinem Telefon und wählte ihre Nummer. Sie würde seinen Kummer sicherlich verstehen. Es klingelte drei Mal und sie nahm den Hörer ab. „Hey Paps", rief ihre erfreute Stimme auf der anderen Seite der Hörmuschel. „Wie geht's meinem kleinen Nico?" Das war ihr Sohn und Herrn Irmeleins Enkel. Er verbrachte seine Ferien gerade bei seinem Großvater und hatte von dem Desaster noch nichts mitbekommen, weil er am heutigen Tag im Schwimmbad entspannte. Herr Irmelein begann etwas stotternd, denn er wusste nicht, wo er mit seinem Bericht anfangen sollte, doch sofort unterbrach ihn seine Tochter. „Hör zu Paps, ich hab gerade jemanden auf der anderen Leitung und bin außerdem auf dem Sprung zu einer wichtigen Firmenbesprechung. Ist es denn was Wichtiges? Weißt du was, ich meld' mich morgen irgendwann bei dir, da hab ich bestimmt etwas mehr Zeit", und – klack – hatte sie den Hörer schon wieder aufgelegt, ohne dass Herr Irmelein auch nur einen einzigen anständigen Satz hätte sagen können. Langsam legte er den tutenden Hörer auf und schaute durch das Fenster hinaus auf den Gartentisch, auf dem ihn die zerstörte Schüssel traurig anzusehen schien.
Er musste etwas tun, er wollte den Verursacher des Schadens finden und ihn zur Rede stellen. Wild entschlossen griff er nach seinem grauen Jackett und marschierte aus dem Haus.
Als er die Gartentür hinter sich schloss, sah er, dass sein Nachbar gegenüber Unkraut jätete. Der musste doch auch in Mitleidenschaft gezogen worden sein. Vielleicht würde er sich Herrn Irmelein anschließen, dann wären sie immerhin schon zu zweit. Sachte trat er an den Zaun und fragte, ob auch der werte Herr Nachbar den Lärm und das Gedonner mitbekommen habe. Doch als er

gerade damit beginnen wollte, von seinem Verlust zu berichten, unterbrach der Nachbar ihn jäh. Natürlich habe er den Lkw gesehen, aber gestört gefühlt hätte er sich keineswegs. Sonst sei es doch immer so ruhig in dieser Gegend, da mache doch ein kleines Erdbeben wie dieses überhaupt nichts aus, jetzt müsse er schnell nach seinem Braten sehen und – schwupps – war er im Haus verschwunden. Da stand Herr Irmelein noch eine Weile ganz allein am Zaun, drehte sich irgendwann kopfschüttelnd um und lief langsam in Richtung Innenstadt.

In gewisser Weise war ja auch der Bürgermeister an Allem schuld, denn schließlich hatte er für den Bau der Straße gesorgt. Nun konnte er zwar wirklich nichts dafür, dass sich der Lkw-Fahrer nicht an die Straßenverkehrsordnung gehalten hatte, das war Herrn Irmelein klar, aber war es nicht die Aufgabe des Bürgermeisters, die Bewohner der Stadt vor Not und Kummer zu bewahren und ihnen in schweren Zeiten beizustehen? Also würde er ein offenes Ohr und einen tröstenden Händedruck übrig haben. Das war er Herrn Irmelein doch schuldig. Der kleine Mann stapfte also zum Rathaus. Gänzlich beeindruckt und ein klein wenig verschüchtert von der Erhabenheit des alten Gemäuers, durchschritt er den steinernen Eingangsbogen. Nachdem er im Innern des Ratsgebäudes durch viele marmorne Gänge geirrt war, befand er sich irgendwann vor der Tür, auf deren Eingangsschild „Büro des Bürgermeisters“ stand. Nach zweimaligem Klopfen trat er ein.

Im Empfangsbereich herrschte eine alternde Sekretärin. Streng blickte sie über ihre Halbmondbrille und fragte energisch nach Herrn Irmeleins Termin. Doch den besaß er selbstverständlich nicht, denn wie hätte er voraussehen können, dass ein Lkw durch seine Straße fahren und seine Suppenschüssel zum Springen bringen würde.

„Ohne einen Termin, mein Herr, haben sie so bald keine Möglichkeit, unseren Bürgermeister zu sprechen“, erklärte sie kühl.

„Das Regieren verlangt schließlich Einsatz, oder meinen Sie, unser Stadtoberhaupt sitzt den lieben langen Tag nur hinter seinem Schreibtisch und wartet darauf, dass irgendjemand mit irgendeinem klitzekleinen Anliegen vor seiner Tür steht? Nein, nein, mein Herr, er ist natürlich immer unterwegs, immer auf dem Sprung." Heute wäre er in der Kleingärtnerkolonie „Grünes Glück", sagte sie, morgen müsse er die Kuh des Bauern Hannes zur schönsten Kuh des Jahres prämieren, dann einen Preis für seinen enormen Einsatz für das Volk in Empfang nehmen, und danach würde er für einige Wochen in seinen wohlverdienten Jahresurlaub fahren – zusammen mit seiner Familie, denn Ehemann und Vater sei er schließlich auch. In sechs Monaten frühestens könne sie ein Gespräch einrichten. Mit diesem Worten schlug sie – bums – einen dicken Aktenordner zu und ignorierte Herrn Irmelein. Er hatte genug gehört, der Bürgermeister war also zu beschäftig für sein „klitzekleines" Anliegen, da ließ sich wohl nichts machen. Enttäuscht verließ Herr Irmelein das Rathaus.

Auf den steinernen Treppenstufen atmete er erst einmal tief durch. Als ihm ein würziger Geruch in die Nase zog, hob sich sofort seine Stimmung, denn er erinnerte sich daran, dass heute Wochenmarkt war. Herr Irmeleins Augen verklärten sich ein wenig, weil er nun an Fräulein Gitti dachte. Das war die Gemüseverkäuferin seines Lieblingsstandes, an dem er jeden Donnerstag die frischen Zutaten für seine Gemüsesuppe kaufte. Wenn schon seine Tochter ihm nicht zuhörte, der Nachbar kein Interesse zeigte, der Bürgermeister keine Zeit hatte, dann würde doch Fräulein Gitti ein offenes Ohr für ihn haben, jetzt wo er so dringend Zuspruch brauchte.

Als Herr Irmelein an ihren Stand herantrat, auf dem sich allerlei Gemüsesorten türmten, begrüßten sich beide voller Freude. Doch leider herrschte heute ein reger Andrang, und die arme Gitti hatte alle Hände voll zu tun. Eine dickliche Dame wollte ein halbes

Pfund Äpfel und frische Eier, ein alter Mann bat um duftende Kräuter und Bananen, eine Mutter mit einem schreienden Kind rief nach Salat, ein Junge wollte Radieschen und Rosenkohl.
„Das nächste Mal halten wir wieder ein kleines Schwätzchen, mein Lieber, das nächste Mal", rief Gitti Herrn Irmelein von der anderen Seite zu und schickte ihm mit einem herzlichen – Schmatz – ein kleines Küsschen durch die Luft. Da war ihm klar, dass er ihr heute wohl nicht sein schmerzendes Herz ausschütten konnte. Er nickte ihr zu und verschwand dann im Getümmel der Marktbesucher.
Im Grunde blieb ihm doch nur noch eine Chance, dachte er jetzt, er musste endlich den Lkw Fahrer ausfindig machen und ihn über die Folgen seines Handelns unterrichten. Wenn der sich dann wenigsten ein klein wenig schämte, so würde Herr Irmelein das bisschen Genugtuung erhalten, das ihm über seinen Schmerz ein Stückchen hinweghelfen konnte. Er erinnerte sich, dass es ein sehr buntes Auto gewesen war. So bunt, wie ein Kinderspielzeuglaster. Und genau in diesem Moment sah Herr Irmelein das Werbeplakat von einem Zirkus, der momentan auf dem Festplatz gastierte. Das musste es sein. Es handelte sich bestimmt um einen Transportwagen der Zirkusleute, da war sich Herr Irmelein fast sicher.
Kurze Zeit später stand er auf dem staubigen Platz, der als Veranstaltungsort der Stadt diente, und entdeckte das große bunte Ungetüm tatsächlich inmitten all der parkenden Wohnwagen. Gerade schloss der Fahrer die Tür zu und machte sich daran, die Ladefläche zu leeren.
„Sie sind also der Verbrecher, der mir mein Leben zur Hölle gemacht hat und wegen dem ich bestimmt nie wieder gut schlafen kann", platzte es aus Herrn Irmelein heraus.
Der Fahrer, dessen Arme mittlerweile vollgepackt waren mit allerlei Zirkusutensilien, wie bunten Jonglierbällen, einem kleinen silbern gestreiften Treppchen, einem großen Reifen und einem

lustigen Clownkostüm, blickte ihn verwundert an.
„Sie haben wohl 'nen Sprung in der Schüssel guter Mann, was bitte habe ich mit ihrem Schlaf am Hut?"
„Mit dem Sprung in der Schüssel haben sie völlig ins Schwarze getroffen", schrie Herr Irmelein mit hochrotem Kopf, doch der Mann war im nächsten Moment schon kopfschüttelnd im Zirkuszelt verschwunden. So leicht aber würde ein Herr Irmelein sich nicht abschütteln lassen, endlich war der Zeitpunkt gekommen, an dem er sich Gehör verschaffen musste, wenn schon der Rest der Welt zu beschäftigt für sein Anliegen war. Außer sich vor Zorn folgte er dem Fahrer in das Zelt und schrie so laut, dass seine Stimmbänder vibrierten. Nur wegen des Lkws wäre seine geliebte Suppenschüssel zersprungen und dadurch sein wohlgeregeltes Leben in ein dunkles Chaos gestürzt worden, und nun wolle er wissen, wie der Verursacher gedenke, das wieder gut zu machen. Herr Irmelein hatte sich so in Rage geschrien, dass er nicht sofort bemerkte, wie er mitten in die Proben der Zirkusleute geplatzt war und das ganze Team gestört hatte. Alle starrten ihn jetzt verwundert und verärgert an.
„Ist das der neue Clown?", fragte ein kleines Mädchen, das gerade einen Spagat übte. Doch die anderen Artisten fanden das überhaupt nicht komisch. Die Schaukel am Trapez wippte noch, aber die „Fliegenden Toreros" hatten wegen des wilden Gezeters ihren Todessprung mit den sechseinhalb Saltos verpatzt. Nun hingen sie sauer im Netz. Der Löwe, der gerade durch den brennenden Reifen gesprungen war, hatte sich vor Schreck die Schwanzspitze angekokelt und sah nicht sehr erfreut darüber aus, und die Primaballerina war von ihrem weißen Pferd gefallen und hatte sich dabei ihren zierlichen Knöchel verknackst. Leise schimpfte sie vor sich hin.
Zum Glück packte der Fahrer Herrn Irmelein in diesem Moment am Kragen und zog ihn auf den Platz hinaus.

„Da sehen Sie, was Sie angerichtet haben mit ihrem Gebrüll", schimpfte er und flüsterte dann mit etwas sanfterer Stimme: „Hören Sie zu, guter Mann, ich weiß zwar immer noch nicht so recht, was ich mit Ihrer Suppenschüssel am Hut habe, aber um Sie zu beruhigen, gebe ich Ihnen zwei Freikarten für die Vorstellung heute Abend." Er drückte Herrn Irmelein zwei große rote Karten in die Hand, und noch bevor der irgendetwas erwidern konnte, war der Mann auch schon wieder verschwunden, um seiner Arbeit nachzugehen.

Jetzt plagte Herrn Irmelein ein schlechtes Gewissen, denn so viel Schaden hatte er gewiss nicht anrichten wollen. Dennoch fühlte er sich irgendwie auch besser, weil die ganze angestaute Wut sich endlich Luft verschafft hatte. Denen hatte er es ganz schön gezeigt.

Als er das kleine Tor zu seinem Garten öffnete, hielt er noch immer die beiden Eintrittskarten in seiner Hand. Er hörte die freudige Stimme seines Enkels, der gerade im Haus war und offensichtlich mit seiner Mutter telefonierte. Nico berichtete ihr stolz, dass er sich heute zum ersten Mal getraut hatte, vom Fünfmeterbrett zu springen und dass es überhaupt nicht so schlimm gewesen war, wie er immer befürchtet hatte.

„Weißt du Mama", erklärte er, „man darf nicht so viel nachdenken, sondern muss einfach springen und darauf vertrauen, dass es nicht weh tut, und dann tut es das auch nicht". Genau in diesem Augenblick schaute Herr Irmelein auf seinen Gartentisch, auf dem noch immer die Schüssel stand und er konnte kaum glauben, was er sah: Sie – war – ganz! So schnell ihn seine kurzen Beine trugen, rannte er zum Tisch und nahm sie sachte in seine Hände. Die kleinen blauen Blümchen waren wieder dort, wo sie hin gehörten, behutsam in den oberen Rand gesetzt. Sie umrankten das schöne Porzellan wie eh und je. Und der Riss? Er war zwar noch zu sehen, aber doch schien er liebevoll versiegelt. Man konnte sie wieder benutzen, seine Schüssel, sie war geflickt und für die kommenden Generationen gerettet. Es war ein Wunder. Herr Irmelein besah sich sein Familienerbstück von allen Seiten, drehte es in seinen Fingern, streichelte über seinen Bauch, strich zärtlich über die beiden schmalen Henkel und konnte es nicht fassen.

Als Nico aus dem Haus kam, richtete er schöne Grüße von seiner Mutter aus und erzählte Herrn Irmelein von seinem mutigen Sprung ins Wasser.

„Das musst du unbedingt auch mal probieren, Opa, ist ein super Gefühl einfach alles loszulassen, mit einem lauten – Plumps – ins Wasser zu springen und dabei alles um sich herum zu vergessen“. Dann erwähnte er ganz nebenbei, dass er die Schüssel gerade mit Superkleber zusammengeflickt habe, wegen des kleinen Risses und fragte gleich darauf, ob Herr Irmelein heute Abend mit ihm in den Zirkus gehen würde. Er wolle unbedingt den berühmten Todessprung der „Fliegenden Toreros“ sehen. Der sei nämlich legendär.

Marie N. Meyer

Das siebte Zimmer. Eine verschollen geglaubte Geschichte

Vorwort

Da ich ein fairer Mensch bin, warne ich Sie davor, diese Geschichte zu lesen (bin ich überhaupt noch ein Mensch oder ist es inzwischen nicht mehr die korrekte Bezeichnung?) Wie auch immer, Sie haben die Wahl.
Jedenfalls stammt „Das siebte Zimmer" aus der Feder von Noit Kif (wenn Sie mich fragen, ein seltsamer Name, selbst für ein Pseudonym).
Er schrieb „Das siebte Zimmer" in einer einzigen Nacht, von der Abenddämmerung bis zum Morgengrauen. Er war kein besonders guter Schriftsteller, verschiedene Kreaturen halfen ihm, es zu schreiben. Sie forderten dafür nichts Wertvolles, nur seine Seele. Mehrere Verlage wollten die Geschichte haben, doch sie verschwand.
Soviel zur ersten Theorie, die glauben macht, es handele sich bei der Geschichte um eine fiktionale Erzählung. Der Aufbau des Spannungsbogens, Wendungen in der Handlung und andere Kunstgriffe, wie sie der erfahrene Autor verwendet, sprechen dafür.
Warum also eine zweite Theorie? Weil diese Geschichte eine Menge Leute gelesen haben, die überzeugt sind, es handele sich um nichts als die reine Wahrheit, genauso wie es sich im Jahr 1873 in Arla Schlöns Haus abgespielt haben soll.
Die gute Arla war eine alte Frau, nicht mehr ganz richtig im Kopf, sagten die einen. Dass sie diese ‚Fähigkeiten' besaß, sagten die, die daran glaubten. Es handelte sich um eine Gabe, mit den Toten zu sprechen. Aber ich will nicht zu viel vorweg nehmen. Alles

zu seiner Zeit. Außer Arla und ihren vier Katzen gab es da noch Johann, ihren Diener. Es waren sieben Zimmer in dem Haus am Kreuzweg. (Ein Haus an einem Kreuzweg zu bauen, ist eine nicht ungefährliche Angelegenheit. Besonders dann nicht, wenn über diesen Weg schon manch Toter getragen wurde. Es heißt, wandelt man mitternachts auf einem solchen Weg, begegne man verschiedenen Geistern und mehreren Tieren. Keinesfalls darf man mit ihnen ein Wort wechseln. Doch das nur zum Verständnis, um was für ein Haus es sich handelte.)
Wenn Sie jetzt aussteigen wollen, ist das Ihr gutes Recht, aber Sie können auch alles riskieren und die nächste Seite umblättern.
Anmerkung unbekannter Herkunft

Die Geschichte

Er hieß Rudolph, dieser junge Student der Arzneyn, und als Wissenschaftler glaubte er natürlich nichts von dem Gerede über Arla Schlön. Er hielte es für groben Unfug und das im Zeitalter des Fortschritts, was man ihm erzählte, ihn sogar warnte, bei ihr ein Zimmer zu mieten. Arla vermietete immer zwei der sieben Zimmer in ihrem Haus an Studenten. Nun, es war ein gepflegter, alter Bau und es mangelte nicht an Mietern. Die beiden Zimmer waren meist sofort wieder belegt, nachdem … die vorherigen Mieter ihr Studium beendet hatten.
Das erste Zimmer bewohnte Arla Schlön selbst, mit ihren vier Katzen.
Das zweite Zimmer bewohnte ihr Diener Johann.
Das dritte Zimmer war das ihres verstorbenen Mannes.
Das vierte Zimmer war das ihres Sohnes, der leider jung verstorben war.
Das fünfte Zimmer und das sechste Zimmer vermietete sie an Studenten.

„Was ist in dem siebten Zimmer?“, fragte unser argloser, junger Student die alte Arla als sie ihn durch das Haus mit seinen Winkeln und Schatten führte.
„Das siebte Zimmer zu betreten ist verboten.“
Arla konnte eine wahre Xanthippe sein und Randolf (oder hieß er Rudolph?) wagte nicht, auch nur eine weitere Frage, die in ihm brannte, zu stellen.
Er war ein guter, aufrichtiger junger Mann, unser Student. Er hatte nur einen Fehler (Neugier hat der Katz das Leben gekostet) und dieser sollte ihn zu späterem Zeitpunkt unserer Geschichte in ernsthafte Schwierigkeiten bringen. Doch später mehr dazu.
Das sechste Zimmer war ebenfalls vermietet (an einen Studenten der Kemie). Tagsüber waren manchmal Geräusche wie von kleinen Explosionen aus dem sechsten Zimmer zu hören, und als eine der Katzen Arla Schlöns zwei Tage verschwunden war, glaubte unser Student, sie sei einem kemischen Experiment im sechsten Zimmer zum Opfer gefallen.
In den Nächten jedoch war es so ruhig im Haus wie in einer Grabkammer.
Bis eines Nachts das Quietschen der Tür neben dem fünften Zimmer, das unser Student bewohnte, ihn weckte. Von niederer Natur der Neugier geleitet, spähte er aus der Tür des fünften Zimmers. Er sah den Kemiker, der – sich immer wieder umschauend – den Korridor entlang bis zu eben der Tür des siebten Zimmers schlich und darin verschwand. So geschah es in vielen Nächten, und der Mediziner fragte den anderen, was er denn in dem Zimmer getan habe, das zu betreten verboten war.
Dieser lächelte maliziös und sagte, dieses Zimmer sei Anfang und Ende.
Damit wusste unser guter Rudolph, der ein gebildeter junger Mann war, nichts anzufangen.
Seit dieser Begegnung ging ihm der Kemiestudent aus dem Weg.

Weil Arla Schlön nach dem siebten Zimmer zu fragen, keinen Erfolg versprach, wandte er sich an Johann, den Diener. Dieser warnte ihn recht eindringlich davor, sich in fremde Angelegenheiten einzumischen und sich von dem siebten Zimmer fernzuhalten. Tagsüber wie auch nachts. Ja, explizit während der Zeit zwischen Dämmerung und Morgengrauen.
Sie wollen nun wissen, ob er sich an die Warnungen des alten Johann hielt? Was er über dieses Zimmer gehört hatte, sollte ausreichen, um ihm fernzubleiben, nicht wahr? Doch wäre dies keine gute Geschichte, würde unser Student das Weite suchen, anstatt den Raum, der Anfang und Ende war, zu betreten. Schicken wir ihn also in das siebte Zimmer, in jener Nacht, als er nicht das Quietschen der Tür des Nebenzimmers, sondern die Stimmen des Dieners Johann und der alten Arla hörte. Und sie kamen aus dem siebten Zimmer. Dann hörte er eine ihm unbekannte Stimme, die seinen Namen sprach. Diese Stimme schien nach ihm zu rufen.
Eine der vier Katzen huschte an ihm vorbei in das siebte Zimmer, dessen Tür einen Spalt breit offen war.

Bevor Sie nun den Rest erfahren, (übrigens ein recht beunruhigendes Ende, das an der Auffassung von Realität und dem Übersinnlichen, sowie an Fiktion und Wirklichkeit zweifeln lässt), könnten Sie auch direkt zum Nachwort vorblättern.
Oder betreten Sie Seite an Seite mit unserem Studenten das siebte Zimmer. Sie glauben, Johann befand sich darin? Dies wäre anzunehmen, vernahm der Mediziner doch dessen Stimme. Gleich mehr zu Johann.
Was er in dem Zimmer sah, war das, was er erwartet hatte und das, woran er nicht geglaubt hatte (natürlich nicht als der Wissenschaftler, der er nun einmal war). Arla Schlön saß mit den beiden anderen im Kreis um den Tisch, zu Füßen jeder Person an dem

Tisch hockte eine der Katzen. Ein weiterer Stuhl war leer. Vor diesem vierten Stuhl hockte die vierte Katze.
Die anderen: Das waren ein alter und ein junger Mann, die ihm von den Fotografien in Arlas Wohnstube bekannt düngten. Die Männer schienen ihn nicht zu bemerken. Sie wirkten nicht wie welche von dieser Welt. Das waren sie wohl auch nicht, wenn sie die waren, für die unser Student, dessen Werte in einer einzigen Nacht über den Haufen geworfen wurden und in einem Zimmer, das Anfang und Ende, Leben und Tod zugleich war, wie farbiger Rauch über einem gelungenem kemischen Experiment verpuffte. Der Kemiker war übrigens nicht dabei.
Doch nun zu Johann, dessen Stimme er gehört hatte. „Wo ist Johann?"
„Natürlich ist er in seinem Zimmer und schläft. Er pflegt um sechs Uhr aufzustehen. Außerdem würde er niemals, niemals dieses Zimmer betreten." Arla klang als sei sie über diese Frage überrascht.
Wie auf ein Kommando starrten ihn die beiden Männer am Tisch an, als hätten sie eben erst seine Anwesenheit bemerkt. Verständlicherweise bekam er es mit der Angst und ging, um Zufälligkeit bemüht, zur Tür. „Entschuldigen Sie, dass ich gestört habe."
Doch bevor er zur Tür gelangte, sagte Arla: „Ach Herr Rudolph?"
Er war ein höflicher junger Mann. Wie gesagt, war die Neugierde eigentlich sein einziger erwähnenswerter Fehler, und so blieb er, um Arla zu antworten (was keine weise Entscheidung war).
„Sie wissen sehr wohl, was ich Ihnen sagte, als Sie hier einzogen."
„Sie … sagten, es sei verboten, diesen Raum zu betreten."
„Ich sagte Ihnen nicht, warum."
Der jüngere der Männer (unser Student nahm an, es handelte sich um Arlas verstorbenen Sohn) war aufgestanden und ging auf die Tür zu. Seine Bewegungen waren fließend und schienen sich in der Zeit zu verlieren, so nebulös glitten sie dahin. Dann fiel die

Tür zu, ohne dass er sie berührt hätte. Er deutete auf den leeren Platz am Tisch, vor dem die vierte Katze saß, und er sagte: „Willst du dich nicht zu uns setzen, Rudolph?"
Nicht nur weil er ein höflicher, junger Mann war, sondern vielmehr, weil ihn die Neugierde antrieb, antwortete unser guter Rudolph der Kreatur.

Als der Morgen dämmerte, bemerkte unser Student, dass der Kemiker nicht mehr das sechste Zimmer bewohnte. Dafür brachte Johann seine Kleider vom fünften in den sechsten Raum, ohne dass er ihn darum gebeten hatte oder dass er verstand, warum. Am selben Tag noch zog ein Student der Literatur in sein ehemaliges Zimmer, welches das fünfte im Haus am Kreuzweg war.

Nachwort

Hat Rudolph, der an die Wissenschaft und die Rationalität glaubte, den Part des Kemiestudenten übernommen?
Wie lautete Rudolphs Antwort?
Nun, ich denke, nicht was er sagte war für den Verlauf seines Schicksaals entscheidend, sonder allein die Tatsache, dass er sich auf einen Wortwechsel mit Etwas, das nicht Mensch und nicht Toter war, einließ.
Was war seine Aufgabe bei diesen Zirkeln zweifelhafter Art?
Nun, die meisten der Studenten, die in Arlas Haus gewohnt hatten, absolvierten mit überaus guten Examen. Sie wurden angesehene Wissenschaftler, gute Ärzte oder bekannte Schriftsteller. Dies könnte natürlich Zufall sein. Doch man könnte hier auch anmuten, dass ihr bescheidener Ruhm der Lohn für etwas war, das sie in dem Haus am Kreuzweg zurückließen. Nun, wie sagt man gleich? Alles hat seinen Preis, nicht wahr?
Und nicht zu vergessen: Hat es sich wirklich so abgespielt in dem

Haus mit den sieben Zimmern, oder ist etwa der Student der Literaturwissenschaften der Autor dieses schauerlichen Werkes des späten 19. Jahrhunderts?
Entdecken Sie neue Aspekte, wenn Sie den Namen des Autors rückwärts lesen …
Anmerkung unbekannter Herkunft

There's a crack in everything.
That's how the light gets in.
Leonard Cohen

Susanne Pavlovic

Darjeeling mit Sprung

Der erste Tee an diesem Tag schmeckt nach nichts, denn es ist keiner. Die Tasse ist heiß ausgeschwenkt, das Wasser in dem alten, verbeulten Topf zum Kochen gebracht, ein Rest Zucker aus der Packung gekratzt, und dann sind die Teebeutel alle. Jakob seufzt lautlos und steckt die Nase in die leere Pappschachtel, um wenigstens noch eine Erinnerung an den vertrauten Geruch aufzufangen. Er weiß, was das bedeutet: Es bedeutet Tee oder Toast oder Äpfel für die nächsten fünf Tage, es ist der siebenundzwanzigste Juli.
Er legt die Pappschachtel flach zusammen und wirft sie in den Mülleimer. Dann, nach kurzem Zögern, gießt er sich heißes Wasser in die Tasse und stellt sich damit ans Fenster.
Es will nicht gelingen. Er ist hier, in seinem grauen Leben, und der Duft aus der Tasse fehlt, der ihn mitnimmt in das Land mit dem weichen Himmel, wo jeder Regentropfen eine Liebkosung ist.
Seit sie ihm das Telefon abgestellt haben, hat er gelernt, ohne die Reiseberichte und Bilder aus dem Internet auszukommen. Er fragt sich, ob er auch lernen kann, auf den Duft zu verzichten.
Die Tasse ist warm in seinen Händen. Sein Daumen fährt über die vertraute Stelle am Rand, wo ein Sprung drin ist und ein Stück der Glasur fehlt. Es ist dicke, blau gepunktete Keramik, die knackt, wenn der Inhalt zu heiß ist, und eine Teeträne nach draußen entlässt, aber Jakob ist keiner, der die Dinge wegwirft, nur weil sie einen Sprung haben.
Manchmal wünscht er sich, er könnte.

Er nimmt einen Schluck von dem heißen Wasser.
Sobald er das Geld zusammen hat, wird er es wagen. Flüge sind heute nicht mehr so teuer, und wenn nicht Sri Lanka, dann ein anderer Ort mit goldbetupften Farben und zärtlichem Wind, wo er seine Füße im Sand vergraben kann, zusammen mit seiner Vergangenheit.
Ein Ort, der sich nicht anfühlt wie dieser triste Wartesaal, der sein Leben ist.
Ein weiterer Schluck, und er verzieht das Gesicht. Er bewegt sich vom Fenster weg zum Vorratsschrank und wirft einen Blick hinein: ein Glas Aprikosenmarmelade und eines mit Erdnussbutter, daneben eine verschlossene Packung Kaffee und Kaffeefilter, gekauft vor exakt zwölf Tagen im Discounter an der Straßenecke. Eine angebrochene Tüte Haferflocken, eine Dose Mais, eine noch fast volle Flasche für Notfälle. Die rote Teeschachtel, die seine Träume enthält.
Es wird Zeit. Ein letzter Weg zum Fenster, wo noch die Lektüre für die U-Bahn liegt, und dann stellt er hart und plötzlich die Tasse ab und starrt aus dem vierten Stock hinunter auf die andere Straßenseite, wo jemand mit einem Hund an der Leine geht, lange Beine in Jeans und eine Kapuze über dem Kopf, und der Hund ist riesig und schwarz wie die Nacht.
Augenblicke später ist Jakob unten, hat die vier Stockwerke im Laufschritt genommen, reißt die Haustür auf und stürzt auf die Straße und hinüber auf die andere Seite, holt beinahe einen Fahrradfahrer aus dem Sattel, entschuldigt sich hastig und sieht sich um, aber der Gehweg ist leer.
Er steht und keucht und wischt sich eine Haarsträhne aus der Stirn. Er fühlt sich, als wäre er auf einen Aprilscherz hereingefallen.
„Santo?“
Er schaut in die nächste Hofeinfahrt, geht sogar bis nach hinten zu den Mülltonnen.

„Santo?“
Wieder nach vorne, auf die Straße, und er sieht sich suchend um.
„Was verloren?“, fragt ihn eine Frau, die ihre Zeitung aus dem Briefkasten zieht.
„Ich weiß nicht“, sagt er verwirrt. „Ich weiß nicht einmal, ob es überhaupt da gewesen ist.“

Der zweite Tee an diesem Tag schmeckt nach einem Anflug von Müdigkeit, ein wenig nach Spülwasser und nach der Zigarette, die Klaus, der Koch, ihm abgetreten hat. Es ist lange her, seit er seine letzte geraucht hat. Er war nie ein Raucher, aber damals, danach, hat er festgestellt, dass er schlecht leben kann ohne den Duft von abgestandenem Rauch in der Küche, und so hat er ihn für eine Weile selbst erzeugt, am offenen Fenster, die Sommernacht im Gesicht. Dann hat der Kiosk gegenüber die seltene französische Marke aus dem Sortiment genommen, und Jakob hat gelernt, ohne auszukommen. Es ist eine gewöhnliche billige Kippe, die seinen zweiten (oder ersten) Tee an diesem Tag begleitet, sie überdeckt den Duft von Teeplantagen und sanftem Regen. Jakob dreht sie zwischen den Fingern und schnippt die Asche ab, wie er es so oft bei einem anderen Paar von Händen beobachtet hat, er denkt, dass er bestimmte Details nie vergessen wird, egal, wie lange sie zurück liegen, er ist ein Mann für die Details, für die Art, mit einer Drehung Asche abzustreifen oder Erdnussbutter mit dem Löffel aus dem Glas zu essen.
„Sag bloß, du bist ein Raucher“, sagt Kathi neben ihm und lacht, sie trocknet sich die Hände an der Schürze ab und lässt Wasser laufen, um den Kaffeeautomaten aufzufüllen. „Seit wann denn das?“
„Ich bin keiner.“ Er nimmt den Blick vom Glutrand, der das Zigarettenpapier auffrisst, und lächelt zu ihr hinüber. „Es ist nur so eine Phase.“

„Du weißt, dass es dich umbringen kann."
„Soweit lasse ich es nicht kommen."
Er versteckt seinen Blick hinter ihrem Rücken. Sie hat einen dunklen Zopf, der ihr über die Schulter baumelt, und für einen Augenblick träumt Jakob davon, dass es so einfach wäre: weiche Haare, in die er seine Finger tauchen darf, die sich auf sein Gesicht legen wie eine süße Sommernacht, aber natürlich ist es nicht so einfach und wird es nie sein.
„Kassierst du für mich Tisch drei?", fragt sie und lässt dicken, dunklen Espresso aus der Maschine. „Der blöde Banker von gegenüber will schon wieder meine Telefonnummer."
„Na klar", sagt er, nimmt den letzten Schluck und stupst die Zigarette in den Aschenbecher, bis die Glut verlischt. „Lass mir nur die Rechnung raus."
Dann kommt ein neuer Gast von der Straße rein, er ist groß und dünn, langes dunkles Haar fällt ihm über den Rücken, und Jakob atmet ein, und dann ist es jemand mit einem völlig fremden Gesicht, und Jakob atmet aus und trinkt den letzten Schluck aus seiner Tasse, der bitter schmeckt.

Der letzte Tee an diesem Tag verliert schlagartig an Bedeutung, als Jakob den Hund entdeckt. Jemand hat ihn neben den Mülltonnen angebunden, und er begrüßt Jakob mit zögerndem Schwanzwedeln.
Jakob hält inne, seine Hände sind plötzlich taub und kalt, obwohl die Luft mild ist. Ein Name will über seine Lippen, aber er unterdrückt ihn gewaltsam. Er ist sich zu schade, zum zweiten Mal an diesem Tag auf der Straße herum zu laufen und einen Schatten aus der Vergangenheit beim Namen zu rufen.
Er nähert sich vorsichtig. Der Schwarze ist größer als in seiner Erinnerung und ein wenig grau um die Schnauze, aber er ist es, kein Zweifel: die vertraute massige, bärengleiche Gestalt, die ver-

schiedenfarbigen Augen, das Knickohr. Jakob hält ihm die Hand hin, und der Schwarze schnuppert interessiert.
„Meine Wohnung ist viel zu klein für dich“, sagt Jakob. „Und außerdem werde ich bald verreisen. Dein Herr hat das nicht gewusst. Bei mir kannst du nicht bleiben, hörst du?“
Der Schwarze hört und macht einen langen Hals, um an Jakobs Einkaufstüte zu schnuppern. Jakob hakt den Karabiner der Leine auf, und der Hund folgt ihm ins Haus.
Jakob geht langsam, seine Füße bringen ihn um. Bis er endlich oben an seiner Wohnung ankommt – der Flur ist so dunkel, dass man den Namen auf dem sich ablösenden Pappschildchen kaum lesen kann, und die Glühbirne ist kaputt, seit er hier wohnt – hat er genügend Zeit, nachzudenken.
Darüber, wie kompliziert und unübersichtlich sein Leben wird, wenn dies nun doch der falsche Hund ist.
Aber vor allem darüber, wie kompliziert und unübersichtlich sein Leben wird, wenn dies der richtige Hund ist.
Er lässt die Wohnungstür angelehnt und geht in die winzige Küche. Er hängt seine Jacke über den Stuhl und räumt die Einkäufe aus der Tüte: Tee und eine Packung Hundekekse, an der sich wieder einmal zeigt, dass es nie schadet, gut vorbereitet zu sein.
Er streift die Stiefel von den Füßen und nimmt die Hundekekse mit hinüber ins Wohnzimmer. Durch die Tür schaut er hinaus in den dunklen Flur. Er spürt eher die Gegenwart des anderen als dass er ihn sieht, es ist das kaum wahrnehmbare Geräusch eines weiteren Atems, das die Dunkelheit sachte zittern lässt.
Er setzt sich aufs Sofa. Er hat seine Tür geöffnet, aber reinkommen muss der andere schon selbst.
Er hat alle möglichen Szenarien im Kopf durchgespielt, ein tränenreiches Wiedersehen, ein distanziertes, ein zufälliges, eines mit vielen unbehaglichen Pausen und eines, als hätten sie gerade erst ihren letzten gemeinsamen Abend mit Bier, Sex und schlechten

Horrorfilmen gehabt. Nichts davon fühlt sich echt an. Er ist zu dem Schluss gekommen, dass er sich keine Vorstellung machen kann. Er weiß ja nicht einmal, wen er da wiedersehen wird. Man hört und liest es immer wieder: Knast ist nichts für die Schwachen, unter Gefangenen herrscht ein brutales Regiment, und wer nicht kalt und abgebrüht reingeht, kommt jedenfalls so raus.
Jakob reißt die Tüte mit den Hundekeksen auf, und augenblicklich ist der Schwarze zur Stelle, jault und räumt mit dem Schwanz den Couchtisch ab.
Jakob füttert ihn aus der Hand, und etwas, das Erinnerung war, ist plötzlich erschreckend real: der feuchte Hundekuss auf der Handfläche, die vorsichtig tastenden Zähne.
Mit der freien Hand streicht Jakob durch das zottige Fell.
Der Hund ist es nicht, der in den vergangenen sieben Jahren auf den Hund gekommen ist.
Und dann ist es doch nicht genug der Realität, denn die Hand fehlt, die unter sein Shirt schlüpft und ihm den Rücken hinauf wandert, und die Stimme fehlt:
„Du liebst den Hund mehr als mich, gib's zu."
Und der eigene Schmerz fehlt: „Der Hund macht mir auch nicht halb so viel Schwierigkeiten wie du."
Irgendwann sind die Hundekekse alle, und die Dunkelheit hinter der Tür ist nichts als dunkel, der Schwarze schnauft zufrieden im Halbschlaf auf dem Teppich, und der fehlende Schmerz reißt Jakob in Stücke.

Das Erwachen geschieht zäh und auch nur, weil etwas anders ist als sonst. Wie eine klebrige Masse haftet der Schlaf an ihm und will ihn nicht loslassen. Halbtraumbilder gaukeln träge durch seinen Geist. Die Notfallflasche, und wie der billige Fusel ihm die Zunge wegbrennt. Das kalte, flackernde Neonlicht im Bad, knisternde Blisterpackungen, die ihm durch die Finger rutschen und zu Boden fallen. Das Muster des abgetretenen Teppichs direkt vor seinen Augen. Eine Karussellfahrt, die kein Ende nehmen will, Geisterbahn, Aussteigen unmöglich.

Diesmal hätte er es vielleicht übertrieben, wäre auf seine letzte, kostenlose Reise gegangen, hätten nicht Hände ihn aufgefangen, ihn aus der Geisterbahn befreit, auf weiche Kissen gelegt, ihm Haare aus dem Gesicht gestrichen.

Hände ...?

Und Lippen. Trockene, kühle Lippen auf seiner Stirn.

Jakob macht die Augen auf.

Und das ist es, was anders ist. Jemand werkelt in der Küche, das Radio dudelt leise, Jakob hört Töpfe klappern. Der scharfe Geruch von Angebranntem liegt in der Luft. Die Vorhänge sind geschlossen und lassen einen breiten Streifen Sonnenlicht durch einen Spalt in den Raum.

Jemand summt.

Jakob starrt auf den Sonnenstreifen, der die längst verblassten Farben des Teppichs wieder zum Leben erweckt. Wie ferngesteuert schiebt er die Beine aus dem Bett und richtet sich auf. Die Wand dient als Stütze, dann der Tisch, dann die Sofalehne. Durch die Tür und quer über den Flur sieht er, dass im Bad Licht brennt. Eine kleine Seenlandschaft ziert den Boden, dazwischen erheben sich Hügel aus zusammengeknüllten Handtüchern.

Er taumelt die paar Schritte bis zur Küchentür und fängt sich im Türrahmen.

Einer steht am Herd, groß und schlaksig, schmale Hüften und lange Beine in abgetragenen Jeans, deren Saum sich in Fäden auflöst. Feuchtes schwarzes Haar fließt seinen Rücken hinunter. Er trägt ein Hemd mit hochgekrempelten Ärmeln, es ist ihm ein wenig zu kurz und zu eng um die Schultern. Jakob kennt dieses Hemd, er hat nur zwei, da ist es nicht schwer, den Überblick zu behalten.

Eine Pfanne wird vom Herd gerissen und landet im Ausguss.
„Mist, blöder", sagt eine Stimme, tiefer als in Jakobs Erinnerung und ein wenig heiser, aber so vertraut wie seine eigene.
Er schlingt die Arme um sich. Der Türrahmen hält zuverlässig sein Gewicht.
„Hübsches Hemd", sagt er.
Der andere fährt herum.
„Jakob", sagt er. „Himmel! Hast du mich erschreckt. Du bist schon wach?"
„Ja", sagt Jakob tonlos, und sein Blick versinkt in diesem Gesicht, das aus der Vergangenheit zu ihm kommt, das schön ist wie immer und doch anders als erwartet, es ist alles ein wenig ‚zu' in diesem Gesicht: Augen zu blau, Mund zu geschwungen, Nase zu schmal, Falten zu scharf. Empfindungen zu offensichtlich, Angst und Freude und Eifer und Verwirrung, die sich in rascher Folge abwechseln, aber zumindest das war schon immer so, man hat Santo schon immer lesen können, zumindest Jakob konnte das.
Santo fischt die Pfanne aus dem Ausguss und hält sie Jakob entgegen.
„Ich wollte Frühstück machen", sagt er. „Ich war ganz früh schon einkaufen. Ich hab's total versaut."
Jakob wirft einen Blick in die Pfanne. Die stinkenden Dinger darin waren wohl einmal Spiegeleier. Fettaugen schwimmen auf glibberigen Resten von Eiweiß, und Jakobs Magen kapituliert. Er presst die Hand vor den Mund und stürzt vorwärts zum Waschbecken, und dann hängt er drüber und erbricht bittere Galle, bis sein Magen sich anfühlt wie ein harter, stacheliger Klumpen, aber die Dinge, die wirklich schmerzen, lassen sich nicht einfach auskotzen, und deshalb ringt er um Atem und schluckt gegen den Brechreiz an und lässt sich Wasser übers Gesicht laufen, bis er sich wieder im Griff hat. Er tastet nach einem Handtuch und bekommt eines in die Hand gedrückt.

„Vielen Dank", sagt Santo. „Deine Komplimente sind doch immer wieder die besten."
Jakob tastet sich auf den Küchenstuhl und reibt sich das Gesicht trocken, und als er das Handtuch vom Gesicht nimmt, ist Santo vor ihm in die Hocke gegangen und betrachtet ihn verwundert.
„Du bist ja ganz grau", sagt Santo. „Deine Haare. Ganz grau. Komisch. Ist mir bisher gar nicht aufgefallen. Und dünn bist du, meine Güte."
„Warum hast du den Hund vorgeschickt? Ich kann ihn nicht behalten. Ich werde bald verreisen."
„Du sollst ihn nicht behalten. Ich dachte nur, es wäre besser, dich nicht gleich zu überfallen. Ich wollte sehen, wie du ihn aufnimmst."
„Von einem Überfall kann ja wohl nicht die Rede sein. Du bist seit dreizehn Tagen draußen! Ich hatte wirklich genug Zeit, mich auf dein Auftauchen vorzubereiten."
„Ich wusste nicht, dass du so gut informiert bist."
„Ich war schon immer gut informiert, wenn es dich betraf."
„Ja. Da hast du Recht."
Santo richtet sich auf, seinen Bewegungen fehlt etwas, es sind nicht mehr die eines jungen Mannes.
„Der Hund sieht gut aus", sagt Jakob, während Santo beginnt, Schränke zu öffnen. „Deine Schwester hat sich gut um ihn gekümmert."
„Das hättest du sicher auch", sagt Santo, und Jakob sagt „Nein, hätte ich nicht" und ist des Redens schon müde, ehe die großen Themen überhaupt berührt sind.
„Ist auch egal", sagt Santo über die Schulter. „Was frühstücken wir? Ich habe nicht alles verbrannt. Es gibt Käse, und Milch, und Müsli. Hühnersalat, und ein Glas Honig. Was willst du haben?"
‚Dich, auf Toast, mit nichts als einem Salatblatt', denkt Jakob, ohne das geringste Verlangen zu spüren. Er fragt sich, ob er jemals

so jung gewesen ist, dass er tatsächlich solche Sachen zu Santo gesagt hat, in einer anderen Küche, in einem anderen Leben, bevor alles den Bach runterging.
„Nichts“, sagt er. „Fünf Aspirin.“
„Vergiss es.“ Santo reißt die Packung mit dem Hühnersalat auf. „Du hattest deine Dosis für die nächsten drei Monate.“
Santo findet eine Gabel und beginnt im Stehen zu essen. Der Geruch von Curry und Mayonnaise zieht Jakobs Inneres zusammen.
„Warum trägst du mein Hemd?“, fragt er.
„Ich hab' vorhin geduscht“, sagt Santo mit vollem Mund.
„Ja“, sagt Jakob. „Ist mir aufgefallen.“
„Es hing da, auf einem Bügel. Ich konnte keinen Bademantel finden.“
„Wahrscheinlich, weil ich keinen besitze.“
„Oh. Ja. Jedenfalls ...“, Santo leckt die Gabel ab, sein Blick geht aus dem Fenster.
„Ich wollte mal sehen, wie sich das so anfühlt.“ Er versucht ein Lachen. Es misslingt.
„Aha“, sagt Jakob. „Und wie fühlt es sich an?“
„Ich weiß nicht“, sagt Santo und lacht nicht mehr.
Sie schweigen, und Jakob denkt, dass alles einfacher wäre, wenn dieser Fremde in seiner Küche nicht Santos Gesicht hätte.
„Wollen wir darüber reden?“, fragt Santo schließlich. „Über ... alles?“
„Du meinst, über die Zeit, die ich konsequent aus meinem Gedächtnis zu streichen versuche? Oh ja, unbedingt. Ich brenne darauf.“
„Wir können nicht einfach weitermachen, als wäre nichts gewesen.“
„Wer sagt denn, dass ich überhaupt mit irgendetwas weitermachen will?“

„Natürlich willst du. Gib's zu. Ich habe dich doch mit dem Hund gesehen."
„Ich muss nichts zugeben! Ich musste nicht einmal damals vor Gericht etwas zugeben, weil ich nämlich nichts getan habe!"
Alles ist wie früher. Santo ist die einzige Person auf Erden, die er jemals angeschrien hat, und selbst jetzt, nach sieben Jahren, muss er sich nur zehn Minuten lang mit ihm in einem Raum aufhalten, um sich selbst nicht mehr ähnlich zu sehen.
Und immer noch weiß er nicht, ob er Santo dafür hassen oder lieben soll.
„Immer noch Tee?", fragt Santo.
„Immer noch Tee", sagt Jakob müde.
Er schließt die Augen und hört zu, wie Santo in der Küche werkelt. Zumindest versucht er nicht mehr, über alles zu reden. Jakob verfolgt die Kopfschmerzen, die ihm wie zäher Sirup innen an der Schädeldecke hinunter rinnen.
„Deine Tasse hat einen Sprung", sagt Santo. Jakob blinzelt.
„Ich weiß."
„Die kommt mir bekannt vor. Hatten wir früher solche Tassen?"
„Und Teller. Sie ist aber die letzte. Sie ging damals bei der Hausdurchsuchung kaputt."
„Warum wirfst du sie nicht weg?"
Etwas ist mit Santos Stimme passiert, sie klingt brüchig, und er hält die Tasse umklammert, dass die Fingerknöchel weiß hervortreten.
Jakob erhebt sich vorsichtig. Er muss die Tasse aus Santos Zugriff retten, es ist nicht nötig, noch mehr zu Bruch gehen zu lassen. Er tritt neben Santo und wagt es, seine Hand zu berühren (er ist real, lieber Himmel, er ist es wirklich). Er löst Santos verkrampfte Finger von der mürben Keramik und stellt die Tasse beiseite. Santos Hand hält er fest, das kann er, ohne Grenzen zu verletzen.
„Sie hat einen Sprung", sagt Jakob. „Das ist alles. Es gibt doch keinen

Grund, etwas wegzuwerfen, nur weil es einen Sprung hat."
Sie lehnen sich gleichzeitig zueinander, und der große Santo senkt die Schultern und legt das Gesicht an Jakobs Hals, wie früher, seine Haare streicheln Jakobs Wange, und Jakob hält still und lässt die Sekunden tropfen wie weichen, süßen Regen.
Er reißt überrascht die Augen auf, als er angeschubst wird. Der Schwarze hechelt ihn an und bürstet mit dem Schwanz ein paar Zeitungen auf den Boden.
„Dein Hund ist zu groß für meine Wohnung", sagt er an Santos Ohr. „Er schmeißt ständig Sachen runter."
Er spürt, wie Santo lächelt.
„Dann brauchst du eine größere Wohnung."
„Oder du einen kleineren Hund. Wie wäre es mit einem Dackel?"
„Ja, unbedingt."
„Oder einem Pinscher? Yorkshire-Terrier? Ich stricke dir auch ein Schleifchen für ihn."
Santo schiebt Jakob von sich. Er sieht wieder aus wie er selbst, nur älter.
„Wie habe ich dich vermisst und deine kreativen Ideen", sagt er. „Können wir jetzt Kaffee trinken?"
„Natürlich, ich bleibe aber trotzdem bei Tee."
Santo macht sich an die Zubereitung, und Jakob setzt sich wieder, seinen weichen Knien zuliebe. Der Schwarze pendelt zwischen ihnen hin und her und wedelt.
„Diesen hier?"
Santo greift nach der roten Teeschachtel, bemerkt aber, dass kein Tee darin sein kann, noch ehe Jakob es verhindern kann.
„Sieh mal einer an", sagt Santo und schüttet den Inhalt der roten Schachtel auf den Tisch: Scheine und Münzen, ein kleiner, klimpernder Berg.
„Du bist ein reicher Mann", sagt Santo und grinst. „Wer hätte das gedacht."

„Meine Reisekasse“, sagt Jakob. „Und Reichtum ist wirklich etwas anderes.“
„Du willst verreisen? Wohin?“
„Nach Sri Lanka.“
Santo zieht sich den zweiten Küchenstuhl ran und breitet das Geld aus.
„Wie viel ist das?“
„Keine Ahnung. Nicht genug für ein Flugticket.“
„Das sehe ich aber anders.“
Santo zählt und kommt auf dreihundertzwanzig Euro und ein bisschen Kleingeld.
„Nicht gerade Business-Class“, sagt er. „Aber wenn man wirklich weg will, reicht es.“
Jakob seufzt. Der Schwarze winselt und legt seinen schweren Schädel auf Jakobs Knie.
„Vielleicht wollte ich nie wirklich weg“, sagt er. „Der Gedanke war schön. Es eines Tages zu tun. Einfach … weg sein. Aber schließlich … die Tage verstrichen, und …“
Jakob verstummt.
„Und du hattest Angst vor dem Sprung“, sagt Santo.
„Ja“, flüstert Jakob.
Santo greift nach hinten, zieht etwas aus der Gesäßtasche und schiebt es Jakob hinüber. Es ist eine Postkarte, in der Mitte gefaltet, die Pappe schon ganz weich vom Alter, das Bild stumpf und abgerieben, ein Palmenstrand, aber der Poststempel verrät Gostenhof, nicht Südsee.
Jakob erinnert sich an den Text, den er vor etwas mehr als sieben Jahren auf die Rückseite geschrieben hat.
„Wenn du springst, springe ich auch“, sagt Santo. „Hier, das habe ich schriftlich. Gilt das Angebot noch?“
Ein Lächeln zieht Jakobs Seele zusammen.
„Unser berühmter Absprung“, sagt er. „Warum haben wir ihn da-

mals nicht geschafft? Bevor alles so schlimm wurde."
„Weil ich nicht konnte. Ein Entzug unter Palmen, das war eine schöne Idee, solange ich sie nicht in die Tat umsetzen musste."
„Und … jetzt? Bist du …?"
„Clean?" Santo hebt die Schultern. „Offiziell schon. Aber man weiß nie, an welchen Fäden man hängt, so lange keiner dran zieht."
Santo macht endlich Tee, und Jakob bleibt sitzen und versucht, es sich vorzustellen: wie er endlich den Absprung schafft, wie er ein letztes Mal den Schlüssel im Schloss dreht, das Pappschildchen von der Klingel abzieht und sich die dunkle Treppe hinunter tastet.
Wie unten im Hauseingang einer auf ihn wartet, das Licht eines Sommertages im Rücken, mit gepackten Koffern.
Allein die Vorstellung macht ihm Herzklopfen.
Wenn du springst, springe ich auch.
„Das Angebot gilt noch", sagt er.
Das Wasser kocht, und Jakob beobachtet, wie Santo Wasser und Kaffee in einer zweiten Tasse zu einer schwarzen Brühe mischt. Er steht auf und öffnet das Fenster. Die hereinströmende Luft ist warm und bringt einen sanften Geruch nach Regen mit sich. Dann lehnen sie nebeneinander an der Spüle mit ihren Tassen, es ist still, und Jakob denkt, dass es sich gar nicht schlecht anfühlt und das Warten sich vielleicht doch gelohnt hat, und er beobachtet, wie der Sprung in seiner Tasse eine Teeträne nach draußen entlässt und wischt sie vorsichtig mit dem Daumen ab, und als er einen Schluck nimmt, muss er lächeln, denn es ist der erste Tee seit sieben Jahren, der nach Kaffee schmeckt.

Horst-Dieter Radke

Der letzte Sprung

Jetzt wo er oben stand, kam es ihm höher vor, als er es sich vorgestellt hatte. Aber es war gut so, denn dann war es sicher schnell vorbei. Der Aufschlag auf das eiskalte Wasser würde ihm bald allen Lebenswillen nehmen, und letztendlich war er noch nie ein guter Schwimmer gewesen. Nein, kein Grund zur Sorge. Dieser Sprung sollte sein letzter sein.

Und er war oft gesprungen in seinem Leben. Von Schule zu Schule, auf die Uni, in den Beruf, von einer Stelle auf die andere. Meistens war er dabei zu kurz gesprungen. Beim ersehnten Medizinstudium stand der Numerus Clausus im Weg. Als Lehrer hat er den Sprung an die richtige Schule nicht geschafft. Und der Ausstieg in die Industrie war letztendlich auch ein Absprung gewesen. Nach unten, nach ganz tief unten. Und der letzte Sprung war noch nicht einmal gewollt. Gestoßen hat man ihn, ein Springen war gar nicht mehr möglich. Der nächste Sprung stand ebenfalls schon an: Die Bank wird ihn veranlassen, wenn die Raten für das Haus nicht mehr kommen. Und wofür auch noch anstrengen? Für die große Liebe hat der Sprung ebenfalls nicht gereicht. Auch die Kinder sind nicht so, wie er sich das immer vorgestellt hat.

Stopp! So nicht! Natürlich können Kinder nicht so sein, wie man sich das vorstellt. Kinder sind wie sie sind! Und wenn er richtig nachdenkt, dann hat er gerade mit den Kindern immer viel Freude gehabt, zumindest als sie jünger waren, aber eigentlich auch noch jetzt. Und auch die Sorgen um sie – bei den Krankheiten, den kleinen Unfällen, den Problemen, die sie mitbrachten aus Kindergarten, Schule, Freundeskreis – waren immer auch ein bisschen mit Freude durchmischt. Das sich „Darum-kümmern-können", das war eigentlich eher schön gewesen. Was ist ein verknackster

Knöchel nach einem verfehlten Sprung, wenn die Dankbarkeit in den Augen des Kindes nach der lindernden Pflege und der Sorge um es so viel Wärme ins Herz bringt, wie drei Heizöfen zugleich nicht ins Zimmer? Ein Lächeln hatte sich in sein Gesicht gestohlen, während er noch versonnen auf das dunkel dahin strömende Wasser sah.

Und wenn er richtig nachdenkt, so war seine kleine Liebe doch kein Grund zur Verzweiflung. Gut – die große Begeisterung in den letzten zwanzig Jahren hat es nicht gegeben. Keine riesigen Beteuerungen über das Sterben vor Liebe und so, das war nicht Thema. Aber hat er das denn gewollt? Und wie war das, wenn er nach einem verfehlten Sprung nach Hause kam? Hat es da Ärger gegeben? Nein, eher stille Anteilnahme. Und wurden Ansprüche gestellt? Nach Luxus, großem Urlaub, nach sich etwas leisten können? Nein! Eher ein Haushalten, Sparen, Auskommen. ‚Mittragen war die vorherrschende Grundstimmung dieser kleinen Liebe', ging es ihm plötzlich durch den Kopf, und zu dem noch immer vorhanden Lächeln überzog eine leichte Röte sein Gesicht. Etwas wie Scham war aufgekommen, und sein Gedankenfluss stockte an diesem Punkt.

Was war es, was er wollte? Weswegen stand er hier und dachte über das Springen nach?

In diesem Augenblick legte sich eine Hand auf seine Schulter. Er sah sich um und blickte in ein Gesicht, das ihm irgendwie bekannt vorkam, das er aber nicht sofort zuordnen konnte.

„Ich danke Ihnen", sagte der Mann.

„Wofür", fragte er erstaunt.

„Für die Lebenshilfe, die Sie mir gegeben haben."

Als er nicht gleich antwortete, sprach der Mann weiter.

„Ich kam auf diese Brücke, um sie durch einen Sprung wieder zu verlassen." Dabei schaute er auf den Fluss. „Sie standen schon hier und sahen hinunter, und an Ihrem Gesicht konnte ich erkennen,

dass sie das, was ich vorhatte, ebenfalls ausführen wollten. Gut, sagte ich mir, er war zuerst da, soll er auch vorangehen. Aber Sie sprangen nicht, und als ich, schon fast ärgerlich darüber, in Ihr Gesicht sah, bemerkte ich, wie eine Veränderung vorging. Der Ausdruck der tiefsten Verzweiflung, den ich zu erkennen glaubte, als ich kurz nach Ihnen hier ankam, wich nach und nach einem Lächeln und einem Frieden, den ich mir jetzt noch nicht erklären kann. Aber es ging damit auch etwas in mir vor. Meine Verzweiflung wandelte sich mit. Das, was mich hier hoch getrieben hatte, trat plötzlich in den Hintergrund, und andere Dinge, teilweise schon lange vergessene kamen hervor. Meine Ziele, die mich als junger Mensch angetrieben hatten, Bilder von Menschen, die mich auf meinem Weg begleitet hatten und die ich – so muss ich gestehen – vergessen, weggelegt, beiseitegeschoben hatte, waren plötzlich da. Und der fatale Satz, der mich hier hoch getrieben hat: „Mir bleibt nur noch der Absprung!“ bekommt plötzlich eine neue Bedeutung. Natürlich muss ich einen Absprung machen – aber nicht hinaus, sondern hinein ins Leben. Und wenn der Zug inzwischen schon zu schnell fährt und ich mir ein paar Schrammen hole, vielleicht auch etwas breche, so ist das ganz etwas anderes, als mit einem Sprung das Leben zu beenden.“
Der Mann hatte jetzt ebenfalls etwas Farbe im Gesicht bekommen. Beide Männer standen sich gegenüber und sahen sich in die Augen, und jeder erkannte in denen des Anderen sich selber; gespiegelt und klein, aber lebendig.
Wieder sprach der Fremde: „Sie kennen mich?“
Er schüttelte den Kopf und suchte dabei immer noch in der Erinnerung.
„Sie haben nicht die Nachrichten gesehen oder gehört?“
Jetzt wusste er es mit einem Schlag. Vor ihm stand der Mann, der für seinen letzten Sprung verantwortlich war, der ihn hier auf die Brücke getrieben hatte, der verantwortlich war für viele andere

Menschen, die jetzt am Tag vor Weihnachten plötzlich arbeitslos waren. Den Vorstandsvorsitzenden der Stahlbau AG. Und merkwürdig. Kein Zorn, kein Hass, keine Wut kamen in ihm hoch. Heute Morgen wäre das noch anders gewesen.
Der hielt ihm nun die Hand hin und sagte „Danke!" und „Hier oben ist es kalt! Wir sollte herunter gehen."
Und beide gingen langsam zurück, weiter miteinander im Gespräch und zutiefst einander verstehend, zurück in das Leben.

Isa Rühling

Zeitsprung

Der Gegenwart stand da und hütete. Ein Zeitschaf nach dem andern sprang über den Stecken. Brauchte es einen Hund?

Es gab Schafe, die verschluckte der Nebel. Andere richteten sich auf mit scharfen Konturen, kaum dass sie den Schritt getan. Man konnte sie riechen, ein Verlangen nach Zueignung.

Wiederum andere sah er täglich. Sie zu zählen, ermüdete ihn nicht. Ebenso wenig kümmerten sie ihn, es sei denn, es fehlte eines. Dann würde ihn quälen, dass er nichts von ihm wusste als seinen Namen, Quintus zum Beispiel.

Dass sie sich gegen ihn stellen würden, eines Tages, war das denkbar? Dass ihn, wenn sie zurückkehrten, die Vergangenheit einholte? Sie warfen Schatten.

Andrerseits sah er sie kommen, fixierte sie schon von weitem. Sah ihr wolliges Vlies, auch die Schwarzen darunter, ihre klaren Gesichter. Nein, einen Hund brauchte es nicht. Mochten sich auch in der Ferne die Ränder der Herde verlieren, am Ende, je näher sie rückten, würden sie sich einreihen und springen. Es reichte, nur dazustehen und zu zählen, die alten wie die neuen Gesichter.

Er würde sie wiedersehen, alle, letztlich irgendwann, daran glaubte er. So wie diese: Sie schienen zu pendeln, oder sie erschienen unregelmäßig, oder in größeren Umläufen. Sein Zählsystem hatte dies zu berücksichtigen.

Primus zum Beispiel, den er zuerst wahrgenommen hatte, solange er denken konnte, er machte scheinbar eine Ausnahme. Denn er würde nie zurückkehren; schließlich war er einmalig. Doch so hatte es seine Ordnung. Er war ihr Anfang, mit ihm fing es an.

Bei den Wiederkehrern war er sich nicht so sicher, deshalb zählte er sie ja, damit ihm keiner entging. Da war Tertius, zum 333. Mal.

Und Septimus, gleich nach Sixtus, was nicht immer der Fall war. Auch dass Quintus diesmal ausblieb, war zu erwarten. Doch diese grauschwarze Locke über dem linken Auge – sie war unbedeutend – hatte er bisher kaum bemerkt.
Er ertappte sich, wie er begann, auf Details zu achten, drohte, sich zu verzählen, ja das Zählen ganz zu vergessen. – Und dann sah er ihn, erst einen Schatten nur:
Primus!
Und sprang, und dann fraß er, und seine Lefzen tropften.

Eva Siegmund

Bis das Seil reißt

Wenn Miriam die Augen schloss, sah sie Benni. Und wenn die Augen offen waren, schien es nicht besser zu sein. Benni lachte ihr entgegen. Von den Fotos, die am Kühlschrank klebten, aus den Bilderrahmen, die im Flur hingen, und von ihrer Netzhaut, in die sich das letzte Bild von ihm gebrannt hatte, als hätte es ihr jemand mit der heißen Nadel aufgestickt: Benni, komplett vergurtet mit einem dieser Extremsportlerhelme auf dem Kopf, der sie angrinst. Wieder einmal hatte er versucht, sie zu überreden, mit ihm zu springen. Wäre sie bloß! Doch Miriam hatte zu viel Angst vor solchen Sachen, und diese Angst hatte ihr immer klebrig im Nacken gesessen, wenn Benni gerade einer seiner Leidenschaften nachging. So auch heute. Sie hatte nicht hinsehen können, und das war gut so. Immerhin konnte sie deshalb jetzt an Benni denken, wie er lächelte, und nicht an Benni, wie er auf eine Asphaltplatte krachte. Wie der harte Untergrund Helm und Kopf knackte, als wären sie nur Nüsse – nichts weiter. Miriam fröstelte. Ob Petra und Thomas es schon wussten? Und Bennis kleiner Bruder Jan, was war mit ihm?

Thomas wusste es. Handys, verfluchte. Er saß auf dem First des Daches, das er und seine Kollegen gerade deckten, und starrte in die Tiefe. Ein hohes Haus war es, ein Stadthaus mit Wohnungen, fünf Stockwerke hoch. Ein Altbau. Er schätzte seine Höhe auf ca. 18 Meter, von der professionellen Perspektive aus betrachtet. In seinem Herzen hatte das Haus keine Höhe. Das Dach hatte noch nicht einmal Mauern unter sich – es stand vielmehr kurz unterhalb der Wolkenkante in der Luft. Wie ein Floß. Die Welt, die unter ihm liegen musste – Bäume, Autos und

Menschen – konnte er nicht sehen. Der Tränenschleier, der sich über seine Augen gelegt hatte wie ein klebriger Film aus widerlichem Schleim, verhinderte es. Seine Kollegen hatten ihn alleine gelassen, wussten sie doch nicht, was sie nun mit ihm anfangen sollten, was sie für ihn tun konnten. Manfred hatte ihm ein Bier hingestellt, was Thomas auf der einen Seite rührend fand, auf der anderen Seite einfach nur dämlich. Er war keiner von diesen Männern, die allen Schmerz mit Alkohol zu betäuben suchten. Nein. Diese Momente wollte er so unmittelbar fühlen, wie es nur möglich war. Der reine Schmerz würde das Letzte sein, das ihn mit seinem Sohn in Verbindung hielt. Benjamin, sein Erstgeborener. Er schmeckte die Worte auf der Zunge, und bereits jetzt war ihm das Wispern seiner Stimme fremd. Er wusste, dass er diese Worte von nun an nicht mehr so würde sagen können wie zuvor. Mit der Zeit würde der Schmerz dumpfer werden, weniger glaubwürdig und seltsam ausgehöhlt. Er kannte das schon. Thomas hatte viele Menschen gehen sehen. Trotzdem war das hier anders. In seinem Brustkorb saß ein Tier, das wild an seinen Sehnen, seinem Herzen riss. In seinem Kopf war ein Ringkampf ausgebrochen. Zwei Optionen standen dort einander gegenüber, süßer, viel süßer als die Wahrheit schienen sie zu sein. Wenn er sprang, dann müsste er nichts mehr sehen und hören, brauchte mit niemandem zu reden und musste auch den hohlen Trost nicht ertragen, der ihm bald wie eine üble Welle entgegenschlagen würde. Scheiß Mitgefühl, er brauchte es nicht. Springen war also die eine Option. Seinen Sohn jedenfalls hatte es zuverlässig aus dem Leben gerissen.

Oben bleiben war die zweite Option. Wenn er einfach hier oben blieb, konnte er das Mitgefühl ebenfalls abwehren. Vielleicht war hier oben die Realität von da unten auch noch gar keine Wirklichkeit? Vielleicht war Benni hier oben ja noch gar nicht tot? Thomas liebte diesen Gedanken, und gerade deshalb liebte er seine Arbeit. Denn in der Hälfte der Zeit konnte ihm die echte Welt den Buckel runterrutschen.

Petra wusste es noch nicht. Als das Telefon klingelte, hatte sie schon Schuhe und Mantel angezogen, sich diverse Müllbeutel und den Einkaufskorb aufgeladen und den Autoschlüssel zwischen die Lippen geschoben. Sie war knapp dran, musste noch in die Reinigung und nach dem Einkaufen Jan abholen. Egal, was ihr Mann für Sorgen hatte, sie mussten noch eine Weile warten. Als die Polizisten klingelten, war Petra mit ihrem nachtblauen Golf gerade um die Ecke der Straße gebogen.

Jan wusste es auch nicht. Er hatte ohnehin gerade ganz andere Sorgen. Dieses Schwimmbecken sah verflixt klein aus von oben. Er hatte Angst, dass er einfach daneben springen würde, dass er das Becken verfehlte, weil es geschrumpft war, einfach so. Eigentlich wusste er, dass das nicht wirklich sein konnte. Das große Becken, welches er eben beim Hochklettern gesehen hatte, war immer noch genauso groß, und die Erdanziehungskraft würde schon dafür sorgen, dass seine Flugbahn gerade ausfiel, aber... aber das änderte nun einmal nichts an der Tatsache, dass es von hier oben klein aussah.
Jan schnaubte. Er hatte eine tierische Wut auf Benni. Nur weil der in der Schule berühmt für seine Kopfsprünge vom 10-Meter-Turm und seine Skateboardstunts war, schienen alle zu denken, das wäre so was wie eine scheiß Familienpflicht. Dabei war Jan auch sonst nicht so wie Benni. Er war ein Streber, aber einer von der netten Sorte. Jan schüttelte den Kopf. Grausamer Wink des Schicksals, dass die Sportlehrerin jedem einen Einser versprochen hatte, der von diesem Turm heruntersprang. Fast die ganze Klasse hatte sich gewagt, nur ein paar Mädchen hatten mit dem Zweier vorliebgenommen, den es für einen Sprung vom 3-Meter-Brett

gab. Jan fand das nicht gerecht. Wieso gab es den Zweier schon für drei Meter? Lag wahrscheinlich daran, dass das 5-Meter-Brett in der Mitte des Turmes schon seit einer Ewigkeit gesperrt war.
Er rieb sich die Arme. Gänsehaut hatte sich auf seinem ganzen Körper breitgemacht. Diese verfluchte Angst. Wäre er einfach losgelaufen und von dem Brett gesprungen, so wie es alle anderen gemacht hatten, ohne groß darüber nachzudenken, dann wäre ihm jetzt auch nicht so kalt.
Er hörte die Stimme von Patrick zu ihm heraufschallen: „Mach schon, Niederholdt, worauf wartest du denn? Willst du da oben stehenbleiben bis dir Kraut aus den Ohren wächst?“
Patrick fand diese Frage sicherlich sehr geistreich, aber Jan wartete auf gar nichts, und Kraut würde ihm auch dann nicht aus den Ohren wachsen, wenn er beschließen sollte, fünfzig Jahre auf diesem Turm zu stehen und das kleine blaue Viereck anzustarren. Kein Problem.

Petra hatte in der Reinigung Frau Massberger getroffen und sich festgeredet. Nun war sie noch später dran, und die Schlange an der Supermarktkasse war ungebührlich lang. Was wollten die Leute denn heute bloß alle im Supermarkt? Morgen war schließlich nicht Ostern oder Himmelfahrt, sondern ein ganz normaler Samstag. Warum gingen sie nicht morgen einkaufen, wie alle anderen auch? Bei ihr war das etwas anderes, sie brauchte die Sachen für das Abendessen, und zwar dringend. Sonst bliebe heute die Küche kalt. Der potthässliche 10er-Pack Übergrößenunterhosen, den die Dame vor ihr in der Schlange an sich drückte, als sei er ihre verloren geglaubte Lieblingspuppe, wäre morgen bestimmt auch noch dagewesen. Sowas war sicher nicht allzu schnell vergriffen.
Petra fühlte, dass ihr Handy in der Einkaufstasche vibrierte. Gleich würde sie ihn zurückrufen, gleich. An der Supermarktkasse

wollte sie aber nicht telefonieren, das war ihr unangenehm. Die Frau mit den Unterhosen sollte nicht wissen, worüber sie sprach, und noch dazu fand sie es unhöflich zu telefonieren, während sich ein anderer Mensch von berufswegen mit einem beschäftigte. Trotzdem machte sie sich langsam Sorgen. Dass Thomas so oft anrief, war eigenartig.

Petra ging nicht an ihr verfluchtes Handy, das machte ihn ganz verrückt. Er wollte es ihr nicht sagen, er wollte es niemandem sagen. Aber er wollte, dass seine Frau es wusste. Sie musste es wissen.
Thomas griff neben sich und öffnete mit dem Zollstock, der ihm aus der Hosentasche ragte, das Bier. Nun war er doch froh, dass er es hatte. Sein Herz tat so weh, da war es beruhigend, etwas Vertrautes zu tun, der pelzigen Zunge einen Geschmack zu geben, den sie kannte und staunend die Hände dabei zu beobachten, wie sie taten was zu tun war. Seine Hände waren viel männlicher als sein dummes Herz. Es brach. Jetzt in diesem Augenblick. Nicht mit einem leisen, sauberen Knacken, nein. Es rumpelte, verlor Brocken und Geröll, feine und gröbere Risse gruben sich hindurch. Bald würde sich mit einem Poltern jener Teil seines Herzens lösen, in dem das Glück Zuhause war.
Sein Telefon klingelte. Nun rief Petra an. Thomas starrte eine ganze Weile auf das blinkende Display, bis er sich entschließen konnte, den Anruf anzunehmen. Es half ja nichts.

Miriam hatte sich ausgezogen und nackt auf den Küchenboden gelegt. Ihre Kleidung hatte schwer, zu schwer an ihrem Körper geklebt, die Haut heruntergezogen und den Brustkorb eingeengt. Kein Gramm Stoff hatte sie mehr ertragen. Auch ihre Haare ertrug sie kaum, sie rochen unverschämt nach Beeren und Parfum, sie rochen nach Leben. Ekliges, nutzloses Leben, fröhlicher Mor-

gen mit Marmelade und Kaffee – und mit Benni.
Wenn sie auf dem Rücken lag, fiel ihr Blick auch nicht mehr auf den gemeinsamen Alltag, der sich ihr in der ganzen Wohnung entgegenwarf. Nicht auf das dreckige Geschirr, nicht auf die zwei Zahnbürsten im Bad, nicht auf die Fotos. Nur auf weiße Raufaser und einen eingestaubten Lampenschirm. Das half tatsächlich. Sie fragte sich, ob die Tränen, die ihr an den Schläfen herunter rannen und durch die Haare auf den Boden sickerten, wohl bereits kleine Pfützen gebildet hatten. Ob diese Pfützen sich wohl gegen Abend zu einem See zusammenfanden, in dem sie ertrinken konnte? Man würde es sehen.
Plötzlich fiel ihr ein, dass auf Bennis Facebook-Account sicher noch die Nachricht „Gehe jetzt Bungee-Jumpen! Juchu!" zu lesen war. Natürlich. Warum sollte sie da auch nicht mehr stehen? Er hatte sie mit einem elektronischen Finger dort hingeschrieben, sein Profil löschte sich nicht einfach so von selbst. Dreimal verflucht! Der Gedanke war ihr unerträglich. Da grinste noch das Foto, und vielleicht hatten ein paar Freunde geistlose Kommentare wie „Runter kommt man immer" auf seiner Pinnwand hinterlassen. Vielleicht tat es einer gerade jetzt, in diesem Augenblick?

Nun wusste es auch Petra. Sie saß auf dem Fahrersitz ihres Autos und weinte leise. In ihrem Kopf meinte sie eine Glocke läuten zu hören. Eine Glocke, die ihr sagte, dass es nie, nie wieder gut werden konnte. So einfach war das also. Ihr Leben zerbrach in zwei Hälften, in ein Davor und ein Danach. Das Leben mit Benni und das Leben ohne ihn. Was nun vor ihr lag, war eine lange, kalte Nacht ohne Morgen. An seiner Stimme hatte sie gehört, dass Thomas sie verlassen würde. Es war ihr egal. So musste es wohl sein, wie auch immer. Petra konnte kaum sagen, ob sie erleichtert darüber war oder traurig – alles wurde von dem verzweifelt ungläubigen Schmerz überdeckt, der sie in den Nacken biss.

Jan. Sie musste Jan abholen. Die Schwimmhalle lag um die Ecke, deshalb hatte sie es sich ja auch so eingerichtet, dass sie vorher einkaufen konnte. In dem Leben Davor hatte das Sinn gemacht, jetzt löste diese Entscheidung Übelkeit in ihr aus. Überall wollte sie sein. Überall, nur nicht hier. Ihr Handy hatte sie einfach fallenlassen. Es lag im Fußraum, direkt unter dem Gaspedal. Da konnte es auch liegenbleiben. Petra drehte langsam den Schlüssel im Zündschloss um, parkte ihr Auto aus und trat dann mit Nachdruck aufs Gas. Ein irritierendes Hochgefühl durchzog sie, als das Plastikgehäuse mit einem lauten Knacken unter ihrem Fuß zerbrach. Alles, aber auch alles ging kaputt. So musste es sein. Nie würde es sein wie vorher. Nie wieder gut.

Jan verstand nicht recht, was daran so toll sein sollte, zuerst eine ewig lange Leiter hinaufzuklettern, um dann von einem Brett in kaltes Wasser zu springen. Wer hatte sich das nur ausgedacht, um Himmels Willen???
Er erschrak fürchterlich, als Benni auf einmal neben ihm stand.

Thomas hatte sich aufgerichtet. Nach dem Gespräch mit seiner Frau wollte er nicht mehr auf dem Dach bleiben. Er wollte Dinge anfassen, die seinem Sohn gehört hatten. Wollte seine große Nase in dessen gebrauchter Kleidung versenken und weinen wie ein Kind. Nichts auf der Welt konnte ihn jetzt noch davon abhalten. Miriam und Benni hatten ihre Wohnung nur ein paar Straßenzüge entfernt. Diese Wohnung zog ihn magisch an. Er wollte dort hin und die abgenutzten Ikea-Möbel, die schmuddelige Küche und das riesige Hochbett sehen. Er wollte sich vergewissern, dass Benni dort gewesen war. Dass er sich seinen Sohn nicht nur eingebildet hatte.
Also ging er wortlos an seinen Kollegen vorbei die Straße hinunter. Die Füße trugen ihn ganz selbstverständlich, er hatte sie nur

dazu auffordern müssen. Eigenartig.
Thomas beeilte sich. Er wollte weinen, nicht mehr lange und er könnte das Schluchzen nicht mehr zurückhalten. Aber auf der Straße weinen? Nein!
Als er an der Wohnung ankam, klingelte er zweimal kurz hintereinander, und als sich nichts regte, benutzte er einfach den Schlüssel, den er für ‚Notfälle' immer bei sich trug. War das ein Notfall? Er hatte keine Ahnung.

Miriam hörte, wie sich ein Schlüssel im Schloss drehte. Eine gleißend helle Sekunde lang dachte sie, dass Benni nun nach Hause kam, doch dieser Gedanke war schnell verflogen. Bennis Eltern hatten einen Schlüssel. Natürlich, damit hatte sie rechnen müssen! Hoffentlich war es Thomas, mit Petra kam sie nicht so gut aus.
Als sie die schweren Schritte von Dachdeckerstiefeln im Flur hörte, schlich sich ein Lächeln auf ihre Lippen. Natürlich war es Thomas. Er wollte da sein, wo sein Sohn gelebt hatte. Kurz darauf sah sie ihn im Türrahmen stehen.
„Hallo!", sagte Miriam, ohne ihm in die Augen zu sehen.
„Hallo!", sagte auch Thomas. „Warum hast du nichts an?"
Miriam zuckte die Schultern. Daran hatte sie gar nicht mehr gedacht.
„Ich konnte nichts mehr ertragen!"
Thomas nickte. Sie konnte seinen Schatten auf und ab wippen sehen.
„Was dagegen, wenn ich mich zu dir lege?"
Miriam zuckte erneut die Schultern. „Von mir aus."
Sie hörte, wie Thomas sich auszog. Nach kurzer Zeit lag er neben ihr. Sie roch seinen Schweiß und den Holzstaub, der sich auf seine Haare gelegt hatte. In seinem Atem lag eine Spur Bier, aber nicht besonders viel. Ihre Arme berührten sich und Miriam wusste

nach kurzer Zeit schon nicht mehr, wo ihr Arm endete und seiner anfing.

Thomas zitterte, und sein ganzer Körper wurde von Schluchzern geschüttelt, aber sie drehte sich nicht zu ihm um. Sie ließ ihn einfach weinen. Es fühlte sich richtig an, so absurd es auch war, nackt neben ihm auf dem Küchenboden zu liegen. Etwas anderes fiel ihr auch nicht ein. Irgendwann fragte Thomas mit einer Stimme, die so zerbrechlich und angsterfüllt klang, wie die eines kleinen Jungen: „Was sollen wir denn jetzt tun?"

Miriam dachte einen Augenblick nach. Schließlich antwortete sie: „Leben, bis das Seil reißt."

Und Thomas nickte.

Jan musterte Benni mit kritischem Blick. Dass er jetzt hier war, konnte einfach nicht sein! Eine schreckliche Ahnung umschloss das Herz des Jungen.

„Was machst du denn hier?", fragte er.

„Ich habe keine Ahnung", sagte Benni, und seine Augen blickten tatsächlich etwas unsicher drein.

„Wie bist du denn hierhergekommen?"

„Ich weiß es nicht, Jan. Aber irgendwie fürchte ich, ich bin tot!"

Jan nickte unmerklich. Ja, das fürchtete er auch.

„Was ist denn passiert?", flüsterte er.

„Ich bin gesprungen. Ich glaube, mein Seil ist gerissen!"

Jan riss die Augen auf. Das konnte doch nicht wahr sein!

„Warum zum Teufel bist du denn schon wieder gesprungen???"

Benni zuckte die Achseln. „Weil ich es liebe. Und warum springst du nicht?"

„Ich seh' keinen Sinn darin." Jetzt schossen ihm Tränen in die Augen. „Scheiße, und dich hat es umgebracht!"

„Sieht so aus!"

„Scheiße!"

Eine Weile standen sie schweigend nebeneinander auf dem Sprungbrett. „Ist es sehr schlimm?“, fragte Jan nach einer Weile.
„Ich bin traurig“, antwortete Benni, „und ich hab’ ein bisschen Angst. Aber weh tut es nicht.“
Jan nickte und wischte sich die Tränen von der Wange. „Warum bist du ausgerechnet zu mir gekommen und nicht zu Miriam, Papa oder Mama?“
„Ich habe mir das nicht ausgesucht“, antwortete Benni. „Aber ich habe da so einen Verdacht, du nicht auch?“
Jan schüttelte den Kopf, aber eigentlich wusste er es auch. Die beiden Brüder waren noch nie gut miteinander klargekommen. Irgendwie hatte es immer gekracht zwischen ihnen, als wären sie zwei Kabel, die man bei der kleinsten Berührung miteinander zum Kurzschluss bringen konnte.
Jan blickte seinen Bruder an und hatte das Gefühl, dass dessen Körper immer durchsichtiger wurde. Sie schienen nicht mehr allzu viel Zeit zu haben.
„Ich hab dich lieb!“, flüsterte Benni.
„Ja. Ich hab dich auch lieb.“
Dann war er weg, und langsam kehrte das Schwimmbad zu Jan zurück. Die Geräusche, die Klassenkameraden und der Geruch nach Chlor.
Er blickte nach unten und sah, dass seine Mutter gekommen war. Sie redete mit der Lehrerin und sackte dann komisch in sich zusammen wie ein Sack Mehl, den man aufgeschlitzt hatte. Benni war tot. Er fühlte, dass es die Wahrheit war. Kein Tagtraum, kein Entkommen.
Frau Westerburg, seine Sportlehrerin, scheuchte die anderen in die Umkleidekabine und setzte seine Mutter auf eine der weißen Plastikliegen, die am Beckenrand standen.
Dann kletterte sie langsam zu ihm herauf.
Jan zitterte. Er wusste es ja, aber er wollte es nicht hören. Wie

langsam Frau Westerburg die Leiter hochgekrochen kam, als sträubte sich auch in ihr alles gegen diesen Aufstieg.
Als sie oben angekommen war, ging sie langsam auf Jan zu.
„Jan, deine Mutter ist da!“ Er nickte.
„Deinem Bruder ist etwas zugestoßen … ich …“
Nein, das wollte Jan nun wirklich nicht hören. Er wollte auch nicht länger auf diesem verfluchten Sprungbrett stehen. Doch Frau Westerburg versperrte den Weg zum Abstieg und sah ihn mit gläsernen Augen an. Ja, verdammt, Benni war immer ihr Liebling gewesen.
Kurz entschlossen wandte Jan sich um, nahm Anlauf, stieß sich kräftig vom Rand des Brettes ab und schleuderte seinen Körper dem Wasser entgegen. Und für ein paar Augenblicke konnte er sie tatsächlich spüren: Die Freiheit seines Bruders.

Reinhard Strüven

Von der Entstehung eines Kunstwerks

Emilia Castellos Aufgabe ...

... bestand in der Endkontrolle von Staubtüchern, einer Tätigkeit, die weder geistige noch körperliche Qualifikation erforderte und ihren Möglichkeiten wohl in keiner Weise entsprach, aber nach vielen Jahren der beruflichen Abstinenz, der Hausarbeit und dem Aufziehen dreier Kinder war es für die gelernte Näherin dennoch ein Glücksfall, Anstellung in einer großen Florentiner Tuchfabrik gefunden zu haben.

Emilias Arbeitsplatz befand sich in einem kleinen, schmucklosen und rein zweckbestimmt eingerichteten Raum, der in der Mitte von einem monoton summenden Fließband zerteilt wurde, einem Band, das aus einem quadratischen Loch in der Wand erschien und in einem ebensolchen am anderen Ende des Raumes wieder verschwand. Es beförderte quadratische Kartons mit je fünfhundert Staubtüchern.

Emilias und die Aufgabe der sieben anderen Frauen war es, jedem Karton ein Staubtuch zu entnehmen, es in Windeseile zu entfalten, kurz von beiden Seiten prüfend zu betrachten, es dann wieder zusammen- und zurück zu den vierhundertneunundneunzig anderen zu legen. Im nächsten Raum, welchen das Fließband durchquerte, erhielten die Kartons deshalb den Aufdruck: „Qualität, von Hand geprüft" – ein Gütesiegel, das ohnehin bereits jedes auf den Tüchern eingenähte Etikett zierte. Es gab auf diese Weise weiteren acht Frauen Arbeit, die in einem Raum von ähnlich freudloser Einrichtung mit dem Verschließen, Versiegeln und Bestempeln der Kartons betraut waren, mit einer Tätigkeit also, die ebenso

gut, wahrscheinlich besser, von Maschinen hätte verrichtet werden können.
Emilia glaubte ihre Arbeitsstelle sicher, denn ein Etikett mit dem Aufdruck „Von Hand kontrolliert" war dem Absatz eher förderlich als eines mit der Schrift „Von Maschinen geprüft" – wenngleich es wahrheitsgemäß anders hätte lauten müssen: „Jedes fünfhundertste Staubtuch von Hand kontrolliert", oder: „Stichprobenhaft geprüfte Qualität".
Doch nicht einmal jeder fünfhundertste Käufer von Staubtüchern aus jener Florentiner Tuchfabrik konnte sicher sein, ein einwandfreies Exemplar erworben zu haben, denn Emilia war, obgleich sie sich manchmal so fühlte, eben keine Maschine. Ein separater Eingang führte zu beiden Seiten des Fließbands, ein Schild wies die Arbeiterinnen darauf hin, dass das Übersteigen, das Anreichen von Gegenständen und sogar das Sprechen darüber hinweg verboten seien. Und nach der Beschreibung ihrer an Abwechslung nicht gerade reichen Tätigkeit wird es verständlich erscheinen, dass sie nicht jedem Tuch die Aufmerksamkeit schenkte, die für eine erschöpfende Prüfung nötig gewesen wäre. Wollte sie, wollte ihre Phantasie hier überleben, musste sie sie auf die Reise schicken, mussten ihre Gedanken die kahlen Wände, den schmucklosen Raum verlassen, durften allenfalls in den Pausen zurückkehren.
Routiniert griffen unterdessen ihre Hände in jeden achten Karton, entfalteten beige Staubtücher, die sich nur durch ihre Farbgebung am Rand des Gewebes unterschieden: braune, orange und grüne Streifen in quadratischer Anordnung. Ihr müder Blick glitt kurz über beide Seiten, darin bestand die Kontrolle, bevor die Tücher glattgezogen und zweimal gefaltet in Kartons à fünfhundert zu ihrer Bestempelung befördert wurden.
Der Raum war von dem immer gleichen Geräusch erfüllt, einem unterschwelligen Summen, das Emilia nur anfangs gestört hatte, nun aber bei der Flucht ihrer Gedanken half.

Es kann folglich nicht dem Zufall zugeschrieben werden, dass sie ein missratenes Staubtuch von ungleichmäßiger Färbung, mit gekrümmten anstatt geraden Linien ‚prüfte' und wie gewohnt zurück in den Karton legte. Zufall allenfalls, dass sie ausgerechnet dieses anstelle der vierhundertneunundneunzig einwandfrei verarbeiteten Tücher erwischt hatte. Zwar bemerkte sie den Fehler, reagierte jedoch viel zu spät, weil es einige Sekunden dauerte, bis ihre Gedanken wieder unter ihre Kontrolle zurückgekehrt waren. Sie machte einen Schritt hin zu der Öffnung, durch die der Karton verschwand, hätte ihn noch zurückhalten und das fehlerhafte Tuch entfernen können, zögerte jedoch. Es wäre einem Schuldbekenntnis gleichgekommen. Sie erahnte die kopfschüttelnden, ausdruckslosen Blicke ihrer Kolleginnen, erahnte die Peinlichkeit der Situation, tat also nichts und wartete, im Innern aufgewühlt, auf den nächsten Karton. Unsicher entfaltete sie das obere Tuch und atmete auf, als sie sah, dass es in Ordnung war.
Der Vorfall aber ließ sie den ganzen Tag nicht mehr zur Ruhe kommen, und auch an den folgenden Tagen prüfte sie jedes Tuch mit doppelter Gründlichkeit, prüfte jede Seite mehrfach, kontrollierte den Lauf einer jeden braunen, orangen und grünen Linie.

Gelassen vernahm Lisa Patrolini …

… das Gezeter der Kundin, die sich in Rage redete und das Tuch anklagend vor ihr auf dem Tisch entfaltete. Sie indes kassierte weiter und ließ sich ihre Ungeduld nicht anmerken; die Schlange vor der Kasse erlaubte keine Ablenkung oder gar Pause. Ihr gleichmütiger Gesichtsausdruck aber veranlasste die Kundin nur zu neuen, noch heftigeren Schimpftiraden – während sie abwechselnd das Tuch in die Höhe hielt und es auf den Tisch zurücklegte, um ihrer ohnehin wortgewaltigen Stimme gestikulierend Nachdruck zu verleihen. Zwar war sie kaum größer als die Kasse auf dem Ladentisch, dafür aber von umso gewichtigerer Leibesfülle, mit kurzen, stämmigen Beinen, stand so den anderen Wartenden gewollt oder ungewollt im Weg.

Lisa blieb nichts anderes übrig, als eine gespielt freundliche Miene aufzusetzen und den Gegenstand des Anstoßes ebenso widerwillig wie desinteressiert in Augenschein zu nehmen. Das Tuch von beiden Seiten betrachtend, erkannte sie die ungleichmäßige Färbung, die falsch verlaufenden Linien, erkannte, dass die Reklamation berechtigt war, berechtigt wie unzählige zuvor.

Sie faltete es zweifach, zog es glatt – genauso, wie es Emilia in der Tuchfabrik täglich zu tun pflegte –, doch kannte sie nicht die Tuchfabrik, ahnte nichts von Emilias Existenz; alles was sie sah, war die Aufschrift „Von Hand geprüft", war der beinahe tägliche Ärger mit den Kunden, waren die Stapel von fehlerhaft gewebten oder gefärbten Staubtüchern, die einmal im Monat als Sonderangebot inseriert und zum halben Preis verkauft wurden. Das Gütesiegel „Von Hand geprüft" war für sie zum Synonym für falsche Behauptungen geworden –, und ihre Gleichgültigkeit, ihre teilnahmslose Miene und gespielte Freundlichkeit waren weder Arroganz noch Böswilligkeit, sondern reiner Selbstschutz. Dahinter verbarg sich eine Verärgerung, die parallel zu der Zahl fehlerhaft verarbeiteter Tücher wuchs. Eines Tages, hatte sie sich vorgenommen, würde sie hinfahren zu jener Fabrik und sich die ansehen, die da „von Hand prüften".

Ihre Kundin merkte von alledem nichts. Mit Argusaugen folgte sie jeder von Lisas Handbewegungen und ließ, da sie ihr Ziel erreicht zu haben glaubte, etwas nach in ihrem Redefluss. Die knappe Antwort aber, sie möge sich ein neues Tuch aussuchen und dann mit dem Kassenzettel wiederkommen, versetzte sie doch in Erstaunen. Wohl hatte sie mehr Widerstand erwartet; sie ging zu den Regalen, begann wieder zu reden und mit den Armen zu gestikulieren. Lisa sah ihr nach und musste lächeln, warf dann das Staubtuch in einen Korb zu der übrigen Umtauschware.

Maria Delcecci …

… war eine unglückliche Frau, und nur ein bornierter Jurist wird ihr vorhalten können, die Misslichkeit ihrer Lage selbst verschuldet zu haben. Der Mann ihres Lebens, vor der Heirat ein Kavalier par excellence, entpuppte sich danach als Tyrann, und Maria, zur Häuslichkeit erzogen, verharrte in einer lähmenden Mischung aus Harmoniebedürfnis und Angst. Im Stillen hoffte sie auf eine Änderung zum Besseren, wenngleich ihr Verstand ihr täglich neu die Unmöglichkeit dessen vor Augen führte. Ihr Spiegelbild betrachtend, glaubte sie sich um die doppelte Zahl ihrer Jahre gealtert, Falten durchzogen das einst makellose Gesicht, und der Vorrat an Cremes, den ihr Mann von Zeit zu Zeit vernichtete, verschaffte nur kurzfristige Linderung.
Sie hatte bereits resigniert, geglaubt, sich mit ihrem Schicksal abfinden zu müssen, als sie einen anderen Mann kennenlernte. Er wurde ihr Liebhaber –, und viel mehr als das, er schenkte ihr die Aufmerksamkeit, die ihr Mann ihr verweigerte. Er machte ihr Komplimente, führte sie aus, war zärtlich und einfühlsam – und sie erwies sich als Meisterin im Versteckspiel, erfand immer neue Ausreden, Vorwände, Rechtfertigungen, um sich mit ihm zu treffen. Jedes Zusammensein mit ihm war ein Sieg über den nichtsahnenden Despoten. Sogar die Falten wurden weniger, weil sie nun täglich lachte. Sie freute sich allein schon darüber, eine verloren geglaubte Fähigkeit wiedergefunden zu haben. Um ihre Treffen vorzubereiten, bedachte sie jede Kleinigkeit, setzte all ihren Verstand ein, um das doppelte Spiel zu perfektionieren. Sie fand Gefallen daran, denn je gewagter die Umstände, umso größer ihr Sieg.

War sie vormals stundenlang gedankenverloren durch die Kaufhäuser der Stadt gezogen und hatte sich Berge unnützer Dinge angeschafft, waren die eilig zusammengekauften vollen Tüten nun ihr Alibi. Die abendlichen Vorwürfe ihres Mannes, sie werfe sein schwer verdientes Geld zum Fenster hinaus, bestätigten sie nur in der Gewissheit, dass er keinen Verdacht schöpfte. Dass er ein Vielfaches dessen versoff, sie entrüstete sich zwar wie ehedem darüber, aber es störte sie nicht, denn seine getrübte Wahrnehmung konnte ihren Absichten nur dienlich sein.
So fiel sie denn auch aus allen Wolken, als an einem Montagvormittag – ihre Kinder waren in der Schule und ihren Mann glaubte sie bei der Arbeit – ein Schlüssel das Schloss der Haustür entriegelte. In Panik stieß sie ihren Liebhaber von sich, der, in höchster Ekstase, ihr Gebaren zunächst nur als neue Variante des Liebesspiels begriff. Er war nicht mehr zu bremsen, grunzte und stöhnte wie ein Tier; mit einem Reflex schaffte sie es gerade noch, ihm eine Hand auf den Mund zu pressen und ihm mit der anderen ein Tuch hinzuhalten, wo hinein er ejakulierte. Es war ein unregelmäßig gefärbtes Staubtuch, welches sie zusammen mit anderen Sonderangeboten an diesem Morgen wahllos eingekauft hatte – sie öffnete das Fenster und warf es hinaus, drängte den Liebhaber ins Badezimmer, schob seine Kleidung unter das Bett, schaffte es noch, einen Morgenmantel überzuziehen, bevor ihr Mann das Zimmer betrat.

Das Tuch …

… lag mehrere Tage in der Abflussrinne, verdreckt vom Schmutz, aufgeweicht vom Regen, getrocknet von der Sonne, bevor der erfolglose Frankfurter Künstler Klaus E. Müller die Straße an ebenjener Stelle überquerte.

Bewaffnet mit Malkasten und Feldstaffelei zog er seit Tagen durch die Straßen von Florenz auf der Suche nach Ideen und Inspiration. Von sämtlichen ihm bekannten Frankfurter Galerien hatte er bereits Absagen erhalten und war nunmehr zu der Überzeugung gelangt, nur ein Auslandsaufenthalt könne seinem künstlerischen Schaffen noch Auftrieb verleihen. Also klapperte er die großen, geschichtsträchtigen Sehenswürdigkeiten Italiens ab, weil er gelesen hatte, dass bereits viele bedeutende Maler auf jenen Spuren gewandelt seien. Er malte die Dome von Rom, Florenz und Palermo, skizzierte gotische Kirchen und Schlösser des Barock, porträtierte italienische Adelsfrauen und Landmädchen, konnte aber keines der Bilder verkaufen, denn die der dort ansässigen Heimatmaler waren ausnahmslos besser als seine. Also verschenkte er sie und beschränkte sich auf das Sammeln von Gegenständen, die er zuhause zu abstrakten Kompositionen collagieren wollte.

Das Staubtuch, beinahe völlig von Laub und Schmutz verdeckt, wäre ihm gar nicht aufgefallen, hätte nicht in dem Moment, als er das Haus passierte, die Bewohnerin des Parterres Bürgersteig und Straße gesäubert und den Schmutz zu drei kleinen Haufen zusammengekehrt. Aus einem Haufen schaute ein Zipfel des Tuches heraus, dessen merkwürdiges Kolorit Klaus E. Müller auffiel. Er blieb stehen und verfolgte, wie die Frau im Haus verschwand, mit Kehrblech und Besen wiederkam, wie sie den Schmutzhaufen mit dem Tuch darin auffegen und zum Mülleimer tragen wollte.

Er versperrte ihr den Weg, fragte, ob er es haben dürfe. Er könne es noch gut gebrauchen, fuhr er fort – bevor ihm aufgrund ihres fragenden Gesichtsausdrucks auffiel, dass er Deutsch gesprochen und sie kein Wort verstanden hatte. Sein Italienisch aber reichte nicht zur Konversation. Sein Versuch, ihr den Wunsch in Englisch und Französisch verständlich zu machen, bewirkte ebenfalls nur ein Kopfschütteln, und seine Zeichensprache veranlasste sie zu

jener Handbewegung, die dem Sprechenden signalisiert, dass er besser in einer Klinik aufgehoben sei.
„Diese Frau versteht einfach nichts von Kunst!“, folgerte er fälschlicherweise, riss das Tuch vom Kehrblech; der Schmutz stob ihr ins Gesicht, er wich einige Schritte zurück, sah, wie sie zunächst hustete und dann zu fluchen begann, andere kamen hinzu, die Lage wurde bedrohlich, er drehte sich um und gab Fersengeld, so schnell ihn die Füße trugen. Völlig außer Atem stoppte er, setzte sich auf einen Mauervorsprung und besah seine Beute: ein merkwürdiger Stoff, ein Tuch wie von Künstlerhand und zugleich sehr stümperhaft, eine abstrakte Komposition und dennoch auf eine gewisse Weise gegenständlich.
Klaus E. Müller suchte ein Künstlerbedarfsgeschäft, kaufte einen Keilrahmen, Firnis-Spray, einen Tucker, Heftklammern, ging zurück in sein Hotelzimmer und spannte das Tuch auf. Das Ergebnis stellte ihn mehr als zufrieden. Sein Bild. Die erste seiner „Italienischen Impressionen“.

Der dreizehnjährige Detlef…

…Sohn der Nachbarn von Klaus E. Müller, entdeckte das Feuer zuerst. Seine „Ungezogenheit“, heimlich an fremden Türen zu lauschen und aus Verstecken heraus fremde Leute zu beobachten, verhinderte, dass das Feuer allzu großen Schaden anrichtete. Neugierig verfolgte er die Rettungsarbeiten am nächtlich brennenden Haus, und das Schauspiel jagte ihm angenehme Schauer über den Rücken.
„Das hast du gut gemacht, wer weiß, was sonst noch passiert wäre“, lobte ihn der Einsatzleiter des Feuerlöschzuges. Detlef aber bereute, etwas gesagt zu haben, denn nun war das Ereignis viel zu schnell vorüber. In einem unbeobachteten Moment schlich er sich an den

Erwachsenen vorbei und ergriff einen fast unbeschädigten Karton. Er lief damit hinter die Laube in den Garten seiner Eltern und öffnete ihn beim Schein einer Taschenlampe. Mit einem Taschenmesser untersuchte er die Beute. Als erstes fand er eine Schachtel filterloser französischer Zigaretten, von denen er eine verpaffte, dann ein Erotikmagazin mit einigen darin liegenden Kohle-Skizzen – Klaus E. Müller hatte hier versucht, nach der Vorlage von Erotikfotografien Aktzeichnungen anzufertigen –, die ihm einen angenehmen Schauer nicht nur über den Rücken jagten, schließlich ein Bild, mit dem er überhaupt nichts anfangen konnte, das er, mehr aus Gleichgültigkeit denn aus Enttäuschung heraus, mit seinem Messer aufschlitzte.
Die Zigaretten und das Magazin machten ihn zum Mittelpunkt in der Clique seiner Spielkameraden. Das Bild aber nahm er mit zum nächsten Trödelmarkt und verkaufte es für fünf Euro an einen freundlichen Herrn, der nicht einmal feilschte, sondern ihm wortlos lächelnd die verlangte Summe, fünf Euro, herüberreichte. Detlef war erstaunt. Er hätte sich auch mit zwei Euro zufriedengegeben.

Der freundliche Herr …

… hieß Werner van Mehlsuhl, besaß in Köln eine Galerie und verstand sich als engagierter Freund und Förderer junger experimenteller Kunst. Er hatte sofort die Genialität, das Kapital des Bildes erkannt und nur beiläufig den Ausführungen des Jungen zugehört, der behauptete, es von seinem Großvater, der ein berühmter Maler sei, zum Geburtstag geschenkt bekommen zu haben. An den Namen des Großvaters konnte sich der Kleine zwar merkwürdigerweise nicht erinnern, aber das machte nichts, denn van Mehlsuhl wusste, dass die Bezeichnung „ohne Titel“, verbunden mit dem Hinweis „unbekannter Meister“ manchen Bildern durchaus einen zusätzlichen Reiz verschaffen kann. Die Signatur

war unleserlich – er würde seine eigene Geschichte von der Entstehung des Bildes erfinden, eine Geschichte voller Geheimnisse und Mystik, durchaus geeignet, den Verkaufspreis unverhältnismäßig in die Höhe zu treiben.
Van Mehlsuhl fuhr zurück in dem Bewusstsein, eine neue Kunstepoche, zumindest aber Gattung eingeleitet zu haben, und er dachte während der ganzen Fahrt über einen passenden, dem Ereignis gerecht werdenden Namen nach. Er kam, wegen der zerstörten Oberfläche des Bildes, zu dem Schluss, dass die neue Entwicklung „Perforationismus" heißen müsse.
In Köln angekommen ging er in sein Arbeitszimmer, öffnete eine Flasche guten Beaujolais und diktierte eine Besprechung des Bildes in seinen Recorder. Er setzte es vor einem bewegten Hintergrund in Szene, leuchtete es aus und fotografierte es aus allen Winkeln.
An einem der folgenden Tage brachte er Rezension und Bilder zur Redaktion eines Kunstmagazins, das ihn als freien Mitarbeiter beschäftigte. Das Original aber behielt er in seiner Galerie, neu gerahmt und von starkem Glas geschützt.

Arthur Miller-Blake …

… dem Äußeren nach ein Gentleman alter Prägung, schwitzte Blut und Wasser, als die Reihe zum wertvollsten Stück des Tages kam. Obgleich seit Jahren mit der Versteigerung teurer Gemälde vertraut, hatte bisher kein anderes Bild ihn derart erzittern lassen wie dieses unscheinbare Stoffbild. Genau genommen stand er kurz vor einem Zusammenbruch, weniger bedingt durch die Unruhe im Saal als durch die Tatsache, dass er wissentlich eine Fälschung unter den Hammer brachte.
Was aber hätte er tun sollen? Diese Kriminellen, die sich nicht zu erkennen gaben, hatten ihm als Anteil das Zehnfache seines

Jahresgehaltes für eine Arbeit von wenigen Minuten geboten. Dies zunächst ablehnend, hatte ihn die Drohung, dass seiner Familie etwas zustoßen könne, gefügig werden lassen. Und niemand würde die Verwechslung bemerken, davon hatte sich sein Sachverstand überzeugt. Es waren Profis, die ihr Geschäft verstanden, er konnte sich ihnen nicht in den Weg stellen.
Außer ihnen wusste nur er um die Bedeutung des scheinbar sinnlosen Einbruchs in eine Florentiner Tuchfabrik, bei dem wertvolle Gegenstände liegengelassen und lediglich mehrere falsch verarbeitete Staubtücher entwendet worden waren.
Warum aber hatten sie von ihm verlangt, er solle auf eines der Tücher ejakulieren, und zwar auf genau vorbestimmte Stellen, die übrige Fläche von Folie bedeckt? Zweifellos handelte es sich nicht nur um zu allem entschlossene, sondern auch pervers veranlagte Täter, was sie in seinen Augen besonders gefährlich machte.
Seine Frau, die ihn bei der abendlichen Ausführung des Befehls überrascht hatte, drohte mit Trennung. Ob sie ihm nicht mehr gut genug sei? Er antwortete nicht.
Er schwieg, denn er genoss den Ruf hervorragender Seriosität und ließ, um den Betrug nicht zu gefährden, jede noch so erniedrigende Anschuldigung gelten.

Saven van Dorf

Gleismäuse

Er hätte einen Abschiedsbrief schreiben sollen, aber er wusste ja nicht einmal ihren Namen, und sie „das blonde Mädchen aus der Bäckerei in der Leopoldstraße“ zu nennen, war ihm dann doch etwas zu peinlich. Leon wollte ihr ja nicht die Schuld geben, nicht ihr alleine, sie vielleicht nur am Rande erwähnen, damit später ein paar Polizisten bei ihr auftauchten und ihr mitteilten, was geschehen war. Sie würde zunächst nicht wissen, wer er war, aber wenn die Beamten ihr dann ein Bild von ihm zeigten …

Nachdenklich betrachtete er die Gleise. In einigen Minuten würde wohl nicht mehr genug von ihm übrig sein, dass ihn die süße Bäckereifachverkäuferin wiedererkennen konnte. Sie hätten ein anderes Foto vorlegen müssen. Vermutlich bekämen sie eins von seiner Mutter, eins von denen, die ihr so gut gefielen, ihm jedoch peinlich waren, ordentlich mit zugeknöpftem Hemd und glatten Haaren. Oft genug hatte er gesagt, dass er sie schrecklich fand, aber auf ihn hörte ja niemand. Selbst der Nachruf in der Zeitung und letzten Endes sein Sarg würden mit einem dieser Bilder geschmückt sein. Ihn schauderte, und mit einer Mischung aus Sehnsucht und Furcht blickte er auf die Anzeigetafel. Noch sechs Minuten.

Es täte ihr leid, hatte sie behauptet, aber sie hätte schon einen Freund. Vielleicht war es die Wahrheit, vielleicht nur eine Ausrede, das Ergebnis blieb das Gleiche. Und er glaubte ihr. Alle hatten schon einen Freund. In der fünften Klasse war es losgegangen, und es hatte nicht mehr aufgehört. Lauter Paare bildeten sich, Partner wechselten zwischendurch mal, nur er stand daneben und bekam keine ab. Wie bei diesem Kinderspiel, der Reise nach Jerusalem; die Musik war längst verstummt und er stand immer noch

dumm im Raum herum. Alle saßen in den Rettungsbooten und ließen ihn auf dem sinkenden Schiff zurück. Naja, er war damit nicht alleine, es gab schon ein paar Mädels, die noch zu haben waren, aber die wollte doch keiner. Wie lange sollte das so weitergehen, wie lange sollte er noch leiden? Statistisch gesehen hatte er wohl gut sechzig weitere Jahre vor sich, unerträglich. Das Leben war schon eine verdammt lange Straße... Gottseidank gab es die U-Bahn, die einen schneller ans Ziel brachte.
Er warf einen betrübten Blick auf das Gleisbett, in das er sich gleich zur letzten Ruhe legen wollte. Auf dem Schotter fanden sich leere Flaschen, ausgebrannte Batterien, Papierschnipsel. Lauter kaputte Sachen, Überbleibsel, ungewollte Dinge. Da gehörte er hin. Im Grunde war er schon dort, ein zurückgelassenes Etwas zwischen den graubraunen Brocken, die die Menschen um ihn herum anstelle ihrer Herzen trugen. Überall nur lauter kalte, tote Steine – bis auf den einen, der plötzlich losrollte und sich langsam einer verbeulten Coladose näherte.
Leon kniff die Augen zusammen. Es war eine kleine, schmutzig braune Maus, die fast völlig mit ihrer Umgebung verschmolz. Offensichtlich hatte sie vor langer Zeit ihren Platz dort unten gefunden und ernährte sich von dem, was die Menschen wegwarfen und fallenließen. Respekt keimte in ihm auf für das kleine Wesen, das wohl hundertmal am Tage von den Zügen überrollt wurde. Er selbst brauchte das nur einmal durchmachen, aber er war ja auch so viel größer.
„Oh nein, ist das süß! Eine Maus! Da! Guck!“ Ein Mädchen wenige Meter neben ihm hatte das Tier ebenfalls entdeckt und deutete mit dem Finger darauf, während sie ihre Freundin anstupste. „Ist die nicht niedlich? Das arme Ding, ganz allein da unten.“
Das Mitleid in ihrer Stimme ließ in ihm ein gehöriges Maß an Bitterkeit aufkommen. Ja, die arme Maus, und was war mit ihm? Ihm ging es hier oben doch genauso, aber das sah das Mädchen

natürlich nicht. Trotzdem schielte er aus den Augenwinkeln zu ihr rüber. Sie war ungefähr in seinem Alter und sah ganz gut aus, nicht außergewöhnlich, aber doch sehr ansprechend, selbst im kalten Licht hier unter der Erde. ‚Vergiss es', seufzte er innerlich, die hatte mit Sicherheit auch schon einen Freund oder wollte sich aus sonstigen Gründen nicht mit ihm einlassen.

„Die tut mir richtig leid. Am liebsten würde ich sie mit nach Hause nehmen und ihr erst mal was Vernünftiges zu essen geben."

Das wurde ja immer schöner. Für sein Leid war sie blind; vielleicht sollte er auch von Nische zu Nische huschen und im Abfall wühlen, eventuell würde sie dann ja erkennen, dass er ein bisschen Zuwendung mindestens genauso nötig hatte. Langsam wurde er eifersüchtig auf die Maus, obwohl diese wenig wusste von den Sympathien des Mädchens und den Möglichkeiten, die sich ihr damit boten. Eifersüchtig auf ein ziemlich ramponiertes Nagetier. Wie tief konnte er noch sinken, in den – er sah auf die Anzeigetafel – anderthalb Minuten, die ihm verblieben? Sollte er sich eine letzte Abfuhr abholen? Wer weiß, das Mädchen schien ja im Grunde doch ein gutes Herz zu haben, aber was konnte er ihr schon sagen? Was konnte er tun, das einen Unterschied machte? Wollte er tatsächlich erneut auf eine trügerische Hoffnung hereinfallen?

Er schüttelte den Kopf. Nein, der Zug war abgefahren. Aber den nächsten, echten Zug würde er erwischen, und der würde dann vermutlich erst einmal nicht abfahren. So würde er doch noch einen gewissen Anteil am Leben des Mädchens haben und in ihrer Erinnerung weiterleben.

Ein leises Brummen riss ihn aus seinen Gedanken. Die Bahn näherte sich. Die Maus hatte sich in eine kleine Höhle zwischen den Schottersteinen gequetscht und schien das drohende Inferno dort abwarten zu wollen. Das war es wohl nun, das Ende. Er musste nun tapfer sein, tapfer wie die kleine Maus.

Scheinwerfer tauchten in einiger Entfernung am Ende des Tunnels auf, die Gleise vibrierten, ein Schwall Luft drängte in die Station und trug den Hauch eines Parfums zu ihm herüber.
Er riss den Blick vom näherkommenden Licht, senkte den Kopf und sprang.

* * *

Ihr Name war Josine. Sie war neunzehn Jahre alt und immer noch ziemlich aufgeregt. Ihre Hände zitterten fast genauso wie die Barthaare der Maus, die sie in einem tiefen Teller mit lauwarmem Leitungswasser wusch. Das kleine Tier ließ die Prozedur anstandslos über sich ergehen, auch das anschließende Abtrocknen mit Küchentüchern, bevor Josine sie vorsichtig in eine große Plastikbox setzte, in der sie vorher ein paar alte CDs und Zeitschriften aufbewahrt hatte. Der Boden war mit Streu bedeckt; ihre Nachbarin hatte ein Kaninchen.
„Morgen besorgen wir dir einen schönen, großen Käfig. Wir richten dir ein richtig nettes Zuhause ein", sagte sie zu der Maus, dann wandte sie sich an Leon. „Nicht wahr?"
„Ja, na klar machen wir das!" Er freute sich über das Glitzern in ihren Augen und fragte sich, ob er genauso aufgedreht aussah. Wundern würde ihn das nicht, er war immer noch zutiefst überrascht von sich selbst.
„Du bist ein verrückter Kerl." Sie blickte ihn fasziniert an. „Springst plötzlich auf die Gleise, schnappst dir die Maus und hechtest wieder zurück auf den Bahnsteig, Sekunden, bevor du unter die Räder gekommen wärst! Und das hast du wirklich nur wegen mir gemacht? Du hast gehört, was ich über die Maus gesagt habe, und dafür dein Leben riskiert?" Sie stellte sich sehr dicht vor ihn und sah ihm so direkt in die Augen, dass es fast ein wenig beängstigend war.

„Wirklich riskiert habe ich es nicht. Mach dir keine Sorgen."
„Ach was, Sorgen! Ich finde das so romantisch!" Sie gab ihm einen kurzen Kuss auf die Wange, dann noch einen ebensolchen auf den Mund. Ein verlegenes Lächeln zierte ihre Lippen, die nun wiederum er küsste, was ziemlich lange dauerte. Danach legte er einen Arm um sie, sie lehnte ihren Kopf an seine Schulter und beide betrachteten die Maus, die auf ihren Hinterbeinen hockte und sich putzte.
„Sieh dir nur das Wasser an", sagte Josine. Der Boden des Tellers war kaum zu sehen, soviel Schmutz hatte sich am Boden abgesetzt. „Dieser Ruß und Dreck und Kohlenstaub, den das arme Ding die ganze Zeit mit sich rumgeschleppt hat."
„Das ist Vergangenheit. Es hat sie hergebracht, und jetzt geht's ihr blendend. Dank dir." Während er ihr einen Kuss auf die Stirn gab, schien es ihm, als ob er in den schwarzen Knopfaugen der Maus etwas wie Verständnis entdeckte, einen Blick, wie ihn sich alte Kriegskameraden zuwerfen mochten. Er lächelte und zwinkerte ihr zu.

Isabel Gräfin von Einsiedel-Kartachov

Abgetaucht

Meine Hände fühlen sich eiskalt und feucht an. Sie sind ganz weiß und steif, als wäre alles Leben aus ihnen gewichen. Minutenlang knete ich die einzelnen Finger, doch es nützt nichts, also gebe ich auf und klemme sie zwischen Beine und Autositz. Draußen rauschen die Häuser vorbei, während ich versuche zu begreifen, wo meine Mutter mich hinbringt. „Es wird dir gut tun", hatte sie gesagt. „Du musst dich der Vergangenheit stellen, darfst die Angst nicht gewinnen lassen."

Alleine der Gedanken daran, in ein Schwimmbecken zu steigen, schnürt mir die Kehle zu. Ich stelle mir vor, wie es sich anfühlt, ganz vom Wasser umschlossen zu sein, unterzutauchen und die Welt über mir nur noch verschwommen zu sehen. Nicht mehr atmen zu können und beim Öffnen des Mundes Wasser zu schmecken, statt Luft, nach der es meine Lungen verlangt. Langsam zu ersticken. Die alte Panik steigt in mir auf. Tief durchatmen.

„Mama, ich kann das nicht", murmele ich und wippe unruhig auf meinem Sitz hin und her. „Du darfst das nicht von mir verlangen!"

„Es wird schon gehen, vertraue mir", sagt sie und sieht in den Rückspiegel. „Ich bin ja bei dir. Du sollst es doch nur versuchen."

„Aber ich will nicht! Du kannst mich nicht zwingen!"

Sie schaut traurig zu mir nach hinten und fährt weiter. Das hat sie nicht verdient. Sie liebt mich und will mir nur helfen, aber sie weiß nicht, was sie da verlangt.

Meine Mutter war es, die mir damals, mit fünf, das Schwimmen beibrachte. Ich planschte fröhlich im Wasser herum, während sie mich fest in den Händen hielt. Das Element war nicht neu, nur die Bewegungen, die sie mir zeigte. Irgendwann ließ meine

Mutter meinen Körper los, und ich erfuhr zum ersten Mal, wie es ist, von einer unsichtbaren Hand getragen zu werden. Ich konnte mich plötzlich ganz alleine an der Wasseroberfläche halten und durch das Becken bewegen wie ein Fisch. Vor lauter Entzücken über diese Entdeckung schlug ich mit beiden Händen aufs Wasser und ging natürlich unter wie ein Stein. Doch das Wasser blieb mein Freund.

Bis zum Weihnachtsabend vor einem halben Jahr.

Inzwischen stehen wir auf dem Parkplatz der Schwimmhalle. Ich sitze still da und schaue den Kindern zu, wie sie sich ihre Sporttaschen über die Schulter werfen und in Richtung Eingang laufen. Sie haben keine Angst.

„Können wir nicht einfach nächste Woche wieder herkommen? Die vermissen uns bestimmt nicht."

„Was würde das denn nützen?", fragt meine Mutter leise und schaut mich an. „Deine Angst bliebe doch die gleiche."

„Mama, ich sag dir doch, es geht einfach nicht."

„Gut, hör zu", antwortet sie. „Wir gehen da jetzt beide rein, nehmen uns Nachbarkabinen und ziehen uns um. Dann duschen wir und gehen zu Frau Holm. Du musst ja nicht gleich zu den Schwimmern. Für's erste reicht sicher auch das Kinderbecken."

„Und dann?", frage ich, obwohl ich weiß, was kommt.

„Dann versuchen wir es mit dem großen. Aber erst, wenn du es willst."

„Versprochen?"

„Versprochen", sagt sie.

„In Ordnung." Ich glaube nicht, dass sie heute Erfolg hat, aber ich vertraue ihr. Ich wäre doch selbst froh, wenn ich wieder normal wäre. Wie alle anderen, wie früher. Nur scheint das unerreichbar. Wir haben es schon einmal versucht, mit der ganzen Familie. Ich saß über eine Stunde am Beckenrand auf einem Stuhl und kämpfte mit meinen Ängsten. Alle kamen. Papa klopfte mir auf

die Schulter, nahm mich dann auf den Arm und trug mich zum Wasser. Ich schrie und schlug um mich, bis er mich zum Glück wieder herunter ließ. Dann kam Mama, streichelte mich und redete mir gut zu, doch es nützte nichts. Zum Schluss versuchte es sogar mein großer Bruder. „Stell dich nicht so an", meinte er. „Ist doch längst Schnee von gestern." Für mich eben nicht.
Meine Mutter stellt sich in die Schlange an der Kasse. ‚Bitte, lass irgendetwas dazwischenkommen', denke ich. Ich will da nicht rein. Doch ein paar Minuten später schiebt mich meine Mutter durch das Drehkreuz, in Richtung Damenumkleidekabine. Ich laufe mechanisch, spüre ihre Hand im Rücken, die ab und zu sanft fordernd drückt, wenn ich zu langsam werde. Wir suchen uns zwei Kabinen nebeneinander. Sie sind unten durch einen handgroßen Spalt miteinander verbunden, so dass ich ihre Füße sehen kann, als sie aus den Sandalen in die Badelatschen gleiten. Ein vertrauter Anblick, so normal. Langsam beruhigt sich mein Herz und pocht nicht mehr bis zum Hals. Was soll groß passieren? Wenn ich nicht will, gehen wir wieder.
Aber es wird schrecklich sein, zu wissen, dass ich es nicht gewagt habe, wieder nicht. Ich glaube, ich habe genauso viel Angst vor dieser Gewissheit wie vor dem Wasser selbst. Lieber hätte ich weiter im Hinterkopf die Hoffnung, die Möglichkeit, als es heute wirklich versuchen zu müssen.
Niemand wird verstehen, dass ein zwölfjähriges Mädchen nicht schwimmen kann, dass sie sich nicht traut, ins Wasser zu steigen. Wie soll ich das gerade jetzt, im Sommer, meinen Freunden erklären? Nur Martha weiß Bescheid, und sie verrät es keinem. Ich glaube, sie versteht es sogar.
Langsam streife ich meine Hose ab, dann mein T-Shirt. Ich lege die Sachen ordentlicher zusammen, als ich es jemals zu Hause täte. Jede Bewegung wird zu einem Ritual. Ich streiche meine Kleidung glatt, als wolle ich sie bügeln, und staple sie zu einem kleinen Hau-

fen. Dann krame ich den Badeanzug aus der Tasche, den meine Mutter für mich gekauft hat. Er ist zu zwei Dritteln schwarz, zu einem Drittel, im Brustbereich, schneeweiß, oben hochgeschlossen und sieht aus, als hätte ihn Audrey Hepburn in Frühstück bei Tiffanys getragen. Als sei er nicht aus meiner Welt, sondern aus einer längst vergangenen. Doch als ich ihn anprobiere, sitzt er wie angegossen. Ich sehe richtig erwachsen darin aus, und für einen kurzen Moment freue ich mich über mein Spiegelbild.

„Bist du soweit?“, fragt es leise hinter der Wand.

„Gleich“, sage ich, um Zeit zu gewinnen.

„Ist gut, ich warte draußen.“

Als ich das Handtuch aus der Tasche nehme, fällt meine alte Schwimmbrille heraus. Sie hat Hologramme auf den Gläsern, kleine bunte Piranhas. Letzten Sommer war ich der Star mit dieser Brille, alle wollten auch so eine. Letzten Sommer.

Ich stehe vor der Kabinentür und atme so ruhig ich kann. Es wird alles gut. Es kann dir nichts geschehen, sie ist ja bei dir. Mit jedem Atemzug glaube ich mir ein bisschen mehr.

„Da bist du ja“, begrüßt mich meine Mutter lächelnd. „Frau Holm wartet bestimmt schon auf uns. Sie weiß von der Sache und hat versprochen, sich besonders um dich zu kümmern.“ Mit schlurfenden Schritten folge ich ihr, stelle mich unter eine der Duschen und lasse warmes Wasser über meinen Körper rieseln. Hier fühle ich mich seltsam geborgen, obwohl es das gleiche Element ist, das mir sonst so eine Heidenangst macht. Unter der Dusche brauche ich nur die Nase ein wenig nach vorne zu strecken und kann atmen.

Das war letzten Winter nicht so. Alles war anders. Auf einmal war das Wasser zu meinem Feind geworden, zu einem kalten, lähmenden Ungeheuer. Es war aus der Tiefe aufgetaucht, ganz plötzlich, hatte mich mit seinen eisigen schwarzen Armen fest umschlungen und zu sich nach unten gezogen. Genauso hatte es vorher schon

nach meinem Bruder gegriffen, der nun neben mir um sein Leben strampelte, das eben noch so sicher schien.
„Komm“, sagt meine Mutter und hält mir ihre Hand hin. „Ich denke, du bist jetzt nass genug.“ Als wir aus der Damendusche treten, schlägt mir ein warmer, feuchter Chlorgeruch entgegen. Er ist vertraut und doch inzwischen mit einer solchen Angst belegt, dass ich instinktiv einen Schritt rückwärts gehe. Meine Mutter greift nach meinem Arm, um mich hinter sich herzuziehen.
„Nanu, du hast ja eine Gänsehaut“, bemerkt sie verwundert. „Ist dir kalt?“
„Ein bisschen“, murmele ich.
„Schau mal, da hinten, ich schätze das ist Frau Holm.“ Die Schwimmlehrerin. Sie mussten mich noch einmal zum Schwimmkurs anmelden, wie ein Kleinkind. „Guten Tag, Frau Jahn“, begrüßt uns die Frau und schüttelt meiner Mutter die Hand. „Wie geht es Ihnen? Und du bist bestimmt Leni. Alles klar bei dir?“
„Geht so“, ist das einzige, was mir einfällt. „Deine Mutter hat mir erzählt, was passiert ist. Ihr seid ins Eis eingebrochen, dein Bruder und du, ja?“, sie schaut mich nachdenklich an. „Das war bestimmt schrecklich. Ich kann gut verstehen, dass es dich jetzt nicht mehr so ins Wasser zieht!“
„Mmh“, mache ich.
„Ja, sie ist wie ausgewechselt seitdem“, sagt meine Mutter. „So in sich gekehrt. Früher konnte man sie gar nicht aus dem Wasser bekommen, und jetzt will sie partout nicht mehr hinein. Wir wünschen uns so, dass es ihr wieder gut geht, verstehen Sie?“
‚Und ich erst‘, denke ich.
„Natürlich“, sagt Frau Holm. „Wissen Sie, ich hatte mir das so vorgestellt. Wir werden Leni heute einfach verbieten, ins Schwimmerbecken zu gehen.“ Sie dreht sich zu mir. „ Heute darfst du nur ins Nichtschwimmerbecken und auf die Rutsche. Dort kann dir nichts passieren, denn du hast immer Boden unter den Füßen.

Was meinst du dazu?"
Ich sehe sie erstaunt an. „Gar nicht ins Schwimmerbecken?", frage ich und spüre, wie eine große Last sich darauf vorbereitet, von meinen Schultern genommen zu werden.
„Nein", antwortet Frau Holm. In mir macht sich Erleichterung breit. „Wir haben doch genug Zeit, niemand hetzt uns. Ich gebe dir ein paar Schwimmbretter und du fängst schon mal ohne mich an. Deine Mutter hilft dir bestimmt gerne. Wenn ich mit den Kleinen fertig bin, komme ich zu euch. Du kannst stattdessen auch erst mal rutschen, ganz wie du magst. Alles ist erlaubt, nur nicht, zu den Schwimmern zu gehen."
Nun schaut auch meine Mutter erstaunt, sagt aber keinen Ton, sondern nimmt die Bretter entgegen und geht mit mir ins Nichtschwimmerbecken.
„Weißt du, was das soll?", frage ich sie leise.
„Nicht so genau", meint sie, „aber ich schätze, sie weiß, was sie tut." Wir waten ins Wasser und stehen einander schließlich ratlos gegenüber. „Und jetzt?", frage ich.
„Früher habe ich dir ein solches Brett unter den Bauch geklemmt und dich dann durchs Wasser gezogen. Dafür bist du inzwischen bestimmt zu schwer, aber vielleicht klappt es ja mit zweien?"
„Dann lass mich erst mal wieder ins Flachere", sage ich. Wir gehen also die Schräge wieder hoch, bis mir das Wasser nur noch an den Nabel reicht. Dann legt meine Mutter die beiden Schaumstoffbretter auf der Wasseroberfläche zusammen und schiebt sie an mich heran.
„Jetzt versuch mal, sie dir unter den Bauch und die Brust zu schieben", sagt sie. Natürlich rutschen die Bretter anfangs immer wieder unter meinem Bauch hervor, doch nach und nach gelingt es mir, sie so zu platzieren, dass meine Mutter mich darauf langsam durchs Wasser ziehen kann.
„Schließ' doch mal zwischendurch die Augen", rät mir meine

Mutter. Ich versuche es, doch nur für ein paar Sekunden. Sobald sich meine Augen schließen, weiß ich nicht mehr, wo oben und unten ist, sofort versetzt mich der Kontrollverlust in Panik.
„Geht es nicht?“, fragt meine Mutter. Ich schüttle nur traurig den Kopf und versuche, ein paar Bewegungen mit den Armen zu machen. Jetzt, wo ich mich wieder ein bisschen sicherer fühle, wird mir die Lächerlichkeit meiner Situation bewusst. Eine Zwölfjährige paddelt im Nichtschwimmerbecken mit herausgestrecktem Po an der Wasseroberfläche herum, von der Mutter getragen wie ein Baby. Was für ein Glück, dass mich hier niemand erkennen kann, denn wir sind in einem Schwimmbad, das weit weg von zu Hause ist. Doch ich komme mir inzwischen so dumm vor, dass ich lieber von den Brettern steige und langsam durch das Wasser wate. Ich möchte mich wieder mit ihm anfreunden, schwinge die Arme um meinen Körper hin und her, wie eine Wasser-Ballerina, und versuche, mich zu entspannen. Dann schleichen sich die ersten Schwimmbewegungen ein, und ich stoße mich vom Boden ab. Erstaunt stellt mein Körper fest, dass das Wasser mich noch trägt.
„Siehst du, du kannst es noch!“, ruft meine Mutter lächelnd. Natürlich kann ich es, denke ich. Aber eben nicht im tiefen Wasser! Nicht, wenn ich keinen Boden mehr unter den Füßen habe. Nicht, wenn die Panik mich und meine Glieder lähmt. Ich habe genug. Genug vom Wasser und von meiner Angst.
„Ich geh ein bisschen rutschen“, sage ich meiner Mutter.
„Wenn du meinst“, nuschelt sie, und ich kann ihr die Enttäuschung ansehen. Sie dachte wirklich, dass es so einfach wäre. Ich ertrage ihr Gesicht nicht und drehe mich weg, bevor sie meine aufsteigenden Tränen sehen kann.
Die Wasserrutsche ist so lang, dass sie in den Außenbereich des Bades führt, sich dort zweimal um die eigene Achse dreht, um dann wieder im Nichtschwimmerbecken zu landen. Nachdem ich die Treppe hinaufgestiegen bin, bleibe ich vor einer roten Ampel

stehen, die am Einstieg der Rutsche leuchtet. Ein großes Schild erklärt in Bildern, wie man sich hier zu verhalten hat und wie nicht. Mir wird etwas mulmig zu Mute, doch als die Ampel auf Grün schaltet, gebe ich mir einen Ruck, lege die Hände auf die Stange und lasse mich mit Schwung in die dunkle Röhre gleiten. Unsanft macht nun mein Rücken Bekanntschaft mit jeder einzelnen Naht, die die Bauteile der Rutsche miteinander verbindet, also hebe ich meinen Oberkörper an, wodurch sich aber meine Fahrt schlagartig verlangsamt. Um nicht vollends stecken zu bleiben, helfe ich mit meinen Armen nach und lege mich wieder auf den Rücken. Dermaßen beschäftigt fehlt die Zeit, mir das Ende meiner Rutschpartie vorzustellen, weshalb mich das Eintauchen ins Wasser völlig unvorbereitet trifft.

Plötzlich sehe ich um mich herum nur noch Luftbläschen und meine Hände, die ab und zu orientierungslos vor meinen Augen auftauchen. Mir ist, als habe das Bildverarbeitungsprogramm meines Gehirns plötzlich wegen Überlastung das Tempo gedrosselt und ich könne jede einzelne Szene minutenlang betrachten. Dazu gesellen sich nun auch noch Schatten der Vergangenheit. Das pechschwarze Wasser, das sich über mir zu schließen beginnt, die Silhouetten meiner Hände, die sich gegen das Hellgrau-Grün der Sonne abheben, als ich von unten in das Loch im Eis schaue. Inzwischen haben meine Füße unbewusst den Boden des Beckens gefunden und sich abgestoßen, woraufhin ich prustend an der Wasseroberfläche auftauche. Vor Schreck habe ich eine Menge Chlorwasser geschluckt, das meine Lungen schnellstens wieder loswerden wollen.

„Ist alles in Ordnung?“, fragt es hinter mir.

„Ja, hab nur zu viel Wasser geschluckt“, antworte ich meiner Mutter und huste wieder. Ich möchte mir nicht anmerken lassen, dass ich beinahe im Nichtschwimmerbecken ertrunken wäre, also steige ich möglichst gelassen aus dem Wasser.

„Möchtest du noch mal rutschen oder lieber weiter üben?“, fragt sie. Keins von beidem, denke ich. Ich habe genug von Schwimmbädern. Ich will nach Hause. Doch ich sage nichts.
„Hey, Lenchen, hörst du mir überhaupt zu?“, fragt meine Mutter wieder.
„Na klar“, sage ich. „Ich denke, ich gehe lieber noch mal rutschen.“ Also drehe ich mich um und steige die Treppen der lahmsten und schmerzhaftesten Wasserrutsche der Welt wieder hoch, nur, um nicht, wie alle meine Entchen – Schwänzchen in die Höh’ – im Nichtschwimmerbecken meine Bahnen ziehen zu müssen. Oben angekommen, staune ich über meinen Mut. Noch einmal da runter? Unter Wasser? Doch jetzt werde ich vorbereitet sein, ich werde die Beine sofort und aktiv benutzen, dann müsste es gehen.
Als ich diesmal im Wasser lande, ist mein Körper bereits in Alarmbereitschaft, ich bin konzentriert und kann meinen Gliedern klare Befehle erteilen. Sekunden später tauche ich glücklich wieder auf und nehme einen tiefen Atemzug. Bis Frau Holm mich abholt, bin ich noch dreimal gerutscht. Der Rücken tat mir dabei gar nicht mehr weh, denn ich dachte nur noch an das Eintauchen.
„Und, wie ist es dir so ergangen?“, fragt Frau Holm und strahlt mich an. „Ich habe dich beobachtet, dir scheint ja unsere alte Rutsche richtig Spaß zu machen!“
„Naja, Spaß nicht gerade“, sage ich, „aber es war schon o.k.“
„Gut“, sagt sie, „ich habe dir hier so eine Art Schwimmflossen für die Hände mitgebracht. Mit denen kannst du mehr Wasser verdrängen und dich so stärker davon abstoßen, es sollte dir also viel leichter fallen, dich an der Oberfläche zu halten. Ich würde es gerne mit dir ausprobieren.“
Ich schaue sie skeptisch an, folge ihr aber die Treppen ins Wasser herunter. Sie lässt mich die Schwimmhäute anziehen und legt mir die Hand auf die Brust. „Jetzt lass dich einfach auf meine Hand

gleiten. Ich werde dich so stützen, dass du nicht untergehst, versprochen."
Ich tue, was sie mir gesagt hat. Obwohl es anfangs sehr ungewohnt ist, beginne ich bald zu schwimmen wie früher, ganz leicht und natürlich. Nach und nach lässt Frau Holm den Druck ihrer Hand schwächer werden und schließlich schwimme ich ganz alleine durch das Nichtschwimmerbecken.
„Das ist ja wunderbar", ruft meine Mutter begeistert, als hätte Frau Holm gezaubert.
„Ja, das war schon sehr gut", sagt die Zauberin lächelnd. „Jetzt wollte ich noch ein bisschen Tauchen mit dir üben. Nein, keine Angst, du musst nicht richtig unter Wasser schwimmen. Du sollst nur diese kleinen Reifen wieder hoch holen, die ich hier überall versenke." Sie wirft einen Ring nach dem andern ins Becken und sieht mich herausfordernd an. „Aber nicht mit den Füßen", lacht sie. „Wenn du magst, kannst du deine Nase zuhalten und dich einfach nur bücken."
Das hört sich machbar an, also halte ich mir die Nase zu und sammle die Ringe nacheinander ein als würde ich Pilze pflücken. Bald sieht mein rechter Arm aus, als hätte ich einen höchst seltsamen afrikanischen Armreif angelegt.
„Bitte", sage ich, als ich Frau Holm die Reifen übergebe. „Das hast du sehr gut gemacht", lobt mich die Lehrerin. „Machen wir noch eine Runde im etwas Tieferen, was meinst du?"
„Wir können es ja versuchen", knurre ich. Mir gehen die Spielchen auf die Nerven. Was soll das bringen?
Frau Holm wirft die Ringe wieder aus, ich laufe ihnen nach und bringe sie zurück wie ein Hund. Als ich beim letzten ankomme, stehe ich vor einem Problem. Er liegt im tiefsten Bereich des Beckens, in dem mir das Wasser im wahrsten Sinne des Wortes bis zum Hals geht. Wenn ich den Reifen herausholen will, ohne die Füße zu benutzen, muss ich tauchen. Unsicher drehe ich mich

zu den beiden Erwachsenen um, die mich lächelnd beobachten. Meine Mutter macht eine auffordernde Geste mit der Hand. Na los, scheint sie zu sagen, bring's hinter dich.
Ich schaue zum Reifen, der friedlich auf dem Grund des Beckens auf mich wartet und sich im unruhigen Wasser ständig zu bewegen scheint. Meine Zehen können ihn ertasten, aber ich weiß, dass der Betrug nicht unbemerkt bliebe. Ich stoße mich vom Boden ab und beginne, im Kreis um mein Ziel herumzuschwimmen. Das geht erstaunlich gut und ich wage es, einen kurzen Moment den Kopf unter Wasser zu drücken, ohne die Augen dabei zu schließen. Erleichterung macht sich in mir breit, als ich wieder auf dem Boden stehe und mir die Haare aus dem Gesicht streife.
So viele Siege konnte ich heute verzeichnen. Kleine Siege, ich weiß, aber immerhin Siege. Das möchte ich jetzt auch noch schaffen, ich weiß ja, dass es einfach ist. Also atme ich tief durch und stürze mich dann mit einem kleinen Satz unter Wasser, tauche zum Reifen und bringe ihn schließlich am erhobenen Arm triumphierend meiner Mutter.
„Du bist getaucht", ruft sie mir zu. „Richtig getaucht!"
„Ja", sage ich stolz, „und es war gar nicht so schlimm."
„Das hast du wirklich großartig gemacht", lobt mich Frau Holm. „Ich denke, für heute haben wir genug geübt, meinst du nicht? Man soll doch aufhören, wenn's am Schönsten ist!"
Ich schaue meine Mutter zufrieden an und fühle mich wirklich wie eine Siegerin. Ich bin freiwillig getaucht, nach allem, was passiert ist!
Meine Mutter scheint meine Gedanken zu lesen und nickt lächelnd. Sie sieht richtig glücklich aus.
Sie war damals dabei, als mein Bruder und ich ins Eis einbrachen. Sie und mein Vater. Wir waren auf einem Spaziergang um den See, der nicht weit von uns entfernt im Wald liegt. Nach einem üppigen Weihnachtsessen wollten meine Eltern mit uns einen „Verdauungs-

spaziergang“ machen, wie mein Vater sich ausdrückte. Natürlich hatten Paul und ich keine Lust dazu und wollten den Weg ein wenig abzukürzen. Wir baten also meine Eltern, uns über's Eis laufen zu lassen. Der See war schon seit einer Weile zugefroren und überall waren Fußspuren darauf zu erkennen. Meine Mutter erlaubte es nur unter der Bedingung, dass wir immer mit einem Bein auf festem Boden laufen würden. Das war zwar nicht das, was wir eigentlich vorhatten, doch wir gehorchten anfangs, bis es Paul irgendwann zu langweilig wurde.

„Wer als erster drüben ist“, sagte er, als wir an eine Biegung kamen, an der der See höchstens fünfzehn Meter breit war. „Lauf ruhig, ich mach nicht mit“, meinte ich.

„Traust dich wohl nicht, was?“

„Klar traue ich mich“, sagte ich empört. Mit diesem Satz konnte mich mein großer Bruder immer reizen. „Aber wir dürfen es nicht.“

„Seit wann machst du immer, was man dir sagt?“, fragte er.

„Mach' ich ja gar nicht“, sagte ich etwas beleidigt.

„Na also, wer zuerst drüben ist“, sagte er, machte eine einladende Handbewegung und stellte sich mit beiden Beinen auf das Eis. Es hielt ihn und machte keine knirschenden Geräusche, also folgte ich ihm widerwillig. Trotz der vielen beruhigenden Fußspuren hatte ich nämlich gehörigen Respekt vor vereisten Seen. Wenn es meinem Bruder ähnlich ging, ließ er sich das jedenfalls nicht anmerken, und auch ich lief mit jedem Schritt etwas unbeschwerter. Und dann ging alles ganz schnell. Vor mir verschwand mit einem Mal die große Statur meines Bruders. Sie rutschte einfach in die Tiefe. Einen kurzen Moment sah ich das andere Ufer ohne seine Silhouette, dann gab das Eis auch unter mir nach. Ich rauschte wie im Fahrstuhl gerade nach unten, mitten in den eiskalten See, der in einem großen Loch plötzlich unter mir aufgetaucht war. Ich weiß nicht, wie tief ich sank, bis mein Herz wieder schlug,

die Reflexe einsetzten und ich versuchte, wieder an die Wasseroberfläche zu gelangen, doch es erschien mir, als seien inzwischen mehrere Minuten vergangen. Ich schwamm auf den hellsten Fleck zu, den ich über mir sah, während meine Lungen bereits nach Luft schrien. Doch als ich oben ankam, stieß ich gegen einen Panzer aus Eis, unter dem sich kleine Luftbläschen, mein Atem, sammelten. ‚Es ist aus', dachte ich.
Irgendwie war ich unter die Eisdecke geraten und sie war so dick, dass ich sie nicht zerdrücken konnte. Ich bin gefangen, gleich geht mir die Luft aus. Verzweifelt schlug ich gegen das Eis und sah mich währenddessen um. Weit und breit war kein Loch, kein Ausweg zu sehen. In diesem Moment kam aus der Dunkelheit eine Hand, griff nach mir und zog mich kräftig rückwärts. Einen Augenblick später tauchte ich hustend und schreiend aus dem See. Neben mir machte mein Bruder zappelnde Schwimmbewegungen. „Gott sei Dank hast du geklopft", schnaufte er. Und dann schrie er laut um Hilfe.
Ich versuchte, mich an den Kanten des Eises festzuhalten, rutschte jedoch immer wieder ab. Es war einfach zu kalt, und meine Handschuhe schwammen inzwischen irgendwo am Grund des Sees. Langsam versagten auch meine Glieder mir eines nach dem anderen den Dienst.
„Wieso helfen die uns nicht?", rief Paul verzweifelt, während er auf eine kleine Gruppe sich sammelnder Passanten am Ufer schaute. Sie sahen uns, bewegten sich aber nicht. Ich merkte, dass sich mit der Wärme auch der Überlebenswille langsam aus meinem Körper schlich und ich unendlich müde wurde. Ich ließ die Eiskante los und sank. Diesmal war es ganz anders. Ich war ruhig, fast gelassen sah ich zu, wie der helle Fleck über mir sich langsam immer weiter entfernte. Und wieder war es die Hand meines Bruders, die nach mir griff und mich nach oben zog.
„Du säufst hier nicht ab!", befahl er mir, als wir wieder Luft

schnappten. „Los, schwimm noch ein bisschen, sie kommen und holen uns hier raus, siehst du das?"

Tatsächlich konnte ich vor mir meine Eltern erkennen, die mit Rettungsleiter und Schwimmring bewaffnet auf allen Vieren zu uns heran gerobbt kamen. Ich fühlte, wie mein Bruder mich von unten hochschob, sodass ich meiner Mutter, die auf der Leiter langsam an das Loch heran krabbelte, in die Arme geschoben wurde. Sie zog mich aus dem Wasser, auf die Leiter und schließlich auf dem Eis an Land. Auf die gleiche Weise, nur mit Hilfe des Rettungsrings, holte mein Vater meinen Bruder aus dem Wasser.

Ich erinnere mich, wie wir mit Decken umwickelt in eine große Reithalle geführt wurden, die auf einer kleinen Anhöhe in der Nähe lag. Ich erinnere mich, wie ich weinend wiederholte: „Es tut mir leid, wir hätten auf dich hören sollen, es tut mir so leid." Und wie meine Eltern uns wieder und wieder in die Arme nahmen und sagten: „Ihr hättet sterben können. Mein Gott, ihr hättet sterben können!"

Heute steht an der Unglücksstelle ein Schild. Es weist darauf hin, dass hier durch das zufließende warme Grundwasser die Eisschicht dünner ist und nicht trägt. Das Betreten der Eisfläche sei daher verboten, da Lebensgefahr bestehe.

Ich stehe neben meiner Mutter und Frau Holm, die Pläne für die nächste Woche schmieden. Sehnsüchtig beobachte ich hinter ihren Rücken eine Gruppe Kinder, die nacheinander von den Startblöcken springen. Ein besonders kleines Kind wird von einem größeren Jungen lachend ins Wasser geschmissen. Es fällt rücklings hinein und geht langsam unter, ohne die Arme dabei zu bewegen. Der Junge hat sich schon wieder zu den anderen gedreht und sucht sich sein nächstes Opfer. Niemand scheint zu bemerken, was dem kleinen Mädchen gerade passiert. Ich stoße meine Mutter heftig an.

„Sie ertrinkt!", rufe ich entsetzt.

„Wer ertrinkt?", fragt meine Mutter.
„Na, das Mädchen!" Instinktiv laufe ich los und springe ihr hinterher. Zum Glück kann man im Schwimmbad gut sehen und ich habe keine Probleme, zu ihr zu gelangen. Ich packe sie an den Armen und schaue mich um. Erst jetzt realisiere ich, wo ich gerade bin. Unter Wasser. Doch meine Angst meldet sich nicht, sie scheint ausgeschaltet, von dem Drang überlagert, das Mädchen hier heraus zu bringen. Ich tauche mit ihr zur Wasseroberfläche, sie lässt sich regungslos mitziehen. Oben angekommen, erscheint neben mir Frau Holm, nimmt mir das Kind sanft aus den Armen und schleppt es in Richtung Treppe. Am Rand hat sich ein Grüppchen aus bleichen Erwachsenen gebildet. Der Bademeister nimmt die Ertrunkene entgegen, macht Wiederbelebungsversuche. Ich beobachte die Rettungsaktion, als schaute ich mir einen spannenden Film im Fernsehen an, fühle mich nicht zugehörig, kann nicht glauben, dass das tatsächlich passiert. Wie in Trance schwimme auch ich zur Treppe und steige aus dem Wasser. Meine Mutter legt ein Handtuch um mich und geht mit mir zu dem Mädchen. Das hustet mittlerweile und krümmt sich, zur Erleichterung aller, die nach und nach aus ihrer Starre erwachen.
„Ich hab nicht gewusst, dass sie noch nicht schwimmen kann", wimmert der kleine Junge von eben. „Ich hab's wirklich nicht gewusst."
„Das weiß ich doch", antwortet ihm seine Mutter und streichelt ihm beruhigend über den Rücken. „Siehst du? Sie atmet wieder. Alles wird wieder gut."
Ich schaue an meiner Mutter hoch und lese es in ihrem Gesicht noch einmal. Alles wird wieder gut.

Katrin von Rudloff

Frau Thiedemann

Ich gehe nie hinauf zum Gleis. Ich warte immer unten. Ich stelle mich an diese Ecke, schräg gegenüber vom Blumenladen und warte mit. Jedes Mal wähle ich diesen Platz, denn von hier aus habe ich einen guten Überblick. Haupteingang, Bäckereitresen, Blumenladen und beide Treppenaufgänge, außerdem, mit etwas Mühe allerdings, das Café, den Buchladen und den Eingang zu den Toiletten. In einem kleinen Mittelgang liegt das Kioskfenster von Aladin. Ich weiß nicht, ob er wirklich so heißt, aber mit seinen schwarzen, glänzenden Augen und dem runden Gesicht erinnert er mich irgendwie an diesen verschmitzten Jungen aus Tausendundeiner Nacht, jedenfalls so wie sie ihn damals im Fernsehen zeigten.

Fast täglich komme ich hierher. Ich kaufe mir einen kalten Kakao bei Aladin, durchsteche das kleine Plastikhäutchen des Strohhalmlochs und stelle mich an meine Ecke. Hier trinke ich dann den ersten Schluck und schaue mich ein wenig um. Manchmal, wenn ich mich besonders lange hier aufhalte, hole ich mir noch einen zweiten Kakao. Mehr Geld aber, möglicherweise noch für ein drittes Getränk, nehme ich nicht mit. Frau Thiedemann hat mir das geraten, es mir ans Herz gelegt, diese einfache Korrekturhilfe für mein Verhalten. Früher habe ich bisweilen fünfzehn Euro täglich am Bahnhof gelassen, eine Summe, die ich mir eigentlich überhaupt nicht leisten kann, auch jetzt nicht, obwohl ich doch seit vier Wochen diesen Aushilfsjob in der Spülküche des Alsterhotels habe.

„Sie können sehr stolz auf diese Arbeit sein“, sagt Frau Thiedemann. Ein wichtiger Schritt ins normale Leben sei das. Aber ich finde keinen Stolz in mir, ich finde nur Erleichterung darüber,

dass ich nachmittags frei habe und mich dann an diesen Platz stellen kann.
Immer wieder staune ich, wie viel Zeit auf einem Bahnhof so verwartet wird. Auch der Umstand, dass heute jeder ständig sein Telefon mit sich herumträgt, hat daran nicht wirklich etwas ändern können. An einem ganz normalen Nachmittag mitten in der Woche, so wie heute, kommen schnell ein paar Stunden oder sogar Tage zusammen. Ich habe das auch mal durchgerechnet. Sieben Regional- oder Fernzüge, die von Nord nach Süd gehen und noch einmal so viele in die Gegenrichtung. Jeder Zug mit jeweils fünfundzwanzig Menschen, die vorher in der Halle herumstreunen oder auf dem Gleis hin- und hergehen. Selbst wenn alle Züge pünktlich kommen, was fast nie der Fall ist, und man eine durchschnittliche Wartezeit von acht Minuten ansetzt, wären das bereits zweitausendachthundert Minuten, also eins Komma vier Tage. Zu Ferienzeiten und an Wochenenden ist es natürlich noch wesentlich mehr. Wobei da jetzt auch alle mitgerechnet sind, Reisende, die auf ihren Zug warten, ebenso wie Leute, die nur jemanden abholen wollen. Letzteren gilt mein Interesse, vor allem jenen, die unten in der Halle warten, so wie ich. Im Winter ist es deshalb auch besonders schön hier, dann sind wir richtig viele.
Ich erkenne die Abholer auf den ersten Blick. Heute den kleinwüchsigen Mann, der unentwegt seinen Schlüsselbund, wie einen Rosenkranz durch die Finger gleiten lässt, die zwei älteren Damen in Freizeitkleidung am Bäckereistand, und vor den Sonnenblumen steht eine Frau, die ihre beiden Kinder fest an der Hand hält. Einen Jungen und ein Mädchen, beide mit neongrünen Rucksäcken. Außerdem noch drei, vier andere, die ständig auf die Uhr schauen und auf einer Grundfläche von der Größe eines Kaninchenstalls umhergehen. Direkt am Haupteingang hält sich ein junger Mann mit Glatze auf, der Rollkragenpullover liegt eng an seinem schlanken Körper. Vor dem Bauch trägt er ein kleines Schild. NDR.

Der Geruch von Frittierfett weht herüber. Sein Ursprung ist der Fischimbiss im anderen Flügel des Bahnhofs. Ich habe nicht viel zu tun mit dieser anderen Seite, ich weiß nur, dass man dort noch einen Souvenirladen mit Miniaturkirchen, einen Zehn-Euro-Friseur und den Aufgang zur Straßenbahn findet.
Auf dem Bildschirm über der Rolltreppe erscheint eine neue Information. Zehn Minuten Verspätung für den nächsten Zug. Es kommt etwas Bewegung in die Abholergruppe, aber nicht viel, denn anders als die abfahrenden Reisenden, die sich, sobald sie den Bahnhof betreten haben, Brötchen kaufen, in den Zeitschriften herumstöbern oder noch einen schnellen Kaffee im Stehen nehmen, geben sich die Abholer meistens ganz dem Warten hin. Fast scheint es, als seien sie zu keiner anderen Tätigkeit in der Lage, als bekomme alles erst wieder einen Sinn, wenn die zu erwartende Person eingetroffen ist. Und in der Tat stelle ich mir vor, dass vieles davon abhängt, wie die Begegnung ausfällt. Kann er sich heute noch genau so freuen, wie damals, wenn sie nachhause kommt? Was, wenn sie überhaupt nicht so aussieht, wie auf dem Foto? Hat ihn die Krankheit sehr verändert? Die Wartenden befinden sich in einer Art Zwischenzeit, aus der nur die erwartete Person sie, im Guten oder im Schlechten, befreien kann. Ich nutze das aus, wenn man so will. Ich geselle mich zu dieser, wenigstens bis zur Einfahrt des nächsten Zuges bestehenden, Schicksalsgemeinschaft, obwohl ich doch längst auf nichts und niemanden mehr warte.
Frau Thiedemann sieht das allerdings anders. Einmal in der Woche gehe ich zu ihr, setze mich in den weichen, orangefarbenen Sessel, lehne den Kopf zurück und lasse mir bewusst machen, dass ich auf alles Mögliche warte. Auf ein paar Freunde, eine erfüllende Arbeit und einen Mann, mit dem ich mein Leben teilen kann. Dabei weiß ich gar nicht, ob ich mein Leben wirklich noch teilen will, ich teile es ja schon mit Lucy, Billy, Cora, Anni und Walli. Walli ist schwanger. Deshalb sind wir umgezogen. Die Katzen

bewohnen jetzt einen eigenen Raum. Er ist zwar etwas klein, weil er nur als Vorratskammer gedacht ist, aber sie ruinieren mir sonst meine ganze Einrichtung, zerkratzen das beigefarbene Stoffsofa, die weiß lackierten Regale und zerfetzten meine Blümchengardinen. Vor allem nachts oder wenn ich tagsüber unterwegs bin, müssen sie in ihr Zimmer. Hier haben sie dann aber alles, was sie brauchen. Katzenbäume, Spielmäuse und stets gefüllte Futterschalen, außerdem habe ich den Boden mit Folie ausgelegt, damit sie überall hinmachen können. Wenn ich nachhause komme, gibt es immer ein großes Hallo.
Mit echten Menschen ist es etwas anderes, sagt Frau Thiedemann und, in der Tat, es ist immer schön, wenn ich zu Frau Thiedemann gehe, auch wenn es bei ihr nur ein kleines Hallo gibt. Ach, hallo, sagt sie, da sind sie ja, und dann sammelt sie mit ihren knochigen Fingern das fisselige, rote Haar aus ihrem Gesicht.
Schon oft habe ich mich gefragt, wie es mir wohl ohne Frau Thiedemann gehen würde, denn eigentlich bin ich ja ganz zufrieden mit mir und den Katzen und dem Bahnhof und Aladin. Am Ende wäre es aber vermutlich sie selbst, die mir fehlen würde. Frau Thiedemann und ihr kleines Hallo.
Zu den Abholern ist jetzt noch ein Halbwüchsiger dazugekommen. Er trägt seine Wollmütze wie eine Haube über den Kopf gezogen und sieht fragend und etwas empört zu mir herüber. Ich habe ihn zu lange angestarrt.
Immer häufiger erwähnt Frau Thiedemann in letzter Zeit, ich müsse mich nun endlich bewegen, heraustreten aus der Wartezone und einsteigen ins richtige Leben. Sonst habe die Weiterarbeit bald keinen Sinn mehr. Das war gestern. Ich sehe sie noch vor mir sitzen in dem ganzen Orange, mit steifgeradem Rücken und haarfreien Wangen. Vielleicht bin ich auch deshalb so nervös heute und quetsche ständig an der Kakaoverpackung herum. Immer wieder muss ich an die Gleise über mir denken, und das Dröhnen

der Züge geht mir heute durch und durch, obwohl ich das normalerweise überhaupt nicht höre.
Ich könne das ja auch an meinem geliebten Bahnhof tun, sagt Frau Thiedemann, aber es helfe nichts, ich müsse jetzt einfach über meinen Schatten springen. Wohin? „Den Aladin, zum Beispiel", und bei diesen Worten hatte sie ihren Rücken aus der grellen Schale des Sessels gelöst, sich nach vorne gebeugt und die Ellenbogen auf die Oberschenkel gestützt, „den können Sie doch mal fragen, wie er wirklich heißt." Aber so etwas kommt für mich nicht in Frage. Ich will nicht wissen, wie er wirklich heißt. Ich will, dass er mir meinen kalten Kakao verkauft und mit seinen Glanzaugen lächelt.
Der neue Zug erhält jetzt Einfahrt. Es ist der Fünfzehnzweiunddreißig aus Köln. Auch für mich stellt eine Zugankunft jedes Mal einen aufregenden Moment dar. Wenn so ein Schwall Reisender die Treppe herunter fließt, sich in die Halle ergießt, und dort einige von uns, außer mir selbst natürlich, mit sich nimmt. Wer wird noch da sein, liegen geblieben sein wie Strandgut, wenn diese Welle über uns herüber geschwappt ist?
Deutlich identifiziere ich unter den Angekommenen jetzt auch diejenigen, die abgeholt werden. Ihr Gang ist forsch und flott, und in ihren Gesichtern erkenne ich, neben der Erleichterung, wenn ein bekannter Arm winkend in die Höhe fährt, oder der Freude, wenn Kinderrucksäcke ihnen entgegen hüpfen, auch eine Spur Stolz, ein etwas überzogenes Selbstbewusstsein, als kosteten sie diesen Moment geradezu aus, einen zugespitzten Augenblick, der ihnen diese Wichtigkeit als Erlöser aus lähmender Zwischenzeit verschaffte. Je mehr Verspätung ein Zug hat, umso extremer zeigt sich das. Nicht gerade sympathisch, aber ehrlich gesagt, ich würde auch gern mal jemanden erlösen.
Unerlöst aus der letzten Zugeinfahrt hervorgegangen ist nur der Mann vom NDR. Wenn eine Frau, geschätzt um die dreißig, mit

dunklem kurzem Haar und schlanker Figur in seine Richtung läuft, reckt er erwartungsvoll den Kopf ein wenig nach vorn und bittet wortlos um ein Zeichen des Erkennens. Doch keine der Nicht-Abgeholten, die hier noch herumirren, gehört zu ihm. Nach und nach verschwinden sie im Café oder verlassen den Bahnhof Richtung Taxistand.
Zwei Dinge gehen mir durch den Kopf. Erstens, ich bin letzte Woche einunddreißig Jahre alt geworden, trage einen kastanienbraunen Bob und habe eine schlanke Figur. Zweitens, es gibt tausend verschiedene Arten, über seinen Schatten zu springen. Man kann Aladin fragen, wie er in Wirklichkeit heißt, einen Tag lang nicht zum Bahnhof gehen, eine Singleparty besuchen oder eine Bekannte finden und sie zum Tee einladen. Und sicher würde Frau Thiedemann auch den Versuch, einen Unbekannten aus dem unangenehmen Zustand des Wartens zu befreien, als einen Sprung in die richtige Richtung bezeichnen. Sprünge in die falsche Richtung, die von einem Hochhausdach hinunter oder in ein Gleisbett hinein, die hatten wir ja ausgeschlossen, gleich in der ersten Sitzung, vertraglich sogar. Frau Thiedemann hatte ein Blatt Papier vom Flipchart abgerissen, und ich musste in großen Buchstaben mit einem dicken, grünen Filzstift drauf schreiben, dass ich solche Sachen bleiben lasse. Datum und Unterschrift in rot.
Ich platziere mich vorsichtshalber schon mal ein paar Schritte in den Mittelgang hinein, damit er nicht zu früh auf mich aufmerksam wird. Normalerweise stehe ich ja gern etwas präsent. Es intensiviert sich da auch schon mal ein Blickkontakt, oder es lächelt mich jemand an, gelegentlich kommt es sogar vor, dass mir jemand zuwinkt, wenn er den Bahnhof wieder verlässt, aber da muss man schon ein Weilchen miteinander gewartet haben.
Der nächste Zug aus Richtung Köln kommt etwa in einer halben Stunde, da könnte ich mich dann eingliedern in die Ankommenden. Ich werde das NDR-Schild ausmachen, auf ihn zulaufen

und seine Geste genießen, diesen angedeuteten Diener, mit dem er mir entgegenkommen wird. Ich werde nichts sagen, nur lächeln und weiter auf ihn zugehen, etwas langsamer vielleicht, damit ich beobachten kann, wie der Ausdruck um seine Augen durch die Aussicht auf Befreiung breiter wird und entspannter. Er wird fragend meinen Namen nennen, der ja nicht mein Name ist, trotzdem werde ich stumm nicken, was sofort den vollständigen Erlösungsausdruck auf sein Gesicht zaubern wird. Möglicherweise werde ich mich noch für die Verspätung entschuldigen oder auf dem Weg zum Wagen eine Bemerkung über die Unzuverlässigkeit der Bahn verlieren. Vielleicht schaffe ich es ja sogar noch in den Wagen hinein, ein Stück die Rothenbaumchaussee hinauf, bevor dann spätestens im Funkhaus alles auffliegen wird. Diesen Erlösungsmoment aber, den könnte mir keiner mehr nehmen.
Ein Gang hinauf auf den Bahnsteig lässt sich dabei allerdings nicht vermeiden. Damit es richtig echt wirkt, damit ich die Treppe hinabsteigen kann, wie alle anderen.
Bis es soweit ist, werde ich mich in den Toilettenräumen verstecken. WC-Center steht über dem Eingang. Ich werfe fünfzig Cent in den Schlitz an der Säule und bewege die Drehtür. Geld, das mir nachher fehlen wird, für meinen zweiten Kakao. Aber ich habe ja etwas anderes vor, etwas Besseres und zum ersten Mal vielleicht verstehe ich so richtig, was Frau Thiedemann meint, wenn sie sagt, ich müsse Alternativen entwickeln.
Seit Jahrzehnten war ich nicht mehr auf dem Bahnhofsklo. Ich gehe lieber ein Stück die Straße hinunter in das kleine Bistro. Nicht nur wegen dem Geld. Ich muss allerdings sagen, dass sich hier alles sehr verändert hat. Es riecht anders, mehr nach Chemie, die Türen sind heil und die Wände nicht verschmiert. Weil sich hier nicht mehr jeder herumtreiben kann. Das ganze Gesindel, wie mein Vater früher sagte, und er sagte es oft, weil mein Bruder in seinen Augen jetzt auch dazugehörte, und ich weiß noch, wie

mir das Wort in den Ohren klingelte, Gesindel, so leicht und drehend und tanzend. Bis ich Kai dann mal besuchte, am Bahnhof und ihn schließlich fand, bei den Toiletten. Jeder wie er will, sagte mein Vater, und Kai wollte dann gar nicht mehr. Oder er wollte zu meiner Mutter, die uns ein paar Jahre zuvor verlassen hatte. Ich dachte damals oft an die beiden, vor allem, wenn ich mit meinem Vater zuhause saß, stundenlang, schweigend, bis ich es nicht mehr aushielt und den Fernseher einschaltete. Damit überhaupt jemand etwas sagte. Geschichten aus Tausendundeiner Nacht, Hitparade im ZDF, und Jürgen Markus sang ‚Du kannst nicht immer siebzehn sein', und ich dachte, siebzehn Jahre, das ist doch sehr alt.
Der Seifenspender ist leer, das Wasser eiskalt. Anstatt den Fön zu betätigen, wische ich mir die Hände an meiner Cordhose ab. Der Mann vom NDR steht mit dem Rücken zum Toilettenausgang, das künstliche Licht reflektiert auf seiner Glatze. Wenn ich mein Vorhaben jetzt wahr machen will, muss ich nach oben, da führt kein Weg dran vorbei. Ich setze meine Kapuze auf, senke den Kopf und schleiche hinter dem NDR-Mann vorbei, die Treppe hinauf, zwei Stufen auf einmal, bis ich im Grau der Abfahrtshalle stehe. Schritte, Gesprächsfetzen und Durchsagen hallen unter gebogenem Stahlhimmel. Ich stehe ziemlich dicht an der Kante, der Luftzug des hereinkommenden Zuges streicht über mein Gesicht. Leute steigen aus. Ich reihe mich ein, stolpere über ein paar Rollkoffer, überlasse einer dicken Frau den Handlauf und richte im Heruntergehen mein Haar. Ich wusste gar nicht, dass man von hier oben so einen guten Überblick hat. Wenn ich nicht erwartet würde, könnte ich den Ausblick noch ein wenig genießen. Ich halte Ausschau nach der Glatze. Er hielt sich doch in der Nähe des Ausgangs auf. Unten wühle ich mich durch die Menge, schubse Menschen zur Seite, suche sogar den Bereich um den Seiteneingang ab. Mittelgang, Friseur, Schließfächer, Ticketschalter. Ich laufe durch den ganzen Bahnhof. Er ist nicht mehr da.

Mehr aus Gewohnheit und weil ich gerade nicht weiß, wo ich sonst hin soll, stelle ich mich an meine Ecke. Die Blumenfrau steckt frisch gebundene Spätsommersträuße in die Vasen. Ich entdecke drei junge Mädchen, die vor dem Ankunftsplan stehen und ein Paar samt Kinderwagen, das am Fuß der Treppe wartet. Aber es ist nicht mehr dasselbe. Ich gehöre nicht mehr dazu, bin jetzt eine Nicht-Abgeholte, und das vermutlich für immer.

Ich taste nach den losen Münzen in meiner Jackentasche. Sie werden nicht mehr reichen für einen Kakao. Ich denke an Frau Thiedemann und an die tausend Arten über seinen Schatten zu springen, und an Walli. Ich frage mich, wie lange es dauern würde, bis sie meine Wohnung aufbrechen und die Katzen befreien würden. Wahrscheinlich kommen sie alle in ein Tierheim, aber vielleicht fühlen sie sich dort sogar wohler als in ihrem kleinen Zimmer.

Ich gehe noch einmal durch die Halle, langsam, atme den Kaffeeduft ein, schaue mir die gelb beleuchteten Brötchen in der Auslage an und sehe Aladin in seinem Fenster stehen, dann wickele ich mich enger in meine Jacke und mache mich auf den Weg nach oben.

Clio Alyssa Voß

Bettina Müller

Bettinas Bruder ist ein Ausrufezeichen. Alles an ihm sagt: „Hier bin ich! Wir müssen uns unbedingt mal unterhalten! Hier haben Sie meine Visitenkarte!“ Auf überfüllten Bürgersteigen läuft er, und die Leute weichen aus. Automatisch. Weil er auch ohne Wagen Warnblinker und Lichthupe macht, und die Leute sich von seinen kleinen, unsichtbaren Ausrufezeichen beiseiteschieben lassen.

‚Die Leute‘, das sind Menschen wie Bettina. Verkäufer. Gastronomen. Anwälte. Studenten. Irgendwas.

Wenn Bettina auf überfüllten Bürgersteigen läuft, weicht niemand aus. Sie ist diejenige, die sich wegdrängen lässt, das war schon immer so. Am liebsten setzt sie sich in Cafés und beobachtet die anderen. Im Café muss Bettina angesprochen werden, zumindest von der Kellnerin.

Sie wird gefragt, was sie möchte. Natürlich könnte man die Antwort auf diese Frage ausweiten. Bettina fragt sich jeden Tag, was sie denn eigentlich möchte, vom Leben, von der Welt. Trotzdem antwortet sie trocken: „Einen Latte“. Weil man das eben so macht, unter Leuten. Und mehr wollte die Kellnerin schließlich auch nicht wissen.

Als sie sich umdreht, entdeckt Bettina eine Tätowierung auf dem Steißbein der Kellnerin, ihr grasgrünes T-Shirt reicht nicht bis zum Bund ihrer Jeans, dazu das Piercing im Mundwinkel, die blond-brünett gestreiften Haare, und Bettina denkt sich: Schulabbrecherin.

Der Anzugträger am Tisch neben ihr mit dem Laptop: Versicherungsvertreter.

Die Stempel erscheinen ohne Vorwarnung, eigentlich hasst Bettina es. Sie hat ‚Achtung! Vorurteile‘ von Peter Ustinov gelesen und will nicht abstempeln. Vor allem aber will sie nicht abgestempelt werden. Es gibt nicht nur negative, sondern auch positive Vorurteile, heißt es

in dem Buch. Das Mädchen an dem Tisch hinten in der Ecke liest ‚Paris – Ein Fest fürs Leben' von Hemingway, und Bettina denkt sich, die ist bestimmt belesen, ein Mädchen aus gutem Hause. Dabei könnte es das erste Buch im Leben des jungen Mädchens sein, sie liest es nur flüchtig durch für die Schule, weil sie muss, übermorgen ist die Klausur.
Bettinas Schwester ist ein Fragezeichen. Fragezeichen-Menschen können äußerst anstrengend sein, oft egozentrisch und gleichzeitig unsicher. „Wie seh' ich aus? Ist das zu eng? Wollen wir nicht doch lieber woanders hingehen? Verstehst du was ich mein', Betty?" Sie hat immer geweitete Augen vom Fragen und Vorbereiten der nächsten Fragen, Golfbälle, ständig Bindehautentzündung.
Der Vater ist ein Punkt. „Ich muss los." Punkt. „Ruf mich mal an." Punkt. „Wir haben keine Milch mehr, Gisela." Punkt.
Und Bettina?
Bettina ist ein Komma. Sie trennt alles. Wichtiges von weniger Wichtigem, Haupt- von Nebensätzen, sich selbst von ihren Partnern.
Während man mehrere Punkte nebeneinander setzen kann und so die Wirkung des Satzes verheißungsvoll oder geheimnisvoll wird („Lass uns doch woanders hingehen", Punkt Punkt Punkt), oder mehrere Ausrufezeichen und Fragezeichen nebeneinander gesetzt die Aussage verstärken, kann man nie zwei Kommata nebeneinander schreiben, überlegt Bettina, schon die Plural-Form von Komma klingt seltsam.
Kom-ma-ta. Deswegen ist sie von vornherein bestimmt dazu gewesen, einsam zu sein. Langweilig. Bettina Müller eben, so heißen Tausende in Deutschland. Niemand braucht nachzufragen: „Wie schreibt man das?" Alle sehen Bettina und denken: ‚Aha, Bettina Müller'. Dünnes, helles Haar, bisschen mollig, Bettina Müller. Am Abend steigt Bettina Müller auf ihren Balkon im vierten Stock und springt. Bettina Müller, 1971 – 2009. Sie war auch hier.

Anja Wedershoven

Luftnot

Das war's dann also, dachte Halbach. Das war's, er würde springen. Heute Abend. Morgen Abend. Übermorgen? Spielte keine Rolle mehr, wusste Halbach. Er würde springen, wenn es noch hell genug war, dass er erkennen könnte, ob unten jemand vorbeilief. Und wenn es dunkel genug war, damit nicht alle zuguckten. War schließlich privat.

Als er die Tür der Praxis hinter sich zuzog, stach die Sonne in sein Gesicht. Halbach kniff die Augen zusammen. Er drehte sich mit dem Rücken zum Licht und kramte in seinem Portemonnaie. Elf Euro und ein paar Zerquetschte. Zu wenig für eine gute Henkersmahlzeit, dachte er. Und Tabletten wollte er auch noch holen. Die Rente kam erst übermorgen. Halbach hatte noch nie sein Konto überzogen. Spielt jetzt keine Rolle mehr, freute er sich.

Der Aufzug war defekt. „Eine Zumutung". Halbach gab der Schiebetür einen Stoß mit dem Ellbogen.
„Guck mal, der Opa macht Randale", feixte ein Kerl mit einem Ohrring aus der Gruppe Jugendlicher, die gerade die Treppe herunterkam. „Komm, gib's dem Aufzug, zeig's ihm!" Die Jungen umringten ihn und schütteten sich aus vor Lachen. „Hey Opa, nicht aufregen!"
Halbach zog seine Einkaufstasche näher an den Körper. Der Typ im weißen Trainingsanzug, der seine Mütze bis fast in die Augen gezogen hatte, trat gerade seine Kippe aus, als wollte er beide Hände frei haben.
„Bist du der Boss?", fragte Halbach. Wohnen fast nur noch Ausländer hier, dachte er.

„Jo, ich Cheffe." Wieder lachten alle. Aber einer, der springen will, lässt sich doch von einer Handvoll Halbgarer nicht einschüchtern. Halbach ging auf den Trainingsanzug zu und blieb eine Handbreit vor ihm stehen. Dann starrte er in das noch kindliche Gesicht, bis der Junge ihm Platz machte.
Die Treppe ist ein härterer Feind, wusste Halbach.

Im ersten Stockwerk begann der Atem, in seiner Lunge ein pfeifendes Geräusch zu machen. Halbach ging langsamer. Stufe für Stufe. Dicht am Geländer, aber ohne sich festzuhalten. Die Bierflaschen in der Tasche klapperten. Acht Etagen macht sechzehn halbe Treppen macht sechzehn mal elf Stufen. Halbach wollte nicht rechnen. Auf der vierten Halbtreppe bekam er den ersten Hustenanfall. Rettete sich auf den Treppenabsatz und machte Pause am Fenster dort. „Life's too short to die", stand in roten Buchstaben auf der Wand neben dem Fenster. Die Farbe war nach unten ausgelaufen und endete in dicken Tropfen. „Esst mehr Nazis", hatte jemand mit Filzstift daneben geschrieben. Halbach stellte die Tasche ab und musste immer noch husten. Im Taschentuch war Blut. Schon wieder. Immer häufiger. Vor dem Fenster blühte ein Kirschbaum. Diese Zartheit machte Halbach wütend.

Im dritten Stock roch es nach Urin, im vierten wurde der Schmerz in Lunge, Rücken und Beinen stärker. Halbach wusste, die Tabletten in seiner Jackentasche würden nicht viel gegen den Schmerz ausrichten. Der Schmerz siegte immer öfter. Aber wenigstens der Husten ließ etwas nach. Life's too short to die. Er könnte heute Abend springen. Wenn das Bier leer war. Nach der Tagesschau und vor den Tagesthemen.
Aus der nächsten Etage wehten ihm ein frischer Luftzug und der zitronige Geruch eines Putzmittels entgegen. Halbach stolperte weiter. Nächste Pause erst in der Fünften, beschloss er.

Die Etagentür stand offen. Ebenso das Fenster am Ende des Flurs. Halbach sah die Busalski auf Knien den Boden schrubben. Deshalb der Geruch, dachte er. Immerhin einer, der hier in diesem Haus arbeitete. Halbach persönlich hatte sich dafür eingesetzt, dass Frau Busalski ein paar Euro dazuverdienen konnte. Hatte doch ein krankes Kind. Er lehnte sich an den Rahmen der Flurtür und wartete, bis sie sich aufrichtete und zu ihm hinüber sah. Dann grüßte er. Sie nahm die Stöpsel aus den Ohren, und für einen Augenblick waren die blechernen Beats der Musik zu hören. Frau Busalski schaltete den MP3-Player aus.
„Guten Tag, Herr Halbach. Wie geht es Ihnen?“ Anstatt zu antworten, musste Halbach husten. Die Busalski nickte. „Das ist eine Unverschämtheit, das mit dem Aufzug. Wir sollten denen die Miete kürzen. Ist schon das vierte Mal in dieser Woche, dass er nicht geht.“
Halbach lächelte. „Das sollten wir. Die Miete kürzen.“
Frau Busalski stand auf und warf den Wischmob zurück in den Eimer. „Wie soll ich so das Kind zum Arzt bringen?!“ Mit einem klatschenden Geräusch spritzte Wasser ringsum auf den Boden.
„Sie sehen müde aus“, bemerkte Halbach.
„Die Kleine … hat die ganze Nacht kaum Luft bekommen, ich habe kein Auge zugetan.“ Frau Busalski stützte sich auf dem Schrubber ab und begann zu weinen. „Die Ärzte sagen, es geht nicht mehr lange. Dabei ist Hannah doch erst …“ Sie sprach nicht weiter. Halbach schlurfte zögerlich zu ihr hinüber. Weinende Frauen machten ihn ungeduldig.
„Das tut mir leid.“ Er hob eine Hand, legte sie dann doch nicht auf ihre Schulter, sondern ließ sie wieder sinken und wartete, bis die Busalski sich beruhigt hatte.
„Möchten Sie auch einen Kaffee?“, fragte sie ihn.

Im Wohnzimmer lief der Fernseher. Eine sehr dicke Rothaarige in Unterwäsche stritt sich mit einer sehr dünnen Blonden im Minirock über die Erotik menschlicher Fleischmassen. Die beiden ekelten Halbach an. Die Inszenierung der Dummheit ekelte ihn noch mehr. Sollte verboten werden, dachte er. Der Sohn von Frau Busalski lag auf dem Sofa und paffte ein Zigarillo.

„Du sollst doch nicht hier drinnen rauchen, willst du deine Schwester umbringen?“ Sie riss die Balkontür auf. Marcel erhob sich murrend.

„Die ist doch auf ihrem Zimmer.“

„Trotzdem.“ Sie gab ihm einen Schubs nach draußen. „Seit er von der Schule geflogen ist …“ Frau Busalski zuckte ratlos mit den Schultern. „Ich krieg den Jungen einfach nicht in den Griff.“ Sie verschwand in die Küche.

Dem sollte man mal die Ohren langziehen, dachte Halbach. Dem fehlte der Vater. Aber Marcels Vater war schon lange fort. Genauso wie der Vater von Vanessa, der dem Mädchen nichts als seine dunkle Hautfarbe hinterlassen hatte, und der Vater von Hannah, der sich aus dem Staub gemacht hatte, als die Diagnose feststand.

„Ich hab von Männern die Nase voll“, hatte die Busalski danach im Haus rumerzählt. „Mir kommt kein Mann mehr in Wohnung und Bett.“ Nur wenige hatten das wissen wollen, aber sie hatte es trotzdem allen erzählt. Als könnte sie damit die Zukunft beschwören, dass es keine weiteren Männer und Kinder gäbe.

„Milch oder Zucker?“ Jetzt schaute sie aus der Küche heraus auf Halbach. Ihre braunen Augen lagen tief in ihrem von Bitterkeit verkniffenen Gesicht. Man konnte ahnen, dass sie mal hübsch gewesen ist, dachte Halbach. „Beides, bitte“, sagte er.

„Wenigstens Vanessa macht mir keine Sorgen“, plapperte es aus der Küche. „Geht zur Schule und hat gute Noten.“

Halbach musterte die Sofagarnitur, an deren Ecken der orange-grau-gemusterte Stoff zerschlissen war, so dass das Drahtgestänge zum Vorschein kam. Er setzte sich in die linke Ecke, da waren die wenigsten Brandflecken. Im Sitzen ließ der Schmerz in den Knochen allmählich nach. Halbach kramte nach den Tabletten, öffnete mit Mühe den Sicherheitsverschluss der Dose und steckte sich erst eine, dann eine zweite und dritte in den Mund. Die Menge spielt keine Rolle mehr, dachte er.

Hannahs Zimmer war abgedunkelt. Frau Busalski zog die Jalousien ein wenig hoch, so dass schmale Streifen Licht in den Raum fielen. „Du hast Besuch“, sagte sie.
Das Mädchen lag bleich und winzig in seinem Bett. Es war zwölf Jahre alt, aber man hätte es bestenfalls für neun gehalten. Im Zimmer roch es nach Desinfektionsmitteln und Medikamenten.
„Hallo Hannah“, murmelte Halbach. „Wie geht es dir?“
Hannah antwortete nicht, sondern klammerte sich an ihrer Puppe fest. Das Mädchen hatte die schönen Augen seiner Mutter, nur lagen sie bei ihm noch tiefer in ihren Höhlen. Wie die Augen einer alten Frau, fand Halbach.
Frau Busalski schob ihm einen Stuhl hin. Er setzte sich und nahm Hannahs Hand. Die war verschwitzt und kalt, aber sie erwiderte seinen Druck.
„Ich möchte ans Meer“, flüsterte Hannah. „Kannst du mich ans Meer bringen?“
„Ach, Kind“, seufzte die Busalski. „Lass doch den Besuch damit in Ruhe.“ Sie klapperte mit Hannahs Frühstücksgeschirr, das unberührt auf einer Kommode stand. „Sie wollte immer ans Meer. Schon als kleines Mädchen. Aber ich konnte das doch nie bezahlen, einen Urlaub. Und jetzt ist es sowieso zu spät.“
„Du möchtest ans Meer?“, fragte Halbach.
„Am Meer ist alles so weit. Da gibt es Luft zum Atmen.“ Halbach nickte. Hannahs mühsames Luftholen war noch lauter als seines.
„Das haben die Feen mir erzählt. Die Feen wohnen am Meer.“
„Die Feen, soso …“

„Sie fantasiert immer rum", sagte Frau Busalski. „Sie muss jetzt inhalieren."
Hannah schüttelte den Kopf. „Lass mich. Ich will die Medizin nicht mehr."
„Du solltest aber inhalieren", sagte Halbach zu dem Mädchen. „Ich verstehe was davon, meine Lunge ist auch krank."
„Musst du sterben?", fragte Hannah.
„Ja."
„Wann?", fragte Hannah.
„Bald."
Hannah schwieg. Als ihre Mutter mit dem Inhalationsgerät kam, hielt sie gehorsam die Maske vor ihr Gesicht. Der Kompressor machte ein brummendes Geräusch. Halbach zählte ihre Atemzüge, doch Hannah hielt schon nach wenigen inne.
„Tut Sterben weh?", fragte sie Halbach.
„Aber Kind!", protestierte Frau Busalski.
Die Mutter hat mehr Angst als die Tochter, dachte Halbach. Er musterte die Busalski. Sie verstand nicht. Halbach streichelte Hannahs Hand.
„Nicht so weh wie die Krankheit", sagte er.
„Dann will ich auch bald sterben", sagte Hannah. Halbach lächelte. „Ich verstehe", sagte er. Frau Busalski rannte schluchzend aus dem Zimmer. Halbach hielt Hannah die Maske des Inhalationsgerätes wieder vor Mund und Nase.
„Aber erst fahren wir noch ans Meer", sagte er. „Zu den Feen."

„Das geht auf gar keinen Fall", sagte Frau Busalski.
„Ich bezahle die Fahrt und die Unterkunft", versprach Halbach. Übermorgen kam seine Rente.
„Sie übersteht keine Reise. Wir müssen dauernd Schleim absaugen und inhalieren, damit sie überhaupt Luft bekommt. Wie soll das denn gehen?"

„Ich nehme Plätze im Liegewagen. Da können Sie sie versorgen. Da sind wir für uns."
„Ich mit Ihnen und Hannah ...? Und dann wollen Sie das womöglich ausnutzen. Kommt gar nicht in Frage. Nein."
Halbach seufzte über die Dummheit der Busalski. Sie verstand weder ihn noch ihre Tochter. Sie war genauso dumm wie die Dicke und die Dünne aus dem Fernsehen. Jetzt öffnete sie die Wohnungstür und stellte sich auffordernd daneben. Halbach griff nach seiner Tasche. „Danke für den Kaffee", sagte er. „War nur ein Vorschlag."

Als er es bis auf Sechseinhalb geschafft hatte, kam Marcel hinter ihm die Treppe hinaufgelaufen.
„Würden Sie das echt machen? Mit meiner Schwester ans Meer fahren?"
Halbach nickte müde. Marcel nahm ihm die Einkäufe ab und ging neben ihm die Treppen hoch. „Voll krass, ist wie im Fernsehen. Da erfüllen die auch schon mal die letzten Wünsche von Kindern, die bald abnippeln."
Abnippeln, krepieren, ins Gras beißen, dachte Halbach. Wie viele Wörter mag es fürs Sterben geben? „Deine Mutter will nicht, dass sie fährt."
„Meine Mutter? Die ist doch selbst am Ende. War heute nicht mal beim Arzt mit ihr."
„Warum nicht?" Halbach blieb stehen.
„Weil der Aufzug kaputt ist. Und kein Geld fürs Taxi da war." Marcel fuchtelte mit den Händen, so dass die Flaschen laut aneinander schlugen. „'Tschuldigung." Er hielt inne. „Dabei könnte ich Hannah auch nach unten tragen, so leicht, wie sie ist."
Er liebt seine Schwester, dachte Halbach und blieb kurz stehen, weil die Tabletten auf den Kreislauf gingen. Auf der Acht hielt der Junge ihm die Etagentür auf und stellte die Einkäufe vor die Wohnungstür.

„Red' du doch noch mal mit deiner Mutter", schlug Halbach ihm vor.

Endlich in seiner Wohnung angekommen, saß er lange am Fenster. Von hier oben konnte man weit sehen. Nicht bis ans Meer natürlich. Aber bei klarem Wetter, so wie heute, über die ganze Stadt. Das erste Bier war schal geworden vom langen Offenstehen. Halbach kippte es weg. Nicht mal das Bier schmeckte ihm mehr. Er kramte im Wohnzimmerschrank nach den Zigaretten. Die hatte er vor acht Monaten hinter dem guten Geschirr versteckt und nicht mehr angerührt. Spielte jetzt keine Rolle mehr. Vielleicht brauchte er nicht mal mehr springen, wenn er genug rauchte. Zwischen seinen Fingern knisterte etwas. Halbach zog eine Tüte mit Gummibärchen zwischen den Tellerstapeln hervor. Die hatte er letzten Herbst für seine Enkel gekauft. Aber nur für Süßigkeiten besuchten die ihn auch nicht mehr.
Halbach setzte sich an den Küchentisch und riss die Tüte auf. Steckte sich ein Gummibärchen in den Mund und spuckte es wieder aus. Er hatte das Zeug noch nie gemocht. Er reihte die Gummibärchen an der Tischkante auf. „Spring", sagte er dann zum ersten und schob ihn mit dem Daumen ganz leicht über den Rand. Das Bärchen landete mit einem leisen Plopp auf dem Laminat. „Spring!" Nach dem zehnten Bären ging Halbach dazu über, sie mit dem Mittelfinger in hohem Bogen vom Tisch zu schnipsen. Die Gummibärchen flogen mit unberechenbarer Route durch Esszimmer und Küche. Halbach lachte. Er stellte sich vor, dass Gott das mit ihm machen würde, oben, auf dem Dach des Hauses. Dann könnte ich einmal in meinem Leben fliegen, dachte er.

Am nächsten Morgen klingelte es, als Halbach noch im Bett war. Er verkroch sich tiefer unter der Decke. Aber der Besucher war

hartnäckig. „Herr Halbach!" Es klingelte und klopfte und hämmerte. Brummend setzte er die Füße auf den Boden und schlurfte barfuß zur Tür. „Herr Halbach!" Durch das Klopfen erkannte er Marcels Stimme.
„Was ist los, Junge?" Marcel schob sich durch die halb geöffnete Tür in Halbachs Wohnung.
„Ich hab's versucht", sagte er.
„Was hast du versucht?"
„Mit meiner Mutter zu reden. Wegen der Reise ... Sie wissen doch."
„Ach ja." Halbach fuhr sich übers Gesicht. Wischte ein paar Haarsträhnen aus der Stirn. Er ging in die Küche, füllte Wasser in den Behälter der Kaffeemaschine und häufte das Pulver hoch auf. Die vielen Tabletten gestern hatten ihn zu müde gemacht.
„Was ist denn hier passiert?" Marcel schaute auf die Gummibärchen, die auf Boden und Stühlen verteilt lagen.
„War ein Spiel. Mit meiner Enkeltochter", erklärte Halbach.
„Krass." Marcel grinste und sammelte die Bärchen vom Stuhl ein, steckte sie in den Mund und setzte sich.
„Was sagt deine Mutter?", fragte Halbach nach.
„Sie glaubt, Sie seien verrückt und ein alter Lustmolch."
„Und ... was glaubst du?"
Marcel zögerte. „Sie sind auch krank, oder? Ist das auch Mukoviszidose?"
Halbach schüttelte den Kopf. „Nein. Ich habe ein Geschwür in der Lunge. Meine Leber und die Knochen sind schon angefressen. Ich soll zur Bestrahlung ab heute." Er fuchtelte mit der Überweisung für die Klinik herum. „Aber ich geh nicht hin. Bringt sowieso nichts mehr." Die Kaffeemaschine röchelte. Marcel blickte auf das Familienfoto an der Wand und schwieg.
„Auch 'nen Kaffee?"
„Logisch ... Ist das Ihre Frau?"

„Rosemarie, ja. Schlaganfall. Vor vier Jahren."
„Scheiß-Krankheiten."
Halbach holte Milch aus dem Kühlschrank und stellte zwei Tassen auf den Tisch. Ließ sich schwerfällig nieder. „Kannst du mir meine Tabletten holen, Junge? Liegen auf dem Nachttisch."
„Klar … 'Tschuldigung."
Marcel brachte ihm die angefangene Packung und ein Glas Wasser, dann schenkte er beiden Kaffee ein. „Hannah geht's scheiße."
Halbach nickte.
„Sie haben sie letzte Nacht abgeholt. Lungenentzündung. Und weil Mama gestern nicht mit ihr beim Arzt war, obwohl sie schon seit Tagen kaum Luft bekam …" Marcel ballte die Hände zu Fäusten und sein Gesicht lief rot an.
„Ist sie jetzt im Krankenhaus?"
„Mmh. Aber sie will da nicht sein. Als sie sie abgeholt haben, hat sie mich so … sie hat mich so komisch angesehen, verstehen Sie, sie konnte ja nicht sprechen wegen dem Beatmungsgerät, aber … sie hat mich so angesehen … sie wollte mich zu Ihnen schicken … sie will doch ans Meer. Zu ihren Feen."
Der Kaffee schmeckte bitter. Aber er machte wach. Halbach goss mehr Milch hinein. „Wenn sie das will, fahren wir mit ihr ans Meer."
„Echt jetzt?", fragte Marcel.
„Wir fahren morgen Nachmittag, wenn du willst. Kriegst du sie aus dem Krankenhaus?"
Der Junge nickte.
„Ihr müsst zum Hauptbahnhof kommen. Ich sag dir die Uhrzeit noch. Und bring ihre Medikamente mit. Und das Inhalationsgerät. Kennst du dich damit aus?"
„Logisch. Ich hab auch 'nen Kumpel mit 'nem Auto. Der bringt uns zum Bahnhof."
„Aber verrat's nicht deiner Mutter. Sonst ist die Reise zu Ende, bevor sie begonnen hat."

Windig hier oben, dachte Halbach, als er durch die Luke aufs Dach geklettert war. Immerhin hatte der Aufzug funktioniert, so dass er die vier Etagen von seiner Wohnung bis zur Feuertreppe nicht hatte laufen müssen. Das Vorhängeschloss vor dem Ausstieg war für einen ehemaligen Schlosser wie ihn kein Problem gewesen. Halbach lehnte sich an den Maschinenraum und wartete, bis er wieder Atem hatte. Es wurde allmählich dunkel. Im Hochhaus gegenüber konnte er Menschen hinter den erleuchteten Fenstern erkennen. Und überall bläulich flackernde Fernseher.
Halbach wählte den kürzesten Weg zum Rand des Daches. Erschrak über das Knirschen des Kies' unter seinen Füßen. Er wollte nicht bemerkt werden hier oben. War ja nur Generalprobe heute. Vorsichtig setzte er sich auf die Balustrade, die das Flachdach befriedete, und blickte auf die Lichter der Stadt. Der Turm der Hauptkirche war angestrahlt und sah feierlich aus. Die Autos wuselten winzig klein hin und her. Es ist so friedlich hier oben, dachte Halbach. Und es wäre ganz einfach. Er lugte über den Rand des Daches nach unten. Sofort überfiel ihn Schwindel, er klammerte sich an der Metallkante des Vorsprungs fest und schaute wieder zur Mitte des Dachs. Life's too short to die. Und er musste noch ans Meer.

Am nächsten Tag ging er früh zur Bank und holte seinen Kontoauszug. Die Rente war drauf, Halbach nickte zufrieden. EUR 500 Dispo-Kredit, stand unter dem Auszug. Halbach hob das Geld bis auf den letzten Cent ab. Bloß nicht verlieren, dachte er. Er steckte sein Portemonnaie in die Innentasche der Jacke, die einen Reißverschluss hatte. Dann wickelte er die Jacke fest um sich herum.
Auf dem Weg zum Bahnhof geriet er ins Schwitzen. Das Thermometer an der Apotheke zeigte 20 Grad schon um zehn Uhr morgens. Und das im April, murrte Halbach.
„Drei Mal im Liegewagen ans Meer", sagte er dem Schalterbeamten. „Wann geht der erste Zug heute Nachmittag?"

„ICE 2114 nach Cuxhaven, ab 16.20 Uhr, Umsteigen in Düsseldorf und Hamburg, an 22.50 Uhr. Aber der hat keinen Liegewagen."
„Keinen Liegewagen?"
„Schlaf- und Liegewagen nur nachts."
„Und eine Direktverbindung?"
„Die gibt es ...", der Beamte starrte auf den Bildschirm, „nur von Düsseldorf Hauptbahnhof aus."
„Ich verstehe." Halbach fühlte durch den Stoff der Jacke nach dem Geld. Ihm war schwindelig vor Anstrengung. Nach Hause würde er sich ein Taxi leisten.
„Sie könnten 1. Klasse reisen, da haben Sie auch mehr Bewegungsfreiheit", schlug der Beamte vor. Halbach nickte.
„Einfache Fahrt?"
„Zwei Mal einfache Fahrt und ein Mal Hin und Zurück."

Hannahs Augen glänzten fiebrig, als ihr Bruder sie in den Zug trug.
„Wir fahren ans Meer?", fragte sie heiser.
Halbach nickte und hielt sich an ihrem Rollstuhl fest. „Setz sie in die 1. Klasse", befahl er ihrem Bruder. Marcel kam rasch zurück und klappte den Stuhl zusammen. „Hast du auch bestimmt alle Medikamente für sie dabei?", fragte Halbach.
„Logisch."
„Und hat eure Mutter was gemerkt?"
„Nee. Ich hab ihr gesagt, sie soll mal mit Vanessa Eis essen gehen, ich würde Hannah besuchen."
„Und im Krankenhaus?"
Marcel grinste. „War'n bisschen schwierig. Weil ich ja nicht ihr Erziehungsberechtigter bin. Ich hab gesagt, unsere Mutter wartet unten im Park auf uns, die hätte Panik in Aufzügen."
Halbach klopfte Marcel auf die Schulter. „Bist'n kluger Junge."

In der 1. Klasse legten sie Hannah über zwei Sitze und betteten ihren Kopf auf Halbachs Jacke auf seinen Schoß.
„Voll fett, hier gibt es sogar Strom“, stellte Marcel fest und packte den Inhalator aus der Reisetasche.

Auch beim Umsteigen in Hamburg wartete keine Polizei, wie Halbach befürchtet hatte.
„Wenn jemand fragt, seid ihr meine Enkel und ich bringe Hannah ans Meer in Kur, verstanden?!“
„Sie sind echt abgespaced“, hatte Marcel gemurmelt. „So 'nen Opa hätte ich auch gern.“ Abgespaced, dachte Halbach. Das ist wohl ein Kompliment. Die Luft im Zug war stickig, und er fühlte sich elend. „Holst du uns was zu trinken?“, fragte er Marcel.
Als ihr Bruder das Abteil verlassen hatte, umklammerte Hannah Halbachs Handgelenk. „Wenn wir am Meer sind, nimmst du mich dann mit?“
„Wie meinst du das?“
„Du hast gesagt, du wirst sterben.“
Halbach löste die Hand des Mädchens von seinem Arm und streichelte darüber. „Erst mal gehen wir deine Feen besuchen.“
„Du nimmst mich also mit?“
„Schlaf ein bisschen“, sagte Halbach.

Vom Hoteldach aus konnte man das Meer immer noch hören. Halbach hatte gewartet, bis die letzten Besucher die Dachterrasse verlassen hatten. Jetzt hob er Hannah auf das Geländer und stöhnte auf. Die Schmerzen waren unerträglich. Er hatte seit dem Morgen keine Tabletten mehr geschluckt. Hannah neben ihm rang nach Luft, aber ihre Augen leuchteten. Er half ihr, das Notfallspray zu inhalieren. Das Mädchen nahm den Blick nicht vom Wasser, das jetzt dunkel zu Füßen des Hotels lag. Ab und zu tutete ein Dampfer und in der Ferne konnte man das Blinken

eines Leuchtturms sehen. Entlang der Bucht glitzerten Lichter.
„Siehst du die Feen tanzen?“, flüsterte Hannah.
„Ich bin nicht sicher, vielleicht bin ich schon zu alt geworden, um die Feen noch zu sehen.“
Er kletterte über das Geländer und setzte sich neben das Kind.
„Du meinst, nur Kinder können die Feen sehen?“
„Nur Kinder, die selbst Feen werden.“
„Wo ist Marcel?“
„Er schläft unten im Hotelzimmer.“ Halbach zog Hannah an sich. Sie ist so zerbrechlich und leicht, dachte er. Vielleicht kann sie doch fliegen.
„Und wo ist Mama?“
„Die denkt gerade zu Hause an dich und freut sich, dass du die Feen besuchst“, flüsterte er in Hannahs Ohr. Hannah nickte und umklammerte ihre Puppe.
„Mir ist kalt“, klagte sie. Er zog sie auf seinen Schoß. Kein Mensch war mehr auf der Promenade.
„Wird gleich besser“, murmelte er. „Wird alles besser.“
Wir springen nicht, wir lassen uns nur fallen, dachte Halbach.
Life’s too short.

Nachwort

Als 2006 der Plan reifte, in einem einsamen Waldtal in Iserlohn ein Literaturhotel zu eröffnen, wurde die Idee skeptisch belächelt. Jonathan Swift wird das Zitat zugeschrieben, eine Vision sei die Kunst, Unsichtbares zu sehen. Ein Team an Visionären machte sich also an die ungewöhnliche Aufgabe und wurde dabei mit großer Aufmerksamkeit beobachtet, wie später zu erfahren war. Dann nämlich, als die Stiftung Lesen das Literaturhotel Franzosenhohl für seine ‚herausragende Initiative' mit dem AusLese Preis 2009 ehrte.

Diese Auszeichnung war Bestätigung und Ansporn zugleich. Bestätigt wurde die Gewissheit, dass ein Ort, der Muße, Erholung und die mannigfaltigen Lebenswelten der Literatur kombiniert, ein Ort sein würde, zu dem es die Menschen zieht. Der Ansporn bestand darin, nichts unversucht zu lassen, um das Potenzial eines solchen Ortes in seiner ganzen Vielfalt zu erschließen.

Der Weg vom Gedanken zum gedruckten Wort zeichnet sich durch ein hohes Maß an schöpferischer Kreativität aus. So ist es nur konsequent, dass sich das Literaturhotel nicht nur um ‚Leser' bemüht, sondern auch um diejenigen, die schreiben:

Bereits publizierte Autorinnen und Autoren werden zu Lesungen aus ihren Büchern eingeladen. Ein großes Angebot an Schreib-Workshops vermittelt vielfältige Kenntnisse des schriftstellerischen Handwerks. Ungewöhnliche Erlebnisräume, kombiniert mit Schreibübungen und Entspannungskonzepten, leiten Gäste an, ihre Kreativität neu zu entdecken. Und Wettbewerbe geben unbekannten Textschaffenden die Möglichkeit, die Qualität ihrer Geschichten unter Beweis zu stellen.

Volker Degener vom Vorstand des Verbands Deutscher Schriftsteller in ver.di (VS), der für diesen Wettbewerb ein Kooperationspartner war, hob die Bedeutung literarischer Wettbewerbe für Nach-

wuchsautoren in seiner klugen Rede zur Lesung der Gewinner im Juli 2010 mit klaren Worten hervor. An dieser Stelle bedanken wir uns herzlich für dic kollegiale Unterstützung des Verbandes!
Da im Mai 2008 das damalige Hotelteam mit der Eröffnung des Literaturhotels buchstäblich ins kalte Wasser sprang, lag es nahe, den ersten Kurzgeschichten Wettbewerb des Hotels unter das Motto ‚Sprung' zu stellen. Aus ganz Europa, Japan und Ägypten wurden insgesamt 351 Beiträge eingesandt. Eine sechsköpfige Experten-Jury hatte die schwere Aufgabe, aus den vielen lesenswerten Einsendungen 3 Gewinner und weitere 27 Beiträge für die Anthologie auszuwählen.
Im kleinen Iserlohner Mönnig-Verlag fand sich ein engagierter Partner, dessen Erfahrung und Begeisterung die Arbeit an diesem Buch zu einem besonderen Erlebnis machte. Die ansteckende Vorfreude der ausgewählten Autorinnen und Autoren und die gute Zusammenarbeit mit ihnen waren uns allen zudem eine große Motivation.
Diese Anthologie ist sowohl für das Literaturhotel Franzosenhohl als auch für die Agentur Leseziel ein erneuter ‚Sprung' gewesen und ganz der Vision geschuldet, dass die schönsten Talente oft im Verborgenen schlummern. Sie wird nicht die letzte dieser Art sein.

Andrea Reichart

Die Autorinnen und Autoren

Susanne Bohne, geb. 1978 in Dortmund, studierte Germanistik und Anglistik und arbeitet als Mediendesignerin. Veröffentlichungen: Fach- und Pressetexte, Beiträge in Anthologien. Sie lebt und schreibt im Ruhrgebiet. Mit Belletristik beschäftigt sie sich erst seit Anfang 2009. Ihr erster Roman erscheint 2011 bei michason & may, Frankfurt.
www.susannebohne.de

Maike Braun, geb. 1962 in Reutlingen, Studium der Naturwissenschaften, danach Berufstätigkeit in verschiedenen Branchen, zuletzt bei einem großen Verlag. Seit Januar 2002 selbstständige Unternehmensberaterin und Autorin. Wohnhaft in Hamburg. Veröffentlichungen in Zeitschriften und Anthologien, sowie Online. Verschiedene Literaturpreise.

Birgit Brüster, Dr. Phil., geb. 1965, freie Autorin und Dozentin für Literatur an der Münchner Volkshochschule. 2005 „Leni im Wunderland" bei BoD. Veröffentlichungen in Anthologien, Literaturzeitschriften und Internetportalen. 2006 Preisträgerin beim Sangerhauser Literaturpreis. Zuletzt erschien 2010 ihre Erzählung „Paradiesäpfel" in „Wiesn Liebe" (Verlag Claudia Gehrke)
http://www.mvhs.de/3.1/mvhs.de/index.php?StoryID=6851

Ralph Bruse, geb. 1961, wuchs in Wismar, in der früheren DDR, auf. Nach zwei missglückten Fluchtversuchen kam er 1983 – fast unbeschadet – durch Freikauf in die Bundesrepublik. Er schreibt Kurzgeschichten und Erzählungen – vorzugsweise tragikomisch.

Ulrich A. Büttner, geb. 1959 in Hildesheim, arbeitet als Journalist und Schriftsteller in München. Zahlreiche Gedichte, Kurzgeschichten und Theaterstücke in Zeitschriften und Anthologien. Verschiedene Literaturpreise. Der Beitrag erscheint auch in dem Erzählband „Berlin im Schneidersitz", Wenz Verlag.

Henrike Curdt, geb. 1970 in Siegen, promovierte Wirtschaftswissenschaftlerin. Sie leitet die Kommunikationsabteilung einer Bank und ist nebenberuflich als freie PR-Beraterin tätig. Veröffentlichungen in Anthologien, Literaturzeitschriften und Hörbüchern.

Susanne Feiner, geb. 1973, lebt in Ingolstadt/Donau. Kam über das Schreiben fachlicher Texte im Beruf zu ihrer wahren Leidenschaft, dem Schreiben literarischer Texte. Platz 2 beim KGW II/2009 der ‚Schule des Schreibens', und immerhin beim Evangelischen Literaturpreis auf die Shortlist (die besten 23 von über 800 Texten).
www.feiner-schreiben.de

Falk Andreas Funke, geb. 1965 in Wuppertal, dort aufgewachsen und dageblieben, seit 1982 Sachbearbeiter für Rehabilitation. Veröffentlichungen in Anthologien und Literaturzeitschriften, 2001–2007 ständiger Mitarbeiter der Satirezeitschrift ITALIEN. Verschiedene Literaturpreise. Tierminiaturen, Turmhutverlag (2004)

Beja C. Garduhn, geb. 1947, lebt und arbeitet in Sandhatten., u.a. als Trauerrednerin und Ghostwriterin. Zahlreiche Veröffentlichungen in Zeitschriften und Anthologien. Sie hat vier Literaturpreise gewonnen. Ihr Text in dieser Anthologie ist der Siegertext der Gruppe ‚55 plus'.

Sigrid Jo Gruner (Jahrgang 50 plus) schrieb schon mit 15. Umwege über Studium, Journalismus, Politik und Public Relations führten sie in der Lebensmitte zum literarischen Schreiben zurück. Heute lebt sie als Autorin, Ghostwriter und PR-Journalistin in Berlin und bei Bonn. Erzählungen, Kurzgeschichten, Gedichte und Wettbewerbsbeiträge in Zeitschriften und Anthologien, drei Porträtbände, ein Kurzfilm. In Arbeit ist ein Kinderfilm-Drehbuch.
www.sj-gruner.de

Peter Häring, geb. 1958 in Neumarkt/Oberpfalz, wo er nach wie vor lebt. Seit 12 Jahren gibt er eine kleine ‚Zeitung für bos- und lachhafte Schreibkunst' namens Ahnungslos mit satirisch-ironischen Kurzgeschichten, Glossen und komischen Gedichten, heraus. Seine literarischen Ikonen sind T. C. Boyle und Heinz Erhardt. www.ahnungslos-online.de

Michael Hetzner, Dr. phil. und Dr. paed., geb. 1955, arbeitet als Berater, Coach und Projektmanager bei einer großen deutschen Bank. Diverse Fachveröffentlichungen zur Alltagskommunikation, Pädagogik, Musik- und Literaturwissenschaft, außerdem Lyrik, Parodien, Erzählungen und Kurzkrimis in Magazinen und Anthologien. http://www.theophil-veritas.de.vu/

Margit Heumann, geb. 1949, lebt in Wien und Bayern. Publikationen in Zeitschriften und online. True-Story-Autorin. Autobiographisches Sachbuch „Ein Hobby mit Konsequenzen". Literarische Texte in mehreren Anthologien. Sie arbeitet an schrägen Wien-Impressionen, (klein)kriminellen Kurzgeschichten und tummelt sich versuchsweise in anderen Genres von Bilderbuch bis Roman. www.margitheumann.com

Hildegard Kappert–Meyer, geb.1923 in Braunschweig, lebt in Rothenburg. Seit 1982 malt sie, 2006 Fernstudium Belletristik in der ‚Schule des Schreibens'. Veröffentlichung von zwei biographischen Kurzgeschichten in der Braunschweiger Zeitung. Zurzeit arbeitet sie an einem Roman, der biographisch und zeitgeschichtlich ausgerichtet ist.

Karen Köhler, geb. 1974 in Hamburg, studierte Schauspiel in der Schweiz. Festengagements an verschiedenen Theatern im deutschsprachigen Raum. Seit 2008 wieder als Freiberuflerin in Hamburg. Veröffentlichungen in Magazinen und Anthologien sowie 2 Theatertexte. Verschiedene Stipendien, unter anderem Stipendiatin des Rotary Clubs Hamburg. Sie ist Mitglied im Forum Hamburger Autoren. www.karenkoehler.de

Kristiane Kondrat, geb. 1938 in Reschitz, Rumänien. Dort Studium der Germanistik u. der Rumänistik. Seit 1973 in Deutschland und lebt in Augsburg und arbeitete u.a. als freiberufliche Journalistin. Veröffentlichungen in Literaturzeitschriften, Feuilletons, Rundfunk; 3 Bücher in Kleinverlagen.

Anja Krüger, geb. 1978 in Thüringen, Bankkauffrau, studierte Rechtswissenschaften. Zurzeit Dissertation. Zum Jahreswechsel 2009/2010 beschloss sie, den Trockenübungen ein Ende zu setzen und ernst zu machen. Von Januar bis August 2010 schrieb sie acht Kurzgeschichten, mit denen sie an Wettbewerben teilnahm und von denen bisher zwei ihren Weg in eine Anthologie fanden und eine den Literaturpreis „Besetzungscouch" gewann.

Jürgen Luga, geb. 1961 in Werdohl, lebte und arbeitete 20 Jahre in Düsseldorf. Ende der Neunziger eröffnete sich ihm die Perspektive für berufliches und literarisches Schreiben. 2009, zurück im Sauerland, schloss er sich den Mörderischen Sauerländern an, an deren Wirken er mörderischen Spaß hat.
www.moerderische-sauerlaender.de

Mascha Matysiak, geb. 1979, lebt in Berlin. Sie studierte Germanistik, Kunstgeschichte und spanische Philologie. Seit ihrem Abschluss im Jahr 2009 widmet sie sich intensiv und voller Freude dem Schreiben. Am liebsten verfasst sie Geschichten für Kinder und hat sich vorgenommen, niemals erwachsen zu werden.

Marie N. Meyer, geb. 1970, wohnt in Langenhagen. Sie bildet Einzelhandelskaufleute aus, arbeitete in der Redaktion eines regionalen Magazins und studiert an einer Fernakademie Belletristik. Außer kurzen Erzählungen schrieb sie ein Theaterstück und einen Kriminalroman.

Susanne Pavlovic, geb. 1972, Mediävistin, lebt in Bamberg. Ihr Leben zwischen Brotberuf, Familie und Schreiben gleichmäßig aufzuteilen, fühlt sich für sie an wie das Einparken einer Fünf-Meter-Limousine in einen Fahrradständer. Sie schreibt hauptsächlich Romane im Fantasy- und Jugendbuchbereich (nicht zwingend beides gleichzeitig). www.spielmannslied.de

Horst-Dieter Radke, geb. 1953, aufgewachsen in Hamm/D, lebt heute im Taubertal und arbeitet freiberuflich als Autor, Lektor und Journalist. Zahlreiche Veröffentlichungen im Sachbuchbereich. Im November 2010 erscheint „Indras Irrtum. Indische Novellen" in einem Schweizer Verlag.
http://fabuloes.blogspot.com/

Isa Rühling, geb. 1950 in Schleswig, studierte Soziologie und Musik. Sie lebt und arbeitet in Kassel als Musikerin, Musikdozentin, Komponistin & Autorin. Ihr Gebiet ist die musikalische & literarische Kurz- & Kürzestform. Veröffentlichungen in Anthologien. Ihre Kompositionen sind bei Amadeus in Winterthur, Mieroprint Münster und Moeseler Wolfenbüttel erschienen.

Eva Siegmund, geb. 1983, lebt in Berlin. Kirchenmalerin/ Restauratorin. Sie studiert zurzeit Jura. Ihr Roman „Bodenwellen" erscheint demnächst im Liber-Verlag, ihr zweiter Roman „Marius Silberpfennig" wird von einer Agentur betreut, Teil 2 ist in Arbeit, ebenso wie neue Kurzgeschichten. Verschiedene Literaturpreise. Ihr Beitrag in dieser Anthologie ist der Siegertext in der Gruppe ‚bis 35'.
www.evasiegmund.de

Reinhard Strüven, geb. 1966 in Krefeld, lebt seit 2004 in Düsseldorf. Schriftstellerische und journalistische Tätigkeit, Mithrsg. der „Krefelder Manuskripte". Veröffentlichungen in Zeitschriften und Anthologien, Einzelveröffentlichungen in Kleinverlagen. Verschiedene Literaturpreise, u.a. Förderpreis des Literaturpreises Ruhr 2009. Sein Text in dieser Anthologie ist der Siegertext der Gruppe ‚35-55'.
www.reinhard-strueven.de

Saven van Dorf, geb. 1975, wurde schon in frühester Jugend durch einen Mangel an anderweitiger Unterhaltung in die Arme der Literatur getrieben. Seit einiger Zeit bemüht er sich nun, dieser Kunst etwas zurückzugeben. Erklärtes Ziel des Norderstedters ist der Gewinn des Literaturnobelpreises. www.vandorf.de

Isabel Gräfin von Einsiedel-Kartachov, geb. 1977, lebt in Berlin. Sie ist Volljuristin und juristische Autorin. Vor einem Jahr begann sie mit dem literarischen Schreiben und kann bereits auf 2 Veröffentlichungen in Anthologien (diese eingeschlossen) zurückblicken.

Katrin von Rudloff, geb. 1967 in Helmstedt, studierte Diplom-Sozialwissenschaften in Oldenburg. Arbeitet als Prozessbegleiterin für Veränderungsprozesse in Unternehmen / Coaching. Seit 2003 lebt sie in Hamburg. Neben Kurzgeschichten schreibt sie auch an einem kleinen Roman. Ihre Geschichte in diesem Band ist ihre zweite Anthologieveröffentlichung.

Clio Alyssa Voß, geb. 1988, wuchs in Königstein im Taunus auf. Sie lebt in Frankfurt am Main und studiert Deutsche Sprache und Literatur in Marburg. Ihre Kurzgeschichten befassen sich vor allem mit der Vermischung von Alltäglichem mit surrealen Elementen.

Anja Wedershoven, geb. 1968 in Mönchengladbach, arbeitet journalistisch im Bereich „Kultur“ für verschiedene Zeitungen, Lektorin für Autoren und Kleinverlage vom Niederrhein bis zum Bergischen Land. Eigene Texte wurden in Anthologien und Zeitschriften veröffentlicht. Zurzeit arbeitet sie an ihrem zweiten Roman.
www.anja-schreibt.de